はしがき

中小企業・小規模事業者の業況はここ十数年、リーマン・ショックや東日本大震災、2度の消費税率引上げを経て、2020年前半からの新型コロナウイルス感染症の流行による経済社会活動の停滞と、さまざまな試練に見舞われてきました。

しかし、本当に中小企業をむしばんでいるのはこうした経済的環境変化や天変地異ではなく、「経営者の高齢化」と「後継者の不在」なのです。

「2021年版　中小企業白書」によれば、中小企業における経営者の平均年齢は一貫して上昇し、2019年には62.2歳となっています。これに比例して2019年の休廃業・解散件数は4万3,348件、2020年には4万9,698件と増加傾向が止まらない状況です。一方で、後継者不在率は2020年で65.1％と、ここ10年で減少傾向にはあるものの、依然6割以上の中小企業で次世代を担う経営者が存在しないという“異常事態”が常態化しています。

こうした状況に歯止めをかけるべく、国はここ数年、事業承継税制の大幅な要件緩和や中小Ｍ＆Ａガイドラインの策定など、親族承継のみならず第三者への承継も含めた施策を講じており、さらに事業再構築指針の策定など、事業承継の先までを見据えた取組みを展開しています。

また、民間でも中小企業のＭ＆Ａマッチングをネットで行うプラットフォームが増加するなど、広い意味での事業承継を促進する環境が整いつつあります。

このように官民挙げてスムーズな事業承継をサポートする制度やしくみが花盛りではありますが、本来、事業承継の態様は各個別企業により区々です。どのような規模の企業で、株主構成はどうなっているのか、資産構成はどうか、親族の仲は良いのか悪いのか……など、内的・外的要因によって対策の在り方は千差万別となります。

例えば、業種全体が中長期的に先細りになることが予想され、将来性に不安のある会社や、相続発生後に必ず紛争が予想されるような会社に対して事業承継税制を適用することは、相続対策どころか、リスクしか存在しない“愚策”となってしまいます。

また、持株会社や資産管理会社などを設立することは、どんなケースでも必ずメリットがあるわけではありません。設立費用や地方税・社会保険料などのコストがどの程度かかるのか、被相続人の余命はあとどのくらいなのかなどを綿密にシミュレーションした上でないと、こうした対策は失敗に終わってしまいかねないのです。

そこで本書では、どのような事業承継のケースにどのような対策が有効なのか、あるいはこのようなケースにはこうした対策を取ってはならない……などといったセオリーを、税理士が実際に顧問先から受けた相談事例をベースに、リアルな設定を残しつつ、極力具体的に解説することを目指して執筆しました。

対策メニューも考え得る限りの項目を幅広く取り上げました。それぞれの対策ごとに有効なケースとそうとは言い切れないケースを俎上に上げ、多面的な検討を施しています。

なお、近年の裁決や裁判事例では、財産評価基本通達６項によるもの、同族会社等の行為計算否認によるもの、組織再編成に係る行為計算否認規定によるものなど、租税回避防止規定による税務否認事例が増加していることに留意すべきものと考えます。

したがって、対策を検討するに当たり、「正当な理由や目的」などの経済的合理性が今まで以上に重要な意味を持ちます。

本書が、顧客からさまざまな相談が寄せられる実務家にとって、最適な対応の道筋を示すメルクマールとなれば幸いです。

令和３年10月

ＯＡＧ税理士法人　チーム相続
執筆者代表兼監修　**奥田　周年**

目　次

序　章　事業承継における親族内及び親族外承継の概要

事業承継の概要 …… 2

❶ 何を …… 2
❷ 誰に …… 2

第１章　事業承継税制の活用

事業承継税制とは …… 10

❶ 事業承継税制（非上場株式等の納税猶予制度）の概要 … 10
❷ 特例の対象となる非上場株式等 …… 13
❸ 納税猶予制度のパターン …… 13
❹ 事業承継と事業承継税制の関係 …… 19

相談事例１　事業承継税制が有効なケース …… 23

❶ 相続税の試算 …… 24
❷ 親族間での経営承継における検討要素 …… 28
❸ 事業承継税制が有効なケース …… 29
❹ 適用の前提となる特例承継計画 …… 32
❺ 事業承継税制の出口 …… 32
❻ 財産の移転についての意向を実現するために …… 34

相談事例２　贈与者の死亡により適用を継続する事業承継税制の留意点 …… 35

❶　妹Ｃに相続が発生した場合の留意点 …… 37
❷　相続税の課題への対応策 …… 40
❸　遺留分の課題への対応策 …… 42

相談事例３　複数人への贈与における留意点 …… 44

❶　事業承継税制の適用の可否 …… 45
❷　複数人に贈与する場合の留意点 …… 47
❸　会社分割という代替案 …… 47

相談事例４　株式の評価方法の変更により評価額が上昇した場合の対応 …… 51

●相続税の納税資金の調達方法 …… 52

第２章　組織再編等の活用

組織再編等とは …… 64

❶　組織再編税制の対象 …… 64
❷　合　　併 …… 65
❸　分　　割 …… 67
❹　株式交換・株式移転 …… 72

相談事例５　合併後の事業承継 …… 75

❶　株式贈与における課題 …… 76
❷　合併の検討 …… 77

相談事例 6　会社分割を活用した事業承継 …… 83

❶ 親族外承継における課題 …… 84
❷ 事業承継スキームの進め方 …… 84

相談事例 7　株式交換を活用した事業承継 …… 94

❶ 事業承継税制適用上の注意点 …… 95
❷ 株式交換による持株会社化 …… 96

相談事例 8　有効とならないケース …… 103

❶ 持株会社化のステップの整理 …… 104
❷ 株式交換のデメリット …… 106
❸ 配当還元価額の上昇を回避する方法 …… 109

第３章　グループ法人税制の活用

グループ法人税制とは …… 114

❶ グループ法人税制の概要 …… 114
❷ グループ法人の基本的な適用例 …… 116
❸ 事業承継とグループ法人税制との関係 …… 118

相談事例 9　グループ会社間での資産の組替えと事業承継 …… 121

❶ 現状の各社の資産構成と株価 …… 121
❷ 兄弟会社間での資産の組替え …… 125

相談事例 10　親族外承継におけるグループ法人税制を活用した財産の移転 …… 132

❶ グループ法人税制による譲渡損益の繰延べ …… 134
❷ 適格現物分配による資産の移転 …… 136
❸ B 社株式を親族外後継者に譲渡 …… 137

第 4 章　資産管理会社・持株会社の活用

資産管理会社とは …… 140

❶ 資産管理会社の概要 …… 140
❷ 事業承継と資産管理会社（持株会社）の関係 …… 142

相談事例 11　資産管理会社の経営が有効なケース … 145

❶ 法人を活用しないときの問題点 …… 146
❷ 法人活用の具体的な手法 …… 146

相談事例 12　持株会社の設立による事業承継 …… 161

❶ 持株会社方式による事業承継の手順 …… 161
❷ 持株会社を活用する税務上のメリット …… 165
❸ 留意事項 …… 166

相談事例 13　資産管理会社の設立が今は不要なケース …… 167

❶ 法人設立によるデメリット …… 168
❷ 不動産所有型の場合の相続税評価に及ぼす影響 …… 169

第5章 社団・財団の活用

社団・財団とは …… 176

❶ 一般社団法人と一般財団法人の概要 …… 176
❷ 公益法人の概要 …… 178
❸ 事業承継との関係 …… 178
❹ 一般社団法人等に対する課税 …… 179
❺ 株式を寄附した場合の課税関係 …… 181

相談事例14 配当のない非上場株式の寄附 …… 185

❶ 現状の把握 …… 186
❷ 公益法人に対する寄附の課税関係 …… 187
❸ 非上場株式を寄附した場合の課税関係 …… 188
❹ 代替案の検討 …… 189

相談事例15 一般社団法人に有償で自社株承継 …… 192

❶ 一般社団法人の機関設計と設立 …… 193
❷ 会長所有の自社株の一般社団法人への移転 …… 194
❸ 特定一般社団法人等に対する相続税の課税 …… 198

第6章 民事信託の活用

民事信託とは …… 204

❶ 民事信託の概要 …… 205
❷ 民事信託の留意点 …… 207

❸ 事業承継と民事信託の関係 …… 207

相談事例 16 認知症による議決権行使リスクへの対応 …… 211

❶ 認知症になった場合のリスク …… 211
❷ 民事信託の活用 …… 212

相談事例 17 退職後の会長の財産管理 …… 220

❶ 所有財産からみた２つのリスク …… 221
❷ 信託スキームによるリスク回避 …… 221

相談事例 18 後継予定者と実際の後継者が異なった場合 …… 227

❶ 受益者連続型信託とは …… 227
❷ 信託契約上の承継者と実際の承継者が異なった場合 …… 231

第７章 従業員持株会・ストックオプションの活用

従業員持株会・ストックオプションとは …… 236

Ⅰ 従業員持株会の活用 …… 236
❶ 従業員持株会制度の概要 …… 236
❷ 事業承継と従業員持株会との関係 …… 237
❸ そ の 他 …… 239

Ⅱ ストックオプションの活用 …… 240
❶ ストックオプション制度の概要 …… 240

❷ ストックオプション制度の課税関係 ……… 242
❸ 事業承継とストックオプション制度の関係 ……… 244

相談事例 19 従業員持株会のメリットとデメリット ……… 245

❶ 従業員持株会が導入される理由 ……… 245
❷ オーナー側からみた従業員持株会のメリット・デメリット ……… 246
❸ 従業員側からみた従業員持株会のメリット・デメリット ……… 248

相談事例 20 従業員持株会の活用事例 ……… 250

❶ 社長の代替り時の潜在リスク ……… 250
❷ 従業員持株会と種類株式の活用 ……… 253
❸ 従業員持株会組成時と種類株式導入時の留意点 ……… 257

相談事例 21 ストックオプションが有効なケース ……… 260

❶ 無償ストックオプションの付与を受けた場合 ……… 261
❷ 有償ストックオプションを取得した場合 ……… 264
❸ 無償ストックオプションと有償ストックオプションの比較 ……… 267

相談事例 22 従業員持株会・ストックオプション等が有効とならないケース ……… 269

❶ 従業員持株会の課題 ……… 269
❷ 役員・従業員向けの無償ストックオプションの課題 ……… 270
❸ ストックオプション行使時と株式売却時の手取額の比較 ……… 273

第８章　遺言の活用

遺言とは …… 278

❶ 遺言の形式 …… 278
❷ 遺言でできることとできないこと …… 279
❸ 遺言のメリット・デメリット …… 280
❹ 事業承継と遺言 …… 280

相談事例 23　相続人以外の者への事業承継に必要なツール …… 282

❶ 遺言の内容 …… 284
❷ その他の問題 …… 285

相談事例 24　解除条件付遺贈の活用例 …… 289

❶ 遺言の内容 …… 290
❷ Ａの相続時にすでに条件が成就している場合 …… 291
❸ 解除条件付遺贈の場合の相続税の課税関係 …… 291

相談事例 25　遺言が有効とならないケース …… 292

❶ 遺言の変更 …… 293
❷ 予備的遺言の作成 …… 293

第９章　M&Aの活用

M&Aとは …… 296

●社外承継の選択 …… 296

相談事例 26　会社を成長させる M&A 戦略 …… 300

❶ 承継先決定までのプロセス …… 300
❷ 業界を取り巻く背景と M&A 戦略 …… 301
❸ M&A の最近の傾向と今後必要なこと …… 303

相談事例 27　多角化実現のための M&A …… 304

❶ M&A のステップ …… 304
❷ M&A 戦略で大切にすべきポイント …… 307

相談事例 28　欲張りすぎると機を逃す …… 309

❶ M&A の失敗 …… 309
❷ なぜ M&A は失敗したのか …… 310
❸ いつ外部承継を考えるべきか？ …… 312

第 10 章　そ の 他

相談事例 29　自己株式の取得が有効なケース …… 316

❶ 事業承継及び遺産分割協議における課題 …… 316
❷ 納税資金と議決権確保のための自己株式取得 …… 317

相談事例 30　種類株式が有効なケース …… 324

❶ 議決権の分散が課題 …… 325
❷ 種類株式の活用 …… 325

相談事例 31　投資育成会社を活用した事業承継 …… 332

❶ 投資育成会社を活用した事業承継 ……………………………… 334
❷ 投資育成会社から株式を買い取る場合の留意点 ………… 339
❸ 投資育成会社からの株式の買取事例 ………………………… 340

相談事例 32　少数株主からの株式買取り（株式の集中） ………………………………………… 344

❶ 少数株主の存在によるリスク …………………………………… 344
❷ 株式の集約方法 ……………………………………………………… 346
❸ 株式買取りの進め方 ………………………………………………… 349
❹ 譲渡制限株式の譲渡手続 ………………………………………… 351

相談事例 33　名義株主からの株式の回収 ………………… 354

❶ 名義株とは ……………………………………………………………… 354
❷ 名義株の解消方法 …………………………………………………… 357

相談事例 34　所在が不明な株主からの株式の買取り ………………………………………… 361

❶ 所在不明株主の株式売却制度 …………………………………… 361
❷ 所在不明株主の疎明手続 ………………………………………… 362
❸ 所在不明株主からの買取りの流れ ……………………………… 364
❹ 所在不明株主に関する会社法の特例（経営承継円滑化法） ………………………………………… 365

相談事例 35　会社に対する貸付金の整理方法 ………… 366

❶ 父親が会社へ貸し付けている状況を、生前に解消する方法 ……………………………………… 366
❷ DES（債務の株式化）の進め方 ……………………………… 367
❸ 疑似 DES に伴う留意事項 ……………………………………… 369
❹ その他の貸付解消方法 …………………………………………… 372

序　章

事業承継における親族内及び親族外承継の概要

事業承継の概要

事業承継には、「何を」、「誰に」、「いつ」承継させるか、という3つの要素があります。

「いつ」については、「思い立ったが吉日」ということわざのとおり、準備は早ければ早いにこしたことはありません。

ここでは、「何を」、「誰に」を中心に検討していきます。

❶ 何　を

事業承継では、経営権という「人（経営）」の承継、自社株、事業用資産、許認可などのプラスの「資産」と債務・保証などのマイナスの「資産」の承継、経営理念、信用、人脈、ノウハウなどの「知的資産」の承継を進めていくことになります。

それぞれを承継するに当たっては、「人（経営）」の承継では後継者の育成、「資産」の承継では税負担のスリム化、「知的資産」の承継では想いを伝える対話が重要な課題となっていきます（**図表-1**）。

❷ 誰　に

事業承継の必要性を認識した上で後継者候補を選定していきますが、事業承継には、親族内承継と親族外承継があり、親族外承継には社内承継と社外承継があります。

後継者の候補者を想定した上で、具体的な施策に進んでいきます（**図表-2**）。

■図表-1　事業承継の対象

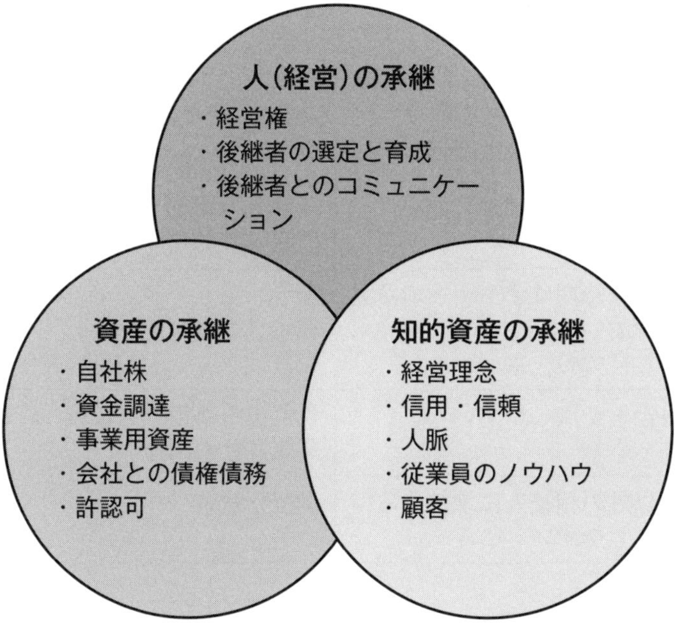

■図表-2　事業承継までのフロー

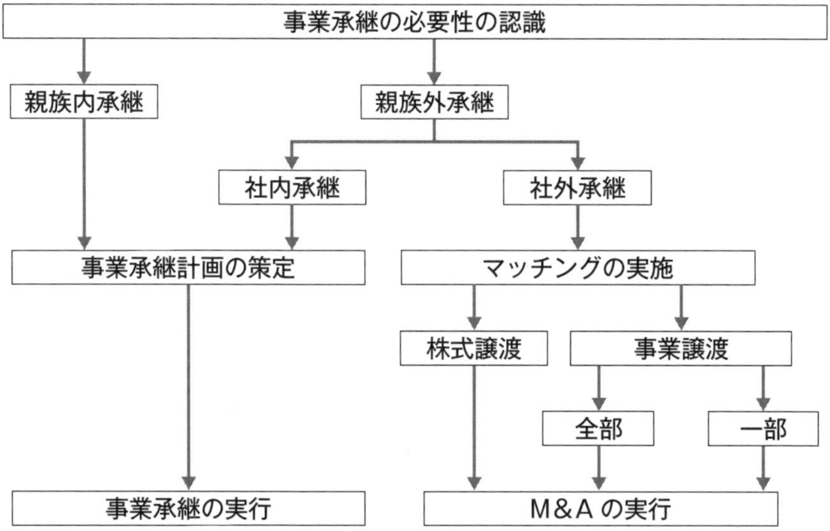

(1)　後継者の候補者の特徴

①　親族内承継

親族内承継とは、オーナーの子や兄弟などの親族に経営を承継させることをいい、次のような特徴があります。

早い時期からの準備が可能	後継者の育成 周囲への周知
株式の移転時期はオーナーの意見で動きやすい ➡所有と経営の一致	贈与 相続（遺言） 売買
資金負担を予測しやすい	税負担の準備 買取資金の調達
後継者以外の相続人に承継する財産が不足しやすい	遺留分対策

②　親族外承継

親族外承継には、役員や従業員に承継させる社内承継とＭ＆Ａなど社外に承継させる社外承継があります。

(イ)　社内承継

社内承継では、次のような特徴があります。

後継者の人材をみることができる	経営方針の浸透
所有と経営の分離する傾向がある	親族株主の理解が必要
	株式の移転コストの工面
個人保証の承継	金融機関との交渉

(ロ)　社外承継

社外承継では、大きく分けて株式譲渡と事業譲渡があります。

株式譲渡は、全株式の売却により、事業譲渡は、会社の事業の全部又は一部の売却により、経営権を承継します。

社外承継では、次のような特徴や留意点があります。

後継者の候補者を探すことができる	取引先、金融機関、その他
株式譲渡による承継	簿外債務の存在
事業譲渡による承継	譲渡対象資産の選別

(2) 事業承継計画の策定

前記のフローチャートに、記載されている事業承継計画は、経営者一人で考えるのではなく、後継者と協働で「人」、「資産」、「知的資産」の承継を考えていきます。

その後、「親族」、「役員」、「従業員」、「取引先」、「金融機関」と共通認識を持つ範囲を広めていきます。

■図表-3　事業承継先の選択肢

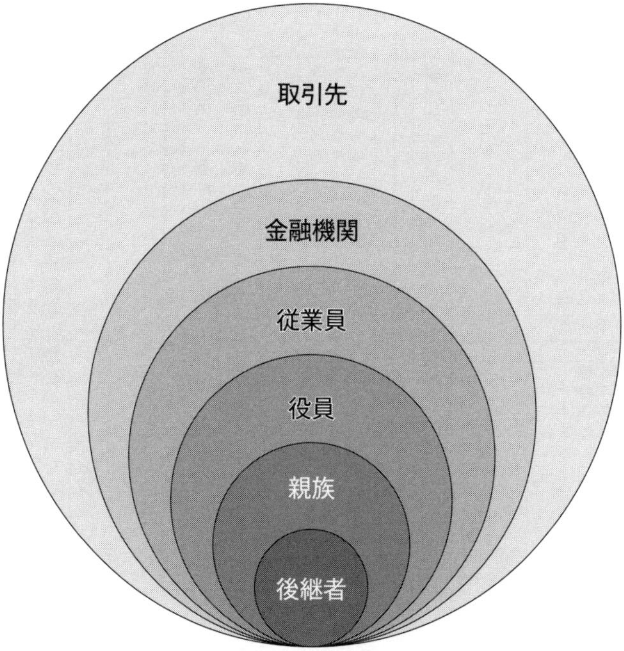

■図表 -4　事業承継計画書

項　目				現在	1年目	2年目	3年目	4年目	5年目	6年目	7年目	8年目	9年目	10年目
事業計画	①	売上高		5億円					6億円			7億円		10億円
		経常利益		1.00億円					1.10億円			1.20億円		2.00億円
会社の行動	②	定款												
		株式												
		その他												
現経営者	③④⑤	年齢		67歳	68歳	69歳	70歳	71歳	72歳	73歳	74歳	75歳	76歳	77歳
		役職		社長	→	→	→	→	→	→	→	会長	→	→
		関係者への公表		家族			社内		取引先	金融機関				
		後継者教育												
		財産配分								遺言作成				
		持株数		1,000株	900株	800株	700株	600株	500株	400株	300株	200株	100株	0株
後継者	③④⑤	年齢		35歳	36歳	37歳	38歳	39歳	40歳	41歳	42歳	43歳	44歳	45歳
		役職			取締役	→	→	→	→	→	→	社長	→	→
		教育	社内											
			社外											
		持株数		0株	100株	200株	300株	400株	500株	600株	700株	800株	900株	1,000株
				暦年課税	⇒	⇒	⇒	⇒	⇒	⇒	⇒	⇒	⇒	⇒
	⑥	相続時の資金準備		0万円	500万円	1,000万円	1,500万円	2,000万円	2,500万円	3,000万円	3,500万円	4,000万円	4,500万円	5,000万円

事業承継計画は、具体的には、次の手順で進めていきます。

① 会社の事業計画の設定

現状を把握した上で、経営計画を作成します。

② 事業承継に向けた会社の行動の設定

自社株の分散防止が行動の中心となり、後継者への議決権の集約を目標とした施策が必要となります。

○議決権の集約➡種類株式の活用、名義株の把握と買戻し
○定款変更➡相続人に対する売渡請求、属人的株式の検討
○経営者への退職金の支給➡原資の準備

③ 事業承継に向けた経営者と後継者の行動の設定

④ 関係者との事業計画の共有

⑤ 自社株の株価把握と移転方法の検討

⑥ 相続時の必要資金の準備

後継者は、事業承継とともに自社株や事業用資産を取得するため、経営者の相続時には、取得した資産価値に見合う代償金を他の相続人に対して支払う必要がでてきます。

その代償金の原資を、事業承継計画に織り込んでおくことが重要です（**図表-4**）。

第１章

事業承継税制の活用

事業承継税制とは

事業承継税制（非上場株式等の納税猶予）については、贈与税に関するもの（非上場株式等を贈与した場合）と相続に関するもの（非上場株式等を相続した場合）があります。

この制度は、平成 21 年度の税制改正で導入されました（一般措置）が、平成 30 年度の税制改正で抜本的な改正が行われ、上記の一般措置に加え新たに特例措置が創設されました。

そのため、現在では、従来からの一般措置と特例措置が並存している状況です。

なお、内容的には特例措置の方が使いやすく、実務的にもこちらを利用する人がほとんどですので、以下、その内容を中心に説明します。

現在、特例措置は事業承継対策の大きなメニューの１つとなっています。

❶ 事業承継税制（非上場株式等の納税猶予制度）の概要

非上場株式等の相続税・贈与税の納税猶予制度は、後継者である受贈者・相続人等が、円滑化法の認定を受けている非上場会社の株式等を贈与又は相続等により取得した場合において、その非上場株式等に係る贈与税・相続税について、一定の要件の下その納税を猶予するものです。

■図表 1-1　事業承継税制のイメージ

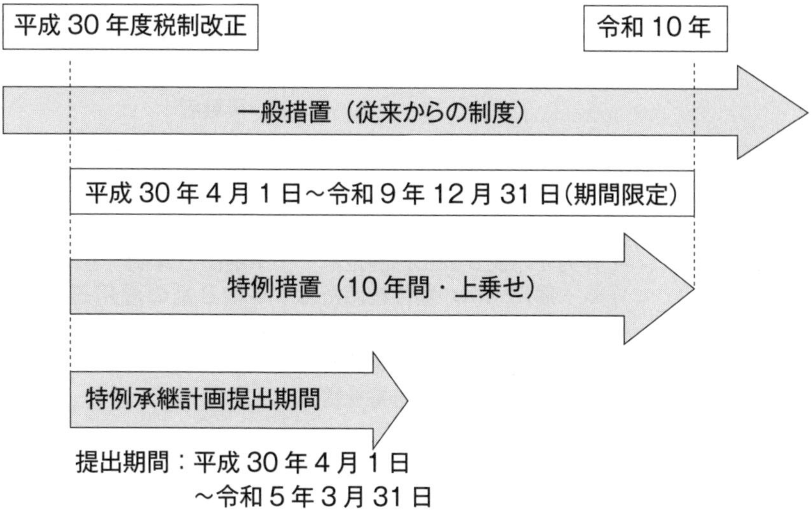

使い勝手の良い「特例措置」は期間の制限があるので要注意！

＜特例措置と一般措置の比較＞

	特例措置	一般措置
事前の計画策定等（都道府県知事に提出）	5 年以内の特例承継計画の提出 平成 30 年 4 月 1 日～ 令和 5 年 3 月 31 日まで	不要
適用期限	10 年以内の贈与・相続等 平成 30 年 1 月 1 日～ 令和 9 年 12 月 31 日まで	なし
対象株数	全株式	総株式数の最大 3 分の 2 まで
納税猶予割合	100%（株式に係る贈与税・相続税の全額が猶予される）	贈与：100 %、相続：80%

	特例措置	一般措置
承継パターン	・複数の株主から最大３人の後継者(注)	・平成29年までは、1人の株主から１人の後継者 ・平成30年からは、複数の株主から１人の後継者
雇用確保要件	弾力化（実質的には廃止） ※　雇用水準が要件を満たさない場合、認定経営革新期間（税理士等）の意見が記載されている報告書を提出する。	承継後５年間 平均８割の雇用維持が必要
事業の継続が困難な事由が生じた場合の免除	あり	なし
相続時精算課税の適用	60歳以上の者から20歳以上の者への贈与	60歳以上の者から20歳以上の推定相続人・孫への贈与

（注）　承継パターン（特例措置）のイメージ

＜複数の者から承継＞　　＜複数の者に承継＞
※最大３名

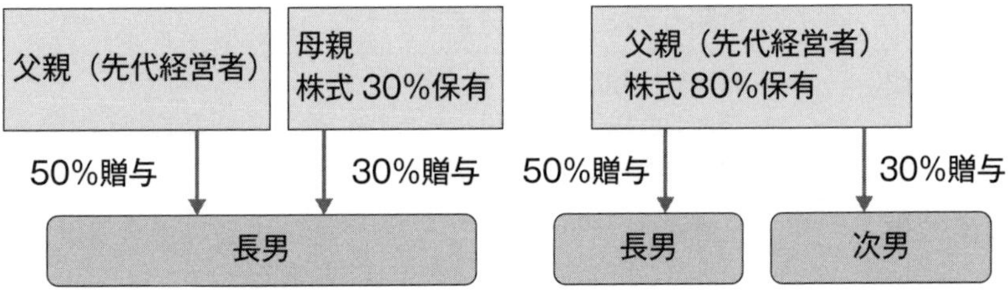

❷ 特例の対象となる非上場株式等

非上場株式等とは、中小企業者（円滑化法 2 に規定する中小企業者。**図表 1-2** 参照）である非上場会社の株式又は出資（医療法人の出資は含まれません）をいいます。

なお、この制度の対象となる非上場株式等は、議決権の制限のないものに限られます。

■図表 1-2　制度の対象となる法人

業種目	資本金	又は 従業員数
製造業その他	3 億円以下	300 人以下
製造業のうちゴム製品製造業（自動車又は航空機用タイヤ及びチューブ製造業並びに工業用ベルト製造業を除く）	3 億円以下	900 人以下
卸売業	1 億円以下	100 人以下
小売業	5,000 万円以下	50 人以下
サービス業	5,000 万円以下	100 人以下
サービス業のうちソフトウエア業又は情報処理サービス業	3 億円以下	300 人以下
サービス業のうち旅館業	5,000 万円以下	200 人以下

❸ 納税猶予制度のパターン

納税猶予を適用するパターンは、大きくは次の 3 つに区分されます。

●非上場株式等の贈与を受け、贈与税の納税猶予を適用するパターン
●非上場株式等の贈与を受け、贈与税の納税猶予を適用後、贈与者が亡くなり、その後、相続税の納税猶予を適用するパターン
（注）猶予されていた贈与税は免除されます。ただし、贈与はすでに完了していますが、相続等で取得したものとして相続税の課税対象になります。
●非上場株式等の相続を受け、相続税の納税猶予を適用するパターン

(1)　贈与を受け贈与税の納税猶予を適用するパターン（特例措置）

■図表 1-3　贈与税の納税猶予のイメージ

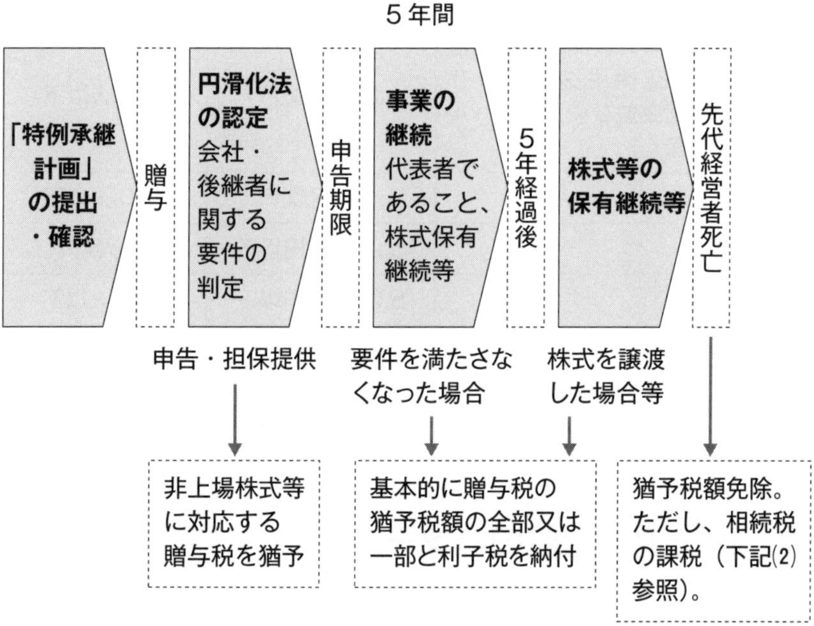

①　特例承継計画の提出

会社の後継者や承継時までの経営見通し等を記載した「特例承継計画」を策定し、認定経営革新等支援機関（税理士、商工会、商工会議所

等）の所見を記載の上、令和5年3月31日までに都道府県知事に提出し、その確認を受ける必要があります。

（注） 令和5年3月31日までの贈与については、贈与後に承継計画を提出することも可能です。

② 必要な贈与株数

この制度の適用を受けるためには、先代経営者等である贈与者から、全部又は一定数以上の非上場株式等の贈与を受ける必要があります。

③ 都道府県知事の円滑化法の認定、贈与税申告書の提出

(イ) 会社の要件、後継者（受贈者）の要件、先代経営者等（贈与者）の要件を満たしていることについての都道府県知事の「円滑化法の認定」を受ける必要があります。

（注） 円滑化法の認定を受けるためには、贈与を受けた年の翌年の1月15日まで（申告期限の2か月前まで）にその申請を行う必要があります。

(ロ) 贈与税の申告期限までに、この制度の適用を受ける旨を記載した贈与税の申告書及び一定の書類を税務署へ提出するとともに、納税が猶予される贈与税額及び利子税の額に見合う担保を提供する必要があります。

④ 特例承継計画、円滑化法の認定の具体的内容・手続

会社の主たる事務所が所在する都道府県の担当課（18頁参照）で確認することができます。

(2) 贈与税の納税猶予適用後、贈与者が死亡し、相続税の納税猶予を適用するパターン（特例措置）

① 贈与税の納税猶予額の免除とみなし相続

上記(1)で説明した非上場株式等についての贈与税の納税猶予を適用した後、贈与者が死亡した場合は、贈与税の納税猶予税額については免除されます。一方、贈与を受けた非上場株式等については、すでに贈与を受けていますが、相続又は遺贈により取得したものとみなして、贈与時の価額により他の相続財産（贈与者の相続財産）と合算して相続税の対象となります。

② 相続税の納税猶予制度の適用

上記①の相続又は遺贈により取得したものとみなされた非上場株式等について、都道府県知事の「円滑化法の確認」(認定とは相違)を受け、一定の要件を満たす場合は、相続税の納税猶予が適用できます。

(注1)「円滑化法の確認」の具体的な要件、手続については、会社の主たる事務所が所在する都道府県の担当課(18頁参照)で確認できます。

(注2)「円滑化法の確認」を受けるためには、相続開始後8か月以内(申告期限の2か月前まで)にその申請を行う必要があります。

③ 相続税の申告書の提出等

相続税の申告期限までに、「非上場株式等の贈与者が死亡した場合の相続税の納税猶予及び免除」の適用を受ける旨を記載した相続税の申告書及び一定の書類を税務署に提出するとともに、納税が猶予される相続税額及び利子税の額に見合う担保を提供する必要があります。

(3) 相続を受け相続税の納税猶予を適用するパターン(特例措置)

① 特例承継計画の提出

会社の後継者や承継時までの経営見通し等を記載した「特例承継計画」を策定し、認定経営革新等支援機関(税理士、商工会、商工会議所等)の所見を記載の上、令和5年3月31日までに都道府県知事に提出し、その確認を受ける必要があります。

(注) 令和5年3月31日までの相続については、相続後に承継計画を提出することも可能です。

② 必要な相続株数

この制度の適用を受けるためには、先代経営者等である被相続人から、全部又は一定数以上の非上場株式等の相続又は遺贈を受ける必要があります。

③ 都道府県知事の円滑化法の認定、相続税申告書の提出

(イ) 会社の要件、後継者(相続人・受遺者)の要件、先代経営者等

■図表1-4　相続税の納税猶予のイメージ

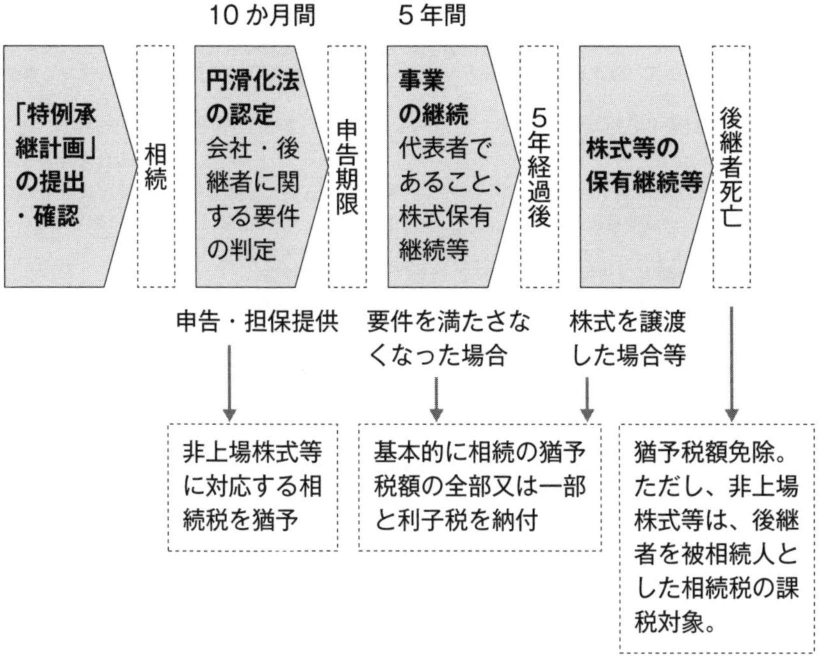

（被相続人）の要件を満たしていることについての都道府県知事の「円滑化法の認定」を受ける必要があります。

（注） 円滑化法の認定を受けるためには、相続開始後8か月以内（申告期限の2か月前まで）にその申請を行う必要があります。

(ロ) 相続税の申告期限までに、この制度の適用を受ける旨を記載した相続税の申告書及び一定の書類を税務署へ提出するとともに、納税が猶予される相続税額及び利子税の額に見合う担保を提供する必要があります。

(ハ) 認定を受けるためには、認定申請時までに適用を受けようとする株式等について、遺産分割協議が済んでいる必要があります。

④ 特例承継計画、円滑化法の認定の具体的内容・手続

会社の主たる事務所が所在する都道府県の担当課（**図表1-5**）で確認することができます。

■図表 1-5　円滑化法の認定等に関する窓口

法人版事業承継税制の適用を受けようとしている方、又は、適用を受けている方で、贈与税又は相続税の申告書・納税猶予の継続届出書等に添付して提出する「中小企業における経営の承継の円滑化に関する法律施行規則」に基づく認定、確認及びそれに係る申請書・報告書の提出に関する窓口は会社の主たる事務所が所在する都道府県です。

また、特例承継計画の提出に関する窓口についても会社の主たる事務所が所在する都道府県になります。

＜各都道府県のお問合せ先＞　令和３年４月１日現在

北海道	経済部地域経済局 中小企業課	011-204-5331
青森県	商工労働部 地域産業課 創業支援グループ	017-734-9374
岩手県	商工労働観光部 経営支援課	019-629-5544
宮城県	経済商工観光部 中小企業支援室	022-211-2742
秋田県	産業労働部 産業政策課	018-860-2215
山形県	産業労働部 中小企業・創業支援課	023-630-2354
福島県	商工労働部 経営金融課	024-521-7288
茨城県	産業戦略部 中小企業課	029-301-3560
栃木県	産業労働観光部 経営支援課	028-623-3181
群馬県	産業経済部 経営支援課 経営革新係	027-226-3339
埼玉県	産業労働部 産業支援課	048-830-3910
千葉県	商工労働部 経営支援課	043-223-2712
東京都	産業労働局 商工部 経営支援課 事業承継税制担当	03-5320-4785
神奈川県	産業労働局 中小企業部 中小企業支援課（かながわ中小企業成長支援ステーション）	046-235-5620
新潟県	産業労働部 地域産業振興課 小規模企業支援係	025-280-5235
富山県	商工労働部 地域産業支援課	076-444-3248
石川県	商工労働部 経営支援課	076-225-1522
山梨県	産業労働部 産業振興課	055-223-1541
長野県	産業労働部 経営・創業支援課 中小企業支援係	026-235-7194
岐阜県	商工労働部 商業・金融課	058-272-8389
静岡県	経済産業部 商工業局 経営支援課	054-221-2807
愛知県	経済産業局 中小企業部 中小企業金融課	052-954-6332
三重県	雇用経済部 中小企業・サービス産業振興課	059-224-2447
福井県	【建設業、商業、サービス業等】産業労働部 創業・経営課	0776-20-0367
	【製造業等】産業労働部 産業技術課	0776-20-0370

滋賀県	商工観光労働部 中小企業支援課	077-528-3732
京都府	商工労働観光部 ものづくり振興課	075-414-4851
大阪府	商工労働部 中小企業支援室 経営支援課	06-6210-9490
兵庫県	産業労働部 産業振興局 経営商業課	078-362-3313
奈良県	産業振興総合センター 創業・経営支援部 経営支援課	0742-33-0817
和歌山県	商工観光労働部 商工労働政策局 商工振興課	073-441-2740
鳥取県	商工労働部 企業支援課	0857-26-7453
島根県	商工労働部 中小企業課	0852-22-5288
岡山県	産業労働部 経営支援課	086-226-7353
広島県	商工労働局 イノベーション推進チーム	082-513-3355
山口県	商工労働部 経営金融課	083-933-3180
徳島県	商工労働観光部 商工政策課	088-621-2322
香川県	商工労働部 経営支援課	087-832-3345
愛媛県	経済労働部 産業支援局経営支援課	089-912-2480
高知県	商工労働部 経営支援課	088-823-9697
福岡県	商工部 中小企業振興課	092-643-3425
佐賀県	産業労働部 産業政策課	0952-25-7182
長崎県	産業労働部 経営支援課	095-895-2651
熊本県	【製造業以外】商工労働部 商工雇用創生局 商工振興金融課	096-333-2316
	【製造業】商工労働部 産業振興局 産業支援課	096-333-2319
大分県	商工観光労働部 経営創造・金融課	097-506-3226
宮崎県	商工観光労働部 商工政策課 経営金融支援室	0985-26-7097
鹿児島県	商工労働水産部 中小企業支援課	099-286-2944
沖縄県	商工労働部 中小企業支援課	098-866-2343

○事業承継税制に関連する情報につきましては、中小企業庁ホームページにおいてもご覧いただけますので、ぜひご利用ください。【https://www.chusho.meti.go.jp/zaimu/shoukei/index.html】

（出典）国税庁ホームページ

❹ 事業承継と事業承継税制の関係

(1) 事業承継税制のメリット

上述したとおり、事業承継税制の最大のメリットは、事業承継を行う際に後継者の税金の負担が大きく軽減される点と考えられます。贈与税・相続税の納税猶予を受けることで、後継者に手許資金がなくても先代から経営権をスムーズに承継することが可能となります(注)。

（注） 事業承継時、特に相続時には会社の経営状況が大きく変化するケースもあり、その際、税負担を軽減できるか否かで大きな影響が出るケースもあります（納税猶予を受けることで、資金の流出を防ぎ、経営の安定が図れます）。

(2) 事業承継税制のデメリット

事業承継税制を適用した場合、将来の経営に一定の制約が生じることがあります（例えば、会社の売却や大幅な組織再編等による納税猶予の打切り）。納税猶予が打ち切られた場合は、本税（贈与税・相続税）のほか利子税の負担も生じます。

また、この制度の適用を受けた場合、適用を受けた人（後継者）は、所轄税務署に継続届出書を特例経営贈与・相続承継期間内（5年間）は毎年、その期間の経過後は3年ごとに提出する必要があります。

さらに、対象となる会社も特例経営贈与・相続承継期間内は毎年、都道府県知事に対し一定の書類を提出する必要があり、付随的な手間暇・費用等が継続します。

(3) 制度適用に当たっての基本的な考え方

事業承継税制の活用が向いているのは、上述したメリットにもあるように株価が高く（猶予税額が大きく）、かつ、納税資金の準備が大変なケースでしょう。また、後継者が決まっていることも必要となります(注)。

（注） 納税猶予の額がそれほど大きくない場合は、その後の手間暇・費用等を考慮すると、得策でないとも考えられます。

また資本提携、従業員規模の削減などの抜本的な事業上の意思決定をする見込みが低い場合の方が、より利用しやすくなります。

上記以外でも、後継者の選考がある程度進んでおり、年々法人の株価が上昇している場合には、事業承継税制を利用して息子・孫などの次世代への資産移転を図ることも、節税の観点から有効と考えられます。

逆に早期に事業を売却する、大幅な事業再構築を想定している場合には、事業承継税制を利用することが望ましくない場合もあります。

参考

この制度の適用を受けるための主な要件

1 贈与のケース

(1) 会社の主な要件

○次の会社のいずれにも該当しないこと

① 上場会社

② 中小企業者に該当しない会社

③ 風俗営業会社

④ 資産管理会社（一定の要件を満たすものを除きます）

(2) 後継者である受贈者の主な要件

○贈与の時において、

① 会社の代表権を有していること

② 20 歳以上であること

③ 役員の就任から３年以上を経過していること

④ 後継者及び後継者と特別の関係がある者で総議決権数の 50% 超の議決権数を保有することとなること

⑤ 後継者の有する議決権数が、次の㈠又は㈡に該当すること（特

例措置）

⑷　後継者が１人の場合

後継者と特別の関係がある者（他の後継者を除きます）の中で最も多くの議決権数を保有することとなること

⑸　後継者が２人又は３人の場合

総議決権数の10%以上の議決権数を保有し、かつ、後継者と特別の関係がある者（他の後継者を除きます）の中で最も多くの議決権数を保有することとなること

⑶　先代経営者等である贈与者の主な要件

①　会社の代表権を有していたこと

②　贈与の直前において、贈与者及び贈与者と特別の関係がある者で総議決権数の50%超の議決権数を保有し、かつ、後継者を除いたこれらの者の中で最も多くの議決権数を保有していたこと

③　贈与時において、会社の代表権を有していないこと

2　相続のケース

⑴　会社の主な要件

贈与のケースと同じです。

⑵　後継者である相続人等の主な要件

①　相続開始の日の翌日から５か月を経過する日において会社の代表権を有していること

②　相続開始の時において、後継者及び後継者と特別の関係がある者で総議決権数の50%超の議決権数を保有することとなること

③　相続開始の時において後継者が有する議決権数が、次の⑷又は⑸に該当すること（特例措置）

⑷　後継者が１人の場合

後継者と特別の関係がある者（他の後継者を除きます）の中で最も多くの議決権数を保有することとなること

⑸　後継者が２人又は３人の場合

総議決権数の10%以上の議決権数を保有し、かつ、後継者と

特別の関係がある者（他の後継者を除きます）の中で最も多くの議決権数を保有することとなること

④　相続開始の直前において、会社の役員であること（被相続人が70歳未満で死亡した場合を除きます）

3　先代経営者等である被相続人の主な要件

①　会社の代表権を有していたこと

②　相続開始直前において、被相続人及び被相続人と特別の関係がある者で総議決権数の50%超の議決権数を保有し、かつ、後継者を除いたこれらの者の中で最も多くの議決権数を保有していたこと

相談事例 1

事業承継税制が有効なケース

私が30年前に代表取締役に就任してから、甲社は経営が順調に推移しており、今後も成長が見込まれます。

また10年前から長男を後継者として社内に迎え入れ、現在は専務取締役の役割を担っており、古参の役員たちとも良好な関係です。

一方で、これまで事業承継対策としての自社株の移転については特別な手を打たないままできましたが、私の保有する株価を確認したところ6億円と想像以上に高額になっていることが分かりました。

私には妻と長男、次男がおり、次男は別の職業に就いていて甲社とは関係性がないため、自社株については長男にすべて譲りたいと思っていますが、その他の財産についてはできるだけ均等に相続させたいと思っています。

私は、何をすればよいでしょうか。

実務の最適解

事業承継における自社株の移転方法の重要な選択肢として、非上場株式等の相続税及び贈与税の納税猶予という制度があり、税負担なく後継者に自社株を移転させることができます。

この特例の適用を受けるためには、「特例承継計画」を令和5年3月31日までに都道府県知事に提出し、令和9年12月31日までに贈与又は相続により後継者に自社株を移転する必要があります。

❶ 相続税の試算

まず、この制度のイメージを掴むために、本相談事例の財産内容及び分割案に応じた相続税額・納税猶予額を試算してみます。

■図表1-6　前提条件

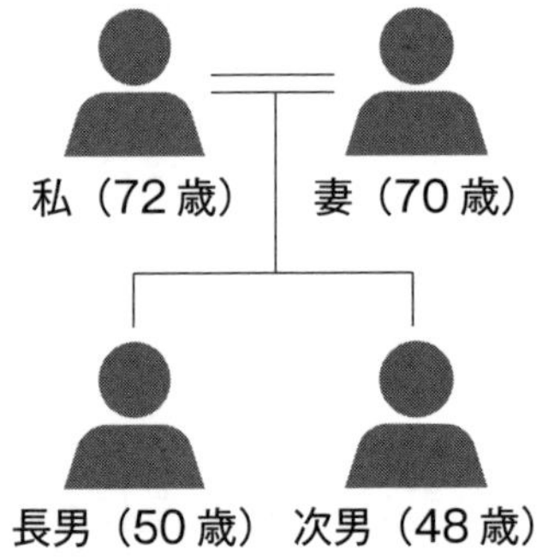

❖財産構成

・自宅不動産	1億円
・金融資産	5億円
・自社株	6億円
計	12億円

なお、試算では、自社株の株価は6億円とし、これをすべて長男に、自宅不動産1億円を妻に、金融資産5億円のうち妻に2億円、長男に1億円、次男に2億円を渡す場合を想定してみます。

(1)　現状の場合

現状の相続税は、財産額12億円に対し、相続税の総額が約4億5,000万円となります。

この分割案の場合、自社株を取得する長男の相続税の納税資金が不足する一方、仮に次男が取得する金融資産の割合を減らすと次男の相続分が不足してしまいます。

■図表 1-7　現状の相続税　（単位：円）

		計	配偶者	長男	次男
相続財産	自宅不動産	100,000,000	100,000,000		
	自社株	600,000,000		600,000,000	
	金融資産	500,000,000	200,000,000	100,000,000	200,000,000
	課税価格	1,200,000,000	300,000,000	700,000,000	200,000,000
税額計算	按分割合	1.0000	0.2500	0.5833	0.1667
	算出税額	451,200,000	112,800,000	263,200,000	75,200,000
	配偶者の税額軽減額	112,800,000	112,800,000		
	納税猶予税額	0			
	納付税額	338,400,000	0	263,200,000	75,200,000

⑵　非上場株式等の贈与税及び相続税の納税猶予を適用した場合

自社株を相続する長男の相続税の納税資金が不足するため、非上場株式等の贈与税及び相続税の納税猶予を適用した場合の相続税を試算します。

なお、この特例は、令和９年12月31日までの贈与又は相続について適用されるため、令和９年12月31日までに贈与税の納税猶予の適用を受け、その後相続が発生して相続税の納税猶予に切り換えるものと仮定します。

ステップ１

まず、納税猶予の適用の有無に関係なく、通常どおり相続税を計算します（現状の相続税参照）。

■図表 1-8　通常の場合

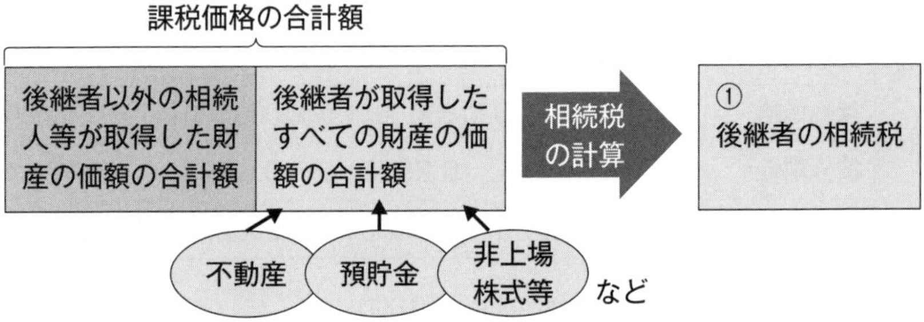

（出典）　国税庁資料

ステップ２

次に、後継者長男が相続する財産を納税猶予の適用を受ける非上場株式のみであったとして、同様の計算をします。

このとき、他の相続人が取得する財産の額は ステップ１ とまったく同じ額として計算します。

■図表 1-9　後継者の取得財産が非上場株式のみの場合

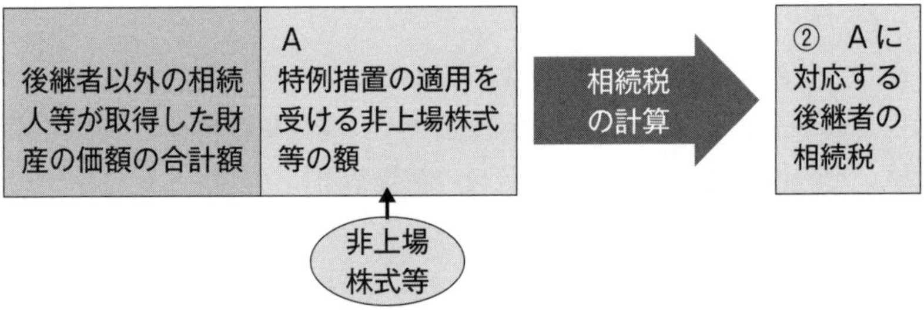

（出典）　国税庁資料

■図表1-10　後継者の取得財産を非上場株式のみとした場合の相続税

（単位：円）

		計	配偶者	長男	次男
相続財産	自宅不動産	100,000,000	100,000,000		
	自社株	600,000,000		600,000,000	
	金融資産	400,000,000	200,000,000		200,000,000
	課税価格	1,100,000,000	300,000,000	600,000,000	200,000,000
税額計算	按分割合	1.0000	0.2727	0.5455	0.1818
	算出税額	403,700,000	110,100,000	220,200,000	73,400,000
	配偶者の税額軽減額	110,100,000	110,100,000		
	納税猶予税額	0			
	納付税額	293,600,000	0	220,200,000	73,400,000

ステップ３

ステップ２の計算方法により計算した長男の相続税額を、「長男がその非上場株式を相続した場合の相続税である」と考え、この額について納税が猶予されます。

■図表1-11　納税猶予税額のイメージ

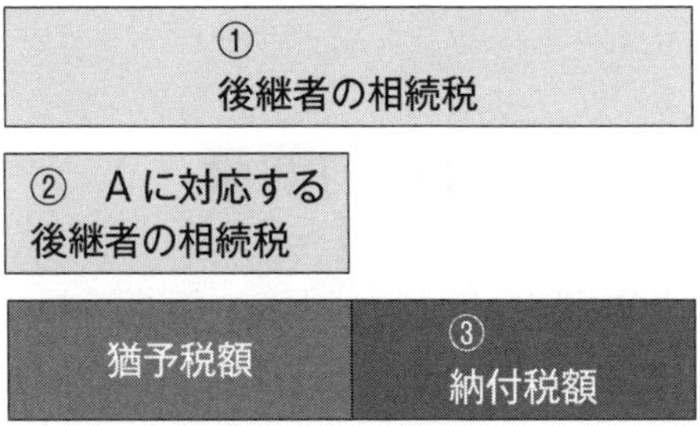

（出典）　国税庁資料

したがって、ステップ1 で計算した長男の相続税額から、ステップ2 で計算した税額（納税猶予額）を差し引いた金額が、長男の期限内申告分として納付すべき税額となります。

■図表1-12　納税猶予を加味した相続税　（単位：円）

		計	配偶者	長男	次男
相続財産	自宅不動産	100,000,000	100,000,000		
	自社株	600,000,000		600,000,000	
	金融資産	500,000,000	200,000,000	100,000,000	200,000,000
	課税価格	1,200,000,000	300,000,000	700,000,000	200,000,000
税額計算	按分割合	1.0000	0.2500	0.5833	0.1667
	算出税額	451,200,000	112,800,000	263,200,000	75,200,000
	配偶者の税額軽減額	112,800,000	112,800,000		
	納税猶予税額	220,200,000		220,200,000	
	納付税額	118,200,000	0	43,000,000	75,200,000

このように、非上場株式の相続税の納税猶予は、相続税の納税資金を用意することなく、先代経営者から事業を承継することができる制度です。

❷　親族間での経営承継における検討要素

中小企業にとって代替わり＝「事業承継」は、常に大きな課題です。

現オーナー（株主）が保有する株式を、どのような方法で後継者へ移転させていくのか、その方法によって生じる税金をどのように負担するのか、あるいは軽減させていくことが可能なのか、税の問題だけでもさまざまな検討要素があります。
もちろん株式の移転は、会社の経営権にも大きな影響を与えますので、同時にコーポレートガバナンスのことも考える必要があります。
さらには、オーナーの財産の大半が株式や会社に貸し付けている不動産である場合も珍しくなく、その不動産を会社の事業の維持のために後継者に渡す必要があるものの、他の子供たちに渡す財産が相対的に少なくなってしまい、将来的には遺留分の問題にまで発展する可能性もあります。
このような代替わりによって生ずるさまざまな課題に多面的に検討を加え、想定される問題点を極小化していくことが、事業承継対策の役割といえます。
その中で、特に大きなテーマである税の問題の解決を図るために用意された制度が、「事業承継税制（特例措置）」です。
この税制は、株式の移転に係る税負担を０円にできてしまう制度のため非常に細かな要件がありますが、一般的な会社が適用を受けることが困難な内容ではありません。
特に以下のような会社の場合、非常に有効な税制といえます。

❸ 事業承継税制が有効なケース

事業承継税制が有効な会社とは、「今後も好調な業績が見込まれ、会社の株価も上昇することが予想される会社」や「業績は安定期にあるものの過去の利益の蓄積が大きく、純資産が非常に厚い会社」で、すでに後継者が決まっていて、社内外にそのコンセンサスが得られているような会社です（図表 1-13）。
いずれも、株価が高額になり、そのままでは相続税の負担が数千万円から数億円以上となってしまう可能性のある会社で、多くの場合は相続税の納税資金の確保が難しい状況です。
このような場合、「金庫株」といい、相続開始後に会社に自社株を買い取ってもらう方法により納税資金をねん出する方法があります。

■図表 1-13　事業承継税制が有効な会社

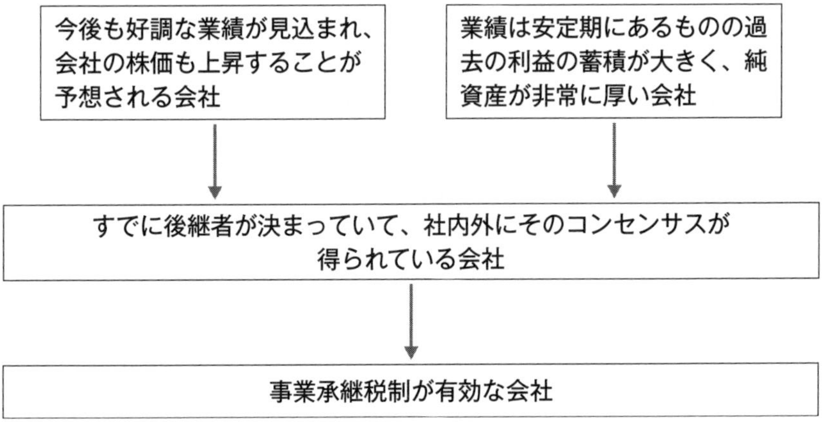

しかし、会社の資金を納税資金に充てることとなるため、会社側では想定外の資金負担により運転資金にマイナスの影響を与えることや、買い取った後の議決権比率にも影響が生じるため、必ずしも万能な方策ではありません。

事業承継税制を適用するのであれば、この納税資金が不要になります。

参　考

資産保有型・運用型会社

資産保有型会社等とは、下記のような会社です。

(1) 「資産保有型会社」の定義

保有している資産に占める特定資産の割合が 70%以上の会社をいいます。

＜主要な特定資産＞

有価証券	資産管理会社に該当しない特別子会社の株式	非該当
	上記以外	該当
不動産	現に自ら使用しているもの（従業員社宅を含む）	非該当
	上記以外（賃貸不動産、役員社宅等）	該当
会員権	ゴルフ会員権等（販売目的、事業目的を除く）	該当
動産・貴金属	絵画、彫刻、金等	該当
現預金	後継者グループへの貸付金、未収金、売掛金、現預金、保険積立金	該当

貸借対照表イメージ

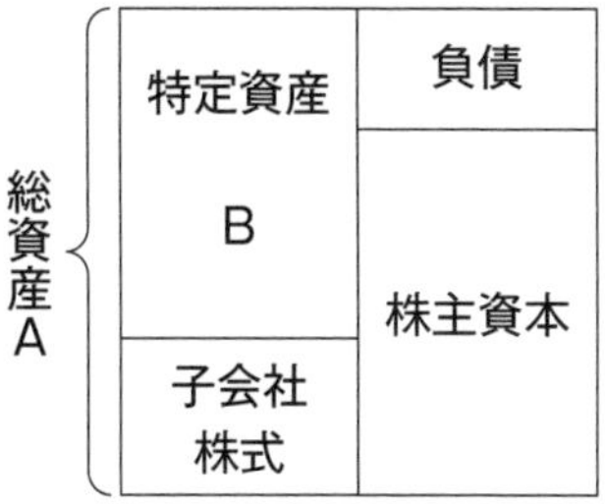

$$\frac{B+C}{A+C} \geqq 70\%$$ ➡ 資産保有型会社に該当

C　過去５年間に経営承継相続人等及びその同族関係者に対して支払われた配当や過大役員給与等に相当する額

⑵「資産運用型会社」の定義

総収入金額に占める、上記の「特定資産」の運用収入の割合が75%以上の会社をいいます。

$$\frac{特定資産の運用収入}{総収入金額} \geqq 75\%$$ ➡ 資産運用型会社に該当

しかし、次のすべての要件を満たす場合には、形式的に資産保有型・運用型会社に該当していたとしても納税猶予の適用を受けることができます。

・親族以外の社会保険加入の従業員数が５名以上

・店舗・事務所等の固定施設を所有又は賃借していること

・３年以上継続して事業を行っていること

❹ 適用の前提となる特例承継計画

この制度の前提となる手続として、会社が令和5年3月31日までに都道府県知事に対して、後継者の氏名（3名まで）を記載した「特例承継計画」を提出する必要があります。

したがって、オーナー個人の腹積もりだけではなく、会社が後継者を選定し、内外に公表してコンセンサスを得ておくことが必要です。

また、「後継者及びその親族で議決権の過半数を有していること」、「後継者が親族内で筆頭株主であること（後継者が1人である場合）」という要件があり、いくつかの株主グループによる共同経営を実施している会社向けの制度というよりは、親族内で経営の意思決定を行うような同族経営を、将来にわたって進めていくことを想定している会社向けの制度といえます。

❺ 事業承継税制の出口

事業承継税制の適用を受けた後は、納税猶予を継続するための要件が定められています。

その要件を納税猶予の期限まで満たしていれば猶予されている税金は免除され、要件を満たさなくなったときは、納税猶予の期限が確定し、猶予されている税金を納めなければなりません。

■図表 1-14　納税猶予適用後の態様

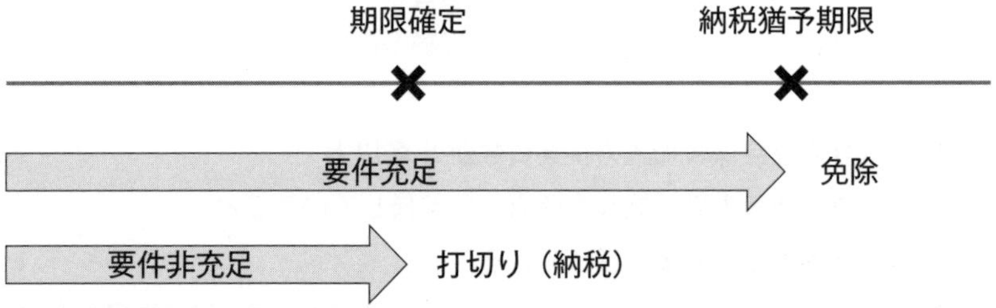

納税猶予の期限は、大きく次の２つです。

(1)　後継者の死亡時（株式を所有し続けた場合）

納税猶予の適用を受けた後継者（２代目）に相続が開始した場合、それまで猶予の状態であった税額が「免除」されることになります。

したがって、先代オーナーの相続からの数十年間、税務署への３年ごとの継続届出書の提出をし続けた後に、初めて猶予から免除となってこの制度が完了します。

その上で、２代目から３代目の株式の移転については、その２代目の相続開始時点の税制に従って納税猶予制度の適用を受けるか否かの新たな判断が必要となります。

(2)　２代目から３代目への贈与時

２代目が事業承継税制の適用を受け、経営承継期間（注）の経過後、その株式を３代目である次の後継者に贈与することが可能です。

（注）　経営承継期間とは、次のいずれか早い日までの期間をいいます。

・贈与税・相続税の申告期限の翌日から５年を経過する日

・後継者の死亡の日の前日

この場合、２代目は、先代から株式を引き継いだ際に猶予されていた贈与税・相続税の税額が免除されます。

この免除の要件として、２代目から３代目への贈与について、その時点での事業承継税制の適用を受けることが条件となっています。

ほとんどのケースでは、この２代目から３代目への贈与について、特例承継計画の期限である令和５年３月31日までに提出することはできない可能性が高いため、この贈与については優遇制度の多い特例措置ではなく「一般措置」の制度を適用することになると思われます（**図表1-15**）。

(1)と(2)の対比で考えると、(1)のケースでは２代目の相続開始時まで会社の株式を２代目が保有し続けることになり、２代目の相続時における株価がいくらになるかまったく想定できず、２代目の相続対策の可能性

■図表 1-15　2代目から3代目への贈与

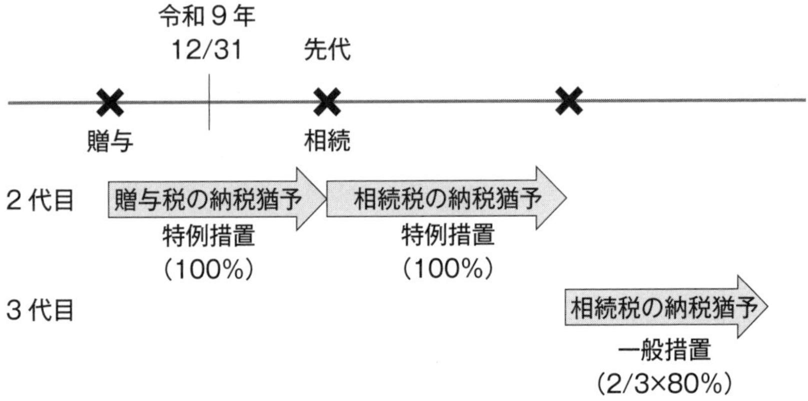

を大きく狭めることになります。

一方、(2)のケースでは、３代目も事業承継税制の枠内で株式を引き受け、以後３代目から４代目への株式の移転の方法についても同様の制度の枠内でしか株式が移転できないこととなります。

もちろん、税制の適用から外れて本税・利子税を支払うことでこの枠から外れることは可能ですが、それでは本末転倒ですので、最初の初代から２代目への適用の段階でこの制度をよく理解し、後世にもこの制度をよく理解させていくことが非常に大切であるといえます。

❻　財産の移転についての意向を実現するために

先代経営者が思い描く財産の配分方法について、単なる希望にとどめずその実現性を高めるために最も有用な方策として、遺言を残すことをお勧めします。

非上場株式は株価が高額になるケースも多く、後継者にその株式を集中させた場合の遺留分の侵害についての論点については、次項**相談事例２❸**をご参照ください。

相談事例２

贈与者の死亡により適用を継続する事業承継税制の留意点

私の会社の株主は、私Ａ　40％、妻Ｂ　5％、妹Ｃ　20％、その他役員 35％です（図表 1-16 参照）。

私は近く退任を考えており、長男Ｄに株式を贈与したいと考えています。

その際に、妻Ｂと妹Ｃの株式も長男Ｄに贈与して集約する予定です（図表 1-17 参照）。

長男Ｄへの贈与は、自社株の評価が高いので、事業承継税制を適用します。このため、贈与税の心配はしていませんし、事業承継税制を受けることの注意点も伝えてあります。

私に相続が発生したときは、私の相続税でも長男Ｄに事業承継税制を継続させる予定です。

長男Ｄの贈与税以外に気を付けておいた方がよいことがありましたら、教えていただけますか。

実務の最適解

自社株の贈与税について事業承継税制を適用した後に、贈与者に相続が発生した場合、贈与者の相続時の相続税について事業承継税制を適用することができます。

■図表 1-16　現状の株主構成

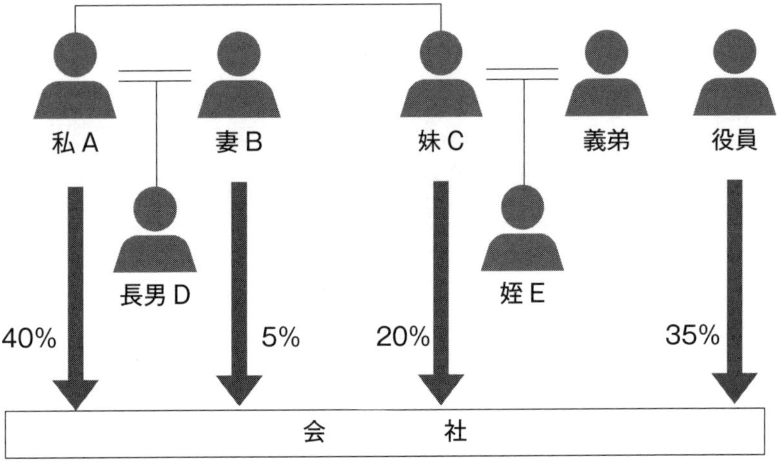

■図表 1-17　贈与後の株主構成

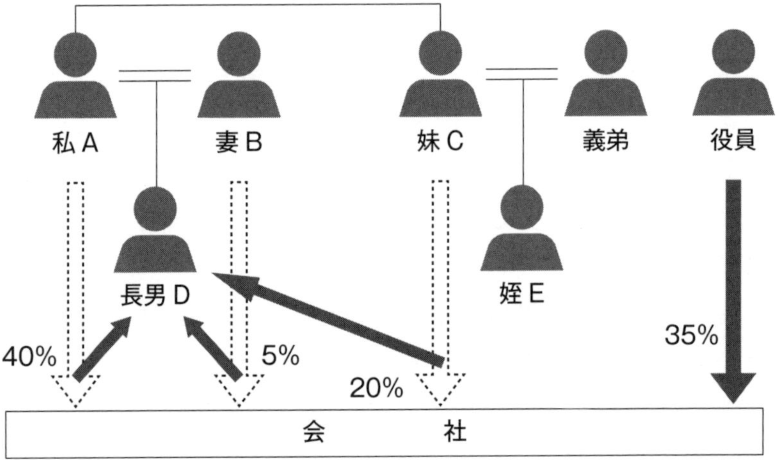

相続時に事業承継税制の適用を継続する場合の留意点と解決策は、下記のとおりです。

❶　妹Ｃに相続が発生した場合の留意点

先代経営者Ａから後継者への贈与を、第一種特例経営承継贈与といい、先代経営者のＡ以外から後継者への贈与を第二種特例経営承継贈与といい、妻Ｂ及び妹Ｃからの贈与が該当します。

⑴　相続税の税率が高くなる

令和９年12月31日までに、「贈与税の納税猶予の特例」を適用して株式等を贈与した贈与者が死亡したときは、その株式等を改めて相続又は遺贈により取得したものとみなされ、相続税が課税されます。

妹Ｃに相続が発生した場合、妹Ｃが長男Ｄに対し贈与した株式の贈与時の評価額相当額を、相続の課税財産に加算します。

つまり、妹Ｃの相続税を計算する際に、自社株を取得しない姪Ｅも株式の評価額を加算した相続税の税率になってしまいます（前提条件として、妹Ｃの相続発生は、義弟の死後と仮定します)。

⑵　妹Ｃの相続税申告にＤも参加

妹Ｃが死亡した場合、その者の遺産総額が基礎控除を超えるときは、姪Ｅ（義弟は以前死亡）は、相続税申告をする必要が出てきます。

株式を承継した後継者Ｄは、受遺者として、妹Ｃの相続税申告の際に参加します。

つまり、妹Ｃの相続人が、相続した財産のすべてを後継者に開示しなければならなくなります。

この点においても、後継者に事業承継税制を適用して株式を贈与するかどうかは慎重に考慮する必要があります。

■図表 1-18　相続税に関する課題のまとめ

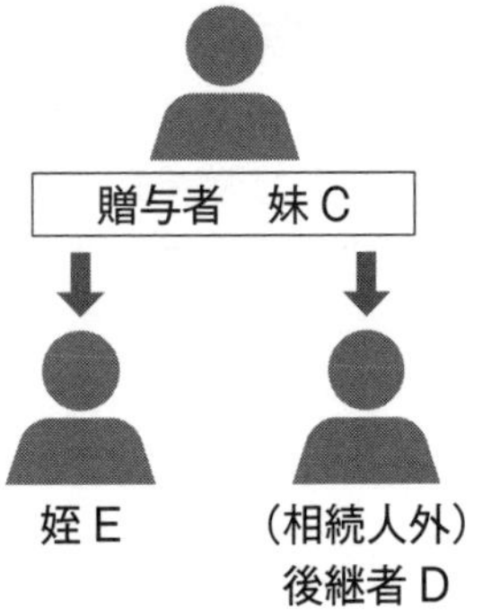

＜留意点＞
・後継者に贈与した株式が相続財産に加算されるため、姪 E が相続する財産に関する相続税負担が増加する。
・後継者に、妹 C の相続財産の内容を知られる可能性がある。
・妹 C の相続税申告に、長男 D は受遺者として参加する。

＜相続税の計算例＞

下記の例で姪Ｅが妹Ｃの相続財産である預金を相続し、後継者Ｄは事業承継税制により「非上場株式の贈与税及び相続税の納税猶予」の適用を受けた場合の相続税を計算していきます。

【前提条件】
相続財産　預金 1 億円（相続開始日　令和 3 年 5 月 17 日）
贈与財産　後継者 D への自社株の贈与
　　　　　・贈与日：令和 2 年 6 月 1 日
　　　　　・贈与時の評価 2 億円、相続開始時の評価 3 億円
相続人　　子 1 名（姪 E）

【シミュレーション】

	姪 E	後継者 D
相続財産（預金）	100,000,000 円	
贈与財産（自社株）		200,000,000 円
課税価格	100,000,000 円	200,000,000 円
相続税	30,600,000 円	61,200,000 円
相続税額の 2 割加算		12,240,000 円
計	30,600,000 円	73,440,000 円
納税猶予税額		73,440,000 円
納付税額	30,600,000 円	0 円

なお、妹Ｃの相続税の課税対象となる財産が、預金の１億円のみであった場合の相続税は、1,220万円（注）となるため、後継者Ｄが事業承継税制を適用した場合の相続税である3,060万円との差額は、1,840万円となります。

（注）　１億円（相続財産）－3,600万円（基礎控除額）＝6,400万円
　　6,400万円×30％－700万円＝1,220万円

(3)　遺留分侵害額の検討

遺留分の侵害額の検討は、相続人の相続すべき最低限の権利が守られていないときに必要となり、遺留分の侵害額は、遺留分の対象となる財産に、相続人の遺留分を乗じて計算します。

①　遺留分の対象となる財産

後継者Ｄが贈与で取得した自社株の評価額が、相続開始時において遺留分を侵害している場合、後継者Ｄは、姪Ｅより遺留分の侵害額請求を受ける可能性があります。

姪Ｅの遺留分は、２分の１となり、遺留分の侵害額請求の対象となる財産は下記のとおりです（**図表1-19**）。

　　被相続人の相続開始時の財産の価額
＋　　被相続人が贈与した財産の価額
－　　相続債務の金額
――――――――――――――――――
　　遺留分の対象となる財産の価額

■図表1-19　被相続人の贈与財産の範囲

相続人に対する贈与	相続人以外に対する贈与
相続開始前10年以内の贈与	相続開始前１年以内の贈与
遺留分権利者に損害を与えることを知って行った贈与	遺留分権利者に損害を与えることを知って行った贈与

なお、遺留分を算定するための財産は、贈与財産であっても、相続開始時の価格で評価します。

② 遺留分の計算例

上記事例で姪Ｅの遺留分侵害額は、**図表 1-20** の計算のとおり、1億円となります。

■図表 1-20　姪Ｅの遺留分侵害額請求権の計算

内　訳	金　額
被相続人の相続財産	100,000,000円
相続開始前１年以内の贈与財産	300,000,000円
合計	400,000,000円
姪Ｅの遺留分２分の１相当額	200,000,000円
姪Ｅの遺留分侵害額請求権	100,000,000円

❷ 相続税の課題への対応策

妹Ｃの相続人である姪Ｅからすると、後継者に贈与された株式が、贈与者である妹Ｃの相続財産に足し戻された結果、妹Ｃが残したその他の財産に係る相続税負担が増加することになります。

相続事業承継税制を利用しない場合の姪Ｅの税額は1,220万円ですが、事業承継税制を利用すると3,060万円となり、その差額は1,840万円にもなります。

妹Ｃの相続人に納得して頂けるように、贈与実行時に留意点についての説明を丁寧に行うことが必要です。

また、相続税の課題に対応するためには、事前に姪Ｅへ資金が渡る仕組みをつくっておくことも１つの方法です。

(1) 会社での保険加入

会社が、役員である妹Ｃを被保険者とする終身保険に加入することで、妹Ｃの死亡退職金の原資を用意することができます。

契約者	被保険者	死亡保険金受取人
会社	妹C	会社

なお、姪Eが妹Cの死亡退職金を会社から受け取った場合、相続税の計算上「みなし相続財産」として課税対象になりますが、「相続人の数×500万円」の非課税の適用を受けることができます(事例では500万円)。

(2) 妹Cの保険加入

妹Cが自身を被保険者とする終身保険に加入することで、妹Cの相続の際に、姪Eは生命保険金を受け取ることができます。

契約者	被保険者	死亡保険金受取人
妹C	妹C	姪E

なお、姪Eが妹Cの死亡保険金を受け取った場合、相続税の計算上「みなし相続財産」として課税対象になりますが、「相続人の数×500万円」の非課税の適用を受けることができます（事例では500万円)。

(3) 生前贈与の活用

相続税の限界税率より低い贈与税の税率の範囲で、妹Cの財産を姪Eへ移転する生前贈与の活用も重要です。

事例における相続税の計算では、姪Eの税額を、(相続財産3億円－基礎控除3,600万円)×45%－2,700万円＝相続税9,180万円、9,180万円×1億円／3億円＝3,060万円と算定しました。

相続税計算上の限界税率45%よりも低い負担となるように毎年の贈与をすることでトータルでの税負担を抑えることができます。特例税率(20歳以上の直系卑属への贈与）の場合の贈与財産の価額ごとの暦年課税制度による贈与税負担率の表（**図表1-21**）を掲載しますので、参考にしてください（令和4年における税制改正において「資産移転の時期の選択に中立的な税制の構築等について」として暦年贈与課税の在り方に関する議論がされています。税制改正の動向にご注意ください)。

■図表 1-21　贈与税の実効税率

贈与財産	贈与税	実効税率
2,000,000 円	90,000 円	4.5%
3,000,000 円	190,000 円	6.3%
5,000,000 円	485,000 円	9.7%
10,000,000 円	1,770,000 円	17.7%
20,000,000 円	5,855,000 円	29.2%
25,000,000 円	8,105,000 円	32.4%

❸　遺留分の課題への対応策

遺留分の課題に対しては、経営承継円滑化法による民法特例の活用が解決策となります。

民法特例には、「除外合意」と「固定合意」の２つがあります。

以下、相続財産が１億円、自社株の贈与時の株価が２億円、相続開始時の株価が３億円のケースで解説します。

(1)　除外合意

生前に贈与した株式を、遺留分の対象から除外することについて、推定相続人と後継者が合意することを、「除外合意」といいます（**図表 1-22**）。

(2)　固定合意

生前に贈与した株式の評価額を、贈与時の株価で固定することについて、推定相続人と後継者が合意することを、「固定合意」といいます。

この方法は、贈与を受けた後の業績向上による株価の上昇は、後継者の努力によるものであるため、遺留分に影響させない、という考えによります（**図表 1-23**）。

■図表 1-22　除外合意のイメージ

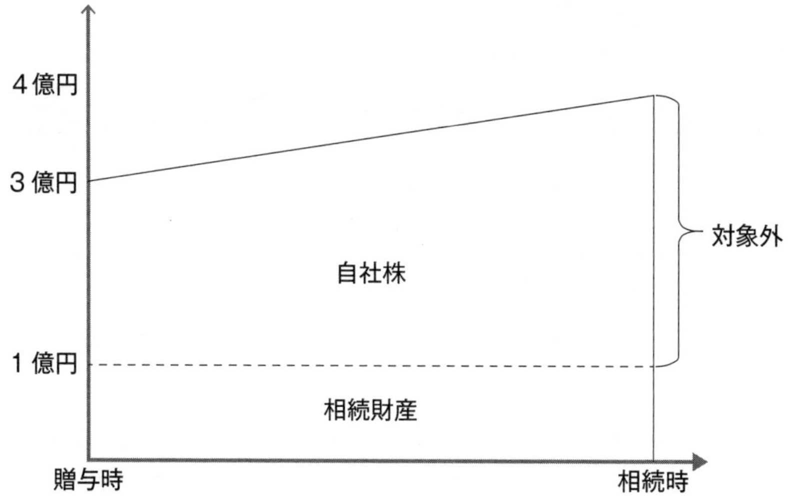

■図表 1-23　固定合意のイメージ

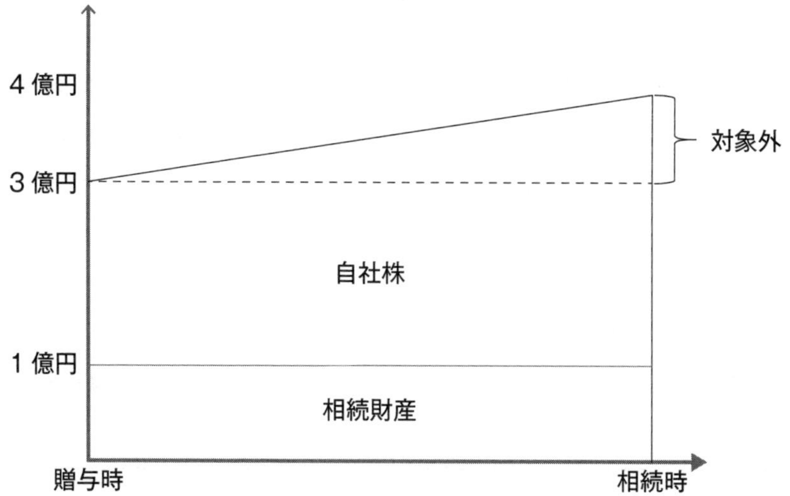

相談事例３

複数人への贈与における留意点

私の会社の株式保有割合は、私Ａ100％です。

私は近く退任を予定しており、事業承継税制を適用した上で、長男Ｂ及び次男Ｃに株式贈与を検討しています。具体的には、私が保有する株式のうち150株を長男Ｂ（X1年３月１日）に、150株を次男Ｃ（X1年６月30日）に贈与しようと考えています（図表1-24、25）。

X1年３月１日時点では、次男Ｃについては、会社法上の役員（取締役）としての在任期間が３年未満であり、贈与税の特例制度に係る特例受贈者の要件を満たさないので、長男Ｂへの贈与を先行させるつもりです。２人に対して、贈与税の特例制度の適用を受けたいと考えていますが、事業承継税制の適用の可否や留意点があれば教えてください（図表1-26）。

また、複数人へ贈与することによる留意点があれば、あわせて教えてください。

（注）本相談事例では、長男Ｂ及び次男Ｃに対する贈与は、事業承継税制の特例贈与に該当します。

■図表 1-24　現状の株主構成

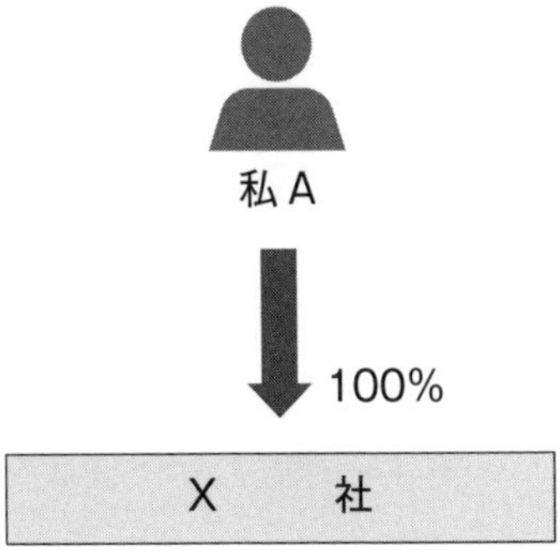

■図表 1-25　贈与後の株主構成

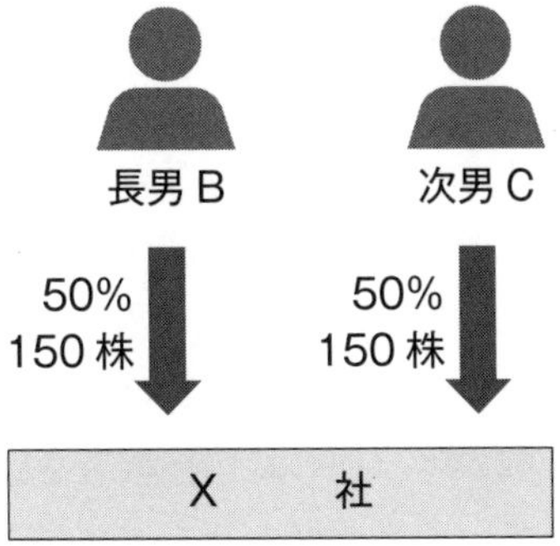

■図表 1-26　贈与の時系列

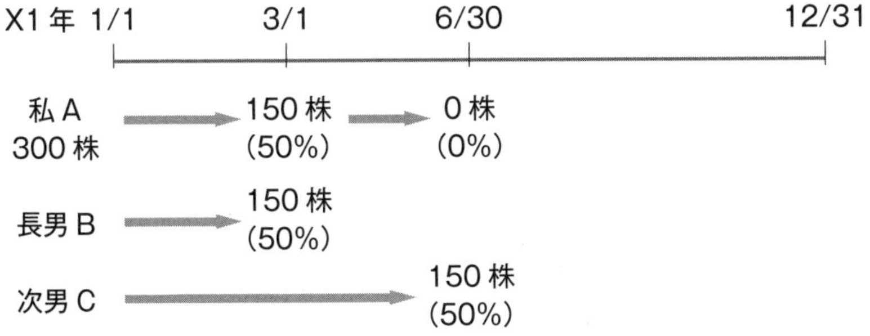

実務の最適解

❶　事業承継税制の適用の可否

２人以上の者（最大３人）に対して自社株を贈与した場合、事業承継税制が適用されるか否かの判断には、議決権の要件を満たすことが重要です。

なお、今回の事例では、特例受贈者の要件において、議決権以外については満たしているものとみなします。

特例の適用を受けられる受贈者に該当するかどうかは、「特例受贈者が１人の場合」と「特例受贈者が２人又は３人の場合」で異なります。

贈与時に、同族関係者で過半数の議決権を所有しており、特例受贈者が有する株式の議決権数が、他の同族関係者（他の特例後継者を除きます）の所有する株式の議決権数を上回っている必要があります。

特例受贈者が２人又は３人の場合は、贈与時に、総議決権数の10％以上を有すること及び特例受贈者が有する株式の議決権数が、いずれの同族関係者（他の特例後継者を除きます）が有する株式の議決権数を上回っている必要があります。

特例受贈者の人数は、その贈与が行われた年（１月１日から12月31日まで）に取得（受贈）した個人の数で判定します。

本相談事例では、１年の異なる時期に、１回目に長男Ｂ、２回目に次男Ｃが取得しているため、特例受贈者が２人いるケースに該当します。

この場合、その贈与が異なる時期に行われたときには、上記の「特別関係者のうちいずれの者が有する議決権数以上であること」の判定における特例贈与者の有する議決権数については、当該贈与のうち、後に行われた贈与直後に有する議決権数によります。

本相談事例では、次男Ｃへの贈与が最後の贈与となり、その贈与直後において私Ａが有する株式数は０株となります。

そして、長男Ｂ及び次男Ｃがそれぞれ贈与を受けた直後に有する株式数（長男Ｂ：150株、次男Ｃ：150株）は、これを上回ることから、長男Ｂ及び次男Ｃは、この事例の要件を満たすこととなります。

また、１人の贈与者から複数の後継者に特例制度の適用を受ける際、同一年中の贈与が必須となります（**図表1-27**）。

特例贈与者の要件では、その対象会社の自社株についてすでに特例制度による贈与をしているものが除外されていますので、過年度に特例制度を適用している場合には、特例を受けることができません。

ただし、同一年中の贈与については、「すでに特例制度による贈与をしているもの」から除外されていることから、複数回に分けての贈与であっても同一年中であれば特例制度の対象となります。

■図表 1-27　株主名簿

	1/1	3/1	6/30	12/31
私 A	300 株	150 株	0 株	0 株
長男 B		150 株	150 株	150 株
次男 C			150 株	150 株

複数の後継者へ特例制度を適用して贈与したい場合には、同一年中に贈与するよう、贈与の時期に気を付ける必要があります。

❷　複数人に贈与する場合の留意点

特例制度の適用を受ける後継者は、代表権を有する必要があります。

代表権を有する者は、会社の代表として取引や業務を遂行する権限を持ちます。

しかし、代表権を有する者が複数いると、会社経営を行う上で、スムーズな意思決定ができなくなることがあります。

意思決定ができないことで、従業員にも派閥が生まれ、さらには会社が分裂することにもなりかねません。

それぞれが50%以下の株式を保有する兄弟間で経営方針が異なる場合には、株主総会が機能しなくなり、いつまでたっても決議することができなくなってしまします。

また、複数の後継者に株式の贈与を行った場合、将来、株式が分散することが予想されます。

このように、経営面で悪影響を及ぼす可能性や株式が分散する可能性がある点を十分考慮した上で、判断する必要があります。

❸　会社分割という代替案

複数の子供がいる場合には、子供たちが協力しあって、事業を行ってほしいと思うのは親心であり、非常に上手く行くケースもあります。

しかし、兄弟姉妹が必ずしも仲が良いとは限らず、また、事業を行うことによって仲が悪くなることも考えなければなりません。

そのような場合に、分割という手法が役に立ちます。

■図表 1-28　会社分割のイメージ

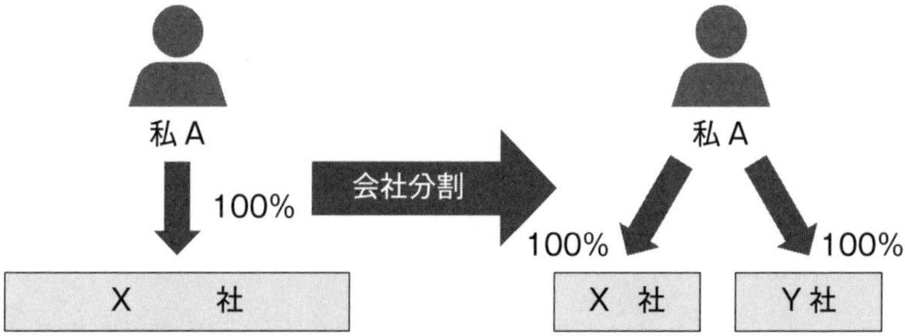

本相談事例の場合、新規に法人を設立し、設立した法人に承継させる新設分割です。現在の会社をX社、新設会社をY社として、それぞれAが100%の株主となります。

図表 1-29 のように、分割法人（X社）と分割承継法人（Y社）が兄弟会社の関係になります。

会社分割後、後継者に承継させる際の留意点として、次の3点が挙げられます。

(1)　事業承継税制の適用の可否

Aから長男Bへの株式（X社）の贈与については、事業承継税制が適用できますが、Aから次男Cへの株式（Y社）の贈与については、「贈与時に3年以上にわたり継続して役員」に就任していない場合は、適用不可となります。

そのため、Y社への承継財産については、十分に検討する必要があります。

■図表1-29　承継後の株主構成

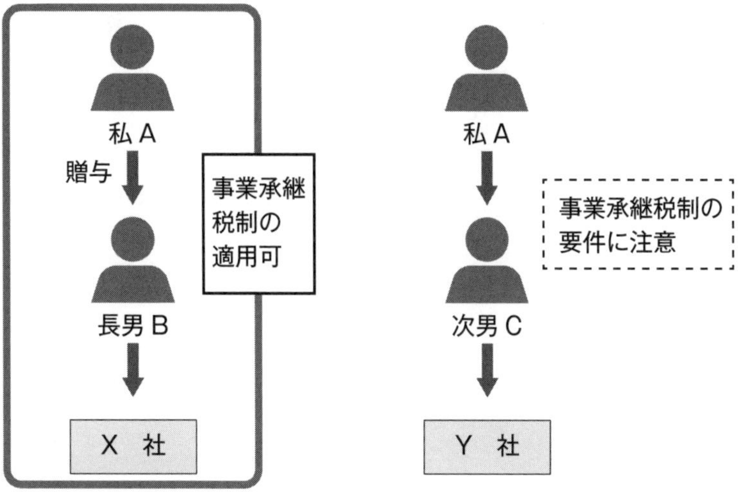

(2)　株価の上昇

分割後のＸ社及びＹ社は、会社規模が小さくなるため、純資産価額の比準割合が高くなる傾向にあることに注意が必要です。

また、新会社であるＹ社が「開業後3年以内の会社」に該当するときは、純資産価額での評価になります。

(3)　分社の切り口の検討

分社の切り口を検討するに当たって、Ｘ社の特徴を考慮した上で決定することです。

分社の切り口としては、製品（会社単位：製品Ａと製品Ｂ)、市場(会社単位：家庭用と業務用)、事業機能（会社単位：製造と商品企画・販売)、拠点・組織（会社単位：関東と九州）などが考えられます。

本相談事例の場合、事業所が東京と北海道に分かれていたので、拠点をベースにＸ社とＹ社へそれぞれ承継することにしました。

分割することによって、後継者争い等を防ぐことができる上に、分割した会社が兄弟の裁量によって競い合うことで相乗効果が生まれる可能性もあります。
　また、今回のケースでは、事業所ごとに分割することで、会社の意思決定をスピーディーに行うことができます。それぞれ独立させることにより、会社の未来像についても独自に考案していくことができます。
　承継するに当たっては、特例制度の適用の可否だけでなく、後継者が長期にわたり経営をしていくことを考えて、方法を検討する必要があります。

相談事例４

株式の評価方法の変更により評価額が上昇した場合の対応

私の父親は会社の創業者でしたが、先日亡くなり、私が２代目として会社を引き継いでいます。

父親が所有していた株式を私が相続することになりましたが、税理士に依頼して株式を評価してもらったところ、今までは大会社に該当していたため類似業種比準価額で評価することができ、１株当たり30万円でした。

しかし、ここ３期連続課税所得のマイナスが続いたことから比準要素数１の会社に該当してしまい、類似業種比準価額を25％、純資産価額を75％として加重平均しなければならず、１株当たり120万円になってしまったとのことでした。

父親は、発行済株式の全株（1,000株）を所有していたため、３億円の評価が、12億円と４倍になってしまいました。

このままでは、相続税の納税ができません。何かよい方法はないでしょうか。

なお、父親の相続人は、母親と姉と私の３人、父親のその他の財産は６億円です。

自社株は私が相続し、その他の財産は母親が４億円、姉が２億円を相続する予定です。

実務の最適解

●相続税の納税資金の調達方法

本相談事例は、非上場株式等の相続税の納税猶予の適用を受けるか、又は他の納税方法の選択肢があるか、という点の検討が必要です。

ここでは、他の納税方法として物納及び金庫株制度の活用を検討します。

(1) 相続税の試算

まず、本相談事例の財産内容及び分割案で相続税を試算してみます。

なお、相続税の試算では、自社株の株価が仮に3億円であった場合と実際の株価の12億円の場合で比較します（**図表1-30**）。

(2) 相続税の納税猶予の検討

① 納税猶予の適用を受ける際のデメリット

通常は「一般の評価会社」として3億円の自社株の評価額が、比準要素数1の会社である「特定の評価会社」に該当してしまったことにより、相続開始時には4倍の評価額となりました。

この結果、自社株の評価額が3億円であれば、約3億1,000万円であった相続税の総額が、7億6,000万円と倍以上に跳ね上がりました。

非上場株式の相続税の納税猶予の適用を受ければ、後継者の相続税は0となり、今回の相続での税負担はなくなります。

しかし、納税猶予の適用を受けた後に、その取消事由に該当してしまったときは、原則として非上場株式等の相続税の納税猶予は取り消され、その事由が生じた日から2か月以内に本税及び利子税を納税しなければなりません。

利子税は、年3.6％（各年の特例基準割合に応じて変動します）の割合で、納税猶予期間が5年を超える場合は、特例承継期間（5年）分の

■図表 1-30　株価の違いによる相続税の試算

(A) 株式の評価額が 3 億円であったと仮定した場合

ⓐ　非上場株式等の相続税の納税猶予適用を受けない場合

(単位：円)

		計	配偶者	長女	長男
相続財産	自社株	300,000,000			300,000,000
	金融資産	600,000,000	400,000,000	200,000,000	
	課税価格	900,000,000	400,000,000	200,000,000	300,000,000
税額計算	按分割合	1.0000	0.4444	0.2222	0.3333
	算出税額	308,700,000	137,200,000	68,600,000	102,900,000
	配偶者の税額軽減額	137,200,000	137,200,000		
	納税猶予税額	0			
	納付税額	171,500,000	0	68,600,000	102,900,000

ⓑ　非上場株式等の相続税の納税猶予の適用を受けた場合

(単位：円)

		計	配偶者	長女	長男
相続財産	自社株	300,000,000			300,000,000
	金融資産	600,000,000	400,000,000	200,000,000	
	課税価格	900,000,000	400,000,000	200,000,000	300,000,000
税額計算	按分割合	1.0000	0.4444	0.2222	0.3333
	算出税額	308,700,000	137,200,000	68,600,000	102,900,000
	配偶者の税額軽減額	137,200,000	137,200,000		
	納税猶予税額	102,900,000			102,900,000
	納付税額	68,600,000	0	68,600,000	0

(B) 株式の評価額が 12 億円の場合

ⓐ 非上場株式等の相続税の納税猶予適用を受けない場合

（単位：円）

		計	配偶者	長女	長男
相続財産	自社株	1,200,000,000			1,200,000,000
	金融資産	600,000,000	400,000,000	200,000,000	
	課税価格	1,800,000,000	400,000,000	200,000,000	1,200,000,000
税額計算	按分割合	1.0000	0.2222	0.1111	0.6667
	算出税額	763,800,000	169,733,333	84,866,667	509,200,000
	配偶者の税額軽減額	169,733,333	169,733,333		
	納税猶予税額	0			
	納付税額	594,066,667	0	84,866,667	509,200,000

ⓑ 非上場株式等の相続税の納税猶予適用を受ける場合

（単位：円）

		計	配偶者	長女	長男
相続財産	自社株	1,200,000,000			1,200,000,000
	金融資産	600,000,000	400,000,000	200,000,000	
	課税価格	1,800,000,000	400,000,000	200,000,000	1,200,000,000
税額計算	按分割合	1.0000	0.2222	0.1111	0.6667
	算出税額	763,800,000	169,733,333	84,866,667	509,200,000
	配偶者の税額軽減額	169,733,333	169,733,333		
	納税猶予税額	509,200,000			509,200,000
	納付税額	84,866,667	0	84,866,667	0

利子税は免除となります。

<利子税の計算例>

利子税特例基準割合＝平均貸付割合（令和2年は0.6％）＋0.5％

利子税＝3.6％×1.1％÷7.3％＝0.5％

本相談事例で、仮に納税猶予の適用を受けて4年後に取り消された場合は、約1,000万円（5億920万円×0.5％×4年）の利子税を納付する必要があります。

② 納税猶予が取り消される事由

図表1-31の事由に該当してしまったときは、納税猶予は取り消されます。

なお、納税猶予適用時の株価より株式譲渡時の株価が下落したときは、免除申請書を提出することにより、納税猶予税額を再計算し、当初の納税猶予税額との差額が免除される場合があります。

⑶ 非上場株式の物納の検討

非上場株式の物納が認められた場合、収納価額は相続開始時の評価額となります。

一方で、収納後に発行会社等は、国から買い戻すことができ、買受価格は、買受時点での相続税評価額となります。

買受時点の相続税評価額が特定の評価会社としての評価ではなく、一般の評価会社となるのであれば、いったん物納しておいて、その後買い戻す選択肢を残すのも1つの方法です。

① 非上場株式についての物納の可否

相続税の納税方法は、金銭一括納付、延納、物納の3つがあり、物納は延納によっても金銭納付が困難な場合に限り認められます。

物納は、下記の要件を満たす必要があります。

⑴ 延納によっても金銭納付が困難な金額を限度とすること

⑵ 物納申請財産が定められた財産及び順位に従っていること

⑶ 物納申請書及び必要書類を期限までに提出すること

⑷ 物納適格財産であること

■図表 1-31　納税猶予の取消事由

取消事由	特例承継期間のみ
上場会社又は性風俗営業会社に該当した場合	※
資産保有型会社又は資産運用型会社に該当した場合	
事業年度の総収入金額が０となった場合	
相続開始日の従業員数の８割以上を５年間平均で維持できなかった場合	※ （例外あり）
特別関係会社が性風俗営業会社に該当した場合	※
後継者以外の株主が拒否権付株式を保有した場合	※
後継者が相続で取得した株式の議決権に制限を加えた場合	※
会社を解散した場合	
分割型分割をした場合	
合併で消滅した場合	（例外あり）
株式交換等で子会社になった場合	（例外あり）
資本金、資本準備金の額が減少した場合	
期限までに都道府県及び税務署に届出書を提出しなかった場合	
納税猶予の適用をやめる旨の届出書を提出した場合	
後継者が会社の代表者でなくなった場合	※
後継者グループで過半数の議決権を有しなくなった場合	※
後継者が後継者グループで筆頭株主でなくなった場合	※
後継者が特例の適用を受けた株式を譲渡又は贈与した場合	

上記の要件のうち、(イ)と(ハ)は満たしていると考えて、残りの要件について非上場株式を物納できるかについて検討していきます。

②　非上場株式の順位

物納財産としての優先順位は、第１順位が不動産及び上場株式等、第

2順位が非上場株式となっています。

そのため、物納申請をする者が、物納申請の可能な不動産及び上場株式等を相続していなければ、必然的に非上場株式が第1順位に繰り上がります。

③ 物納財産としての適格性

下記のような非上場株式は、「物納不適格財産」に該当します。

(イ) 譲渡に関して金融商品取引法その他の法令の規定により一定の手続が定められている株式で、当該手続がとられていない株式

物納財産である株式を一般競争入札により売却することとした場合（金融商品取引法上の届出や通知書の提出及び目論見書の交付が必要な場合）において、当該届出に係る書類及び当該目論見書の提出がされる見込みがない株式は、物納不適格財産です。

このような株式を物納する場合は、下記の内容の記載のある確約書を税務署へ提出します。

ⓐ 金融商品取引法その他の法令の規定により一般競争入札に際し必要と定められている書類を、発行会社が税務署長に求められた日から6か月以内に提出すること

ⓑ 株式の価額を算定する必要な書類を速やかに提出すること

(ロ) 譲渡制限株式

譲渡制限株式は物納不適格財産に該当しますが、定款変更等の譲渡制限の解除手続を行います。

④ 収納後の手続

非上場株式が国に収納された場合、国は速やかに換価手続を行います。

換価手続は、原則として一般競争入札による処分ですが、特別な事情のあるときは随意契約により処分することもできます。

随意契約により処分することのできる場合とは、随意契約適格者より買受意向が表明されているときをいい、原則として収納から1年以内に買戻しを行います。

■図表 1-32　収納された株式の処分方法の決定過程

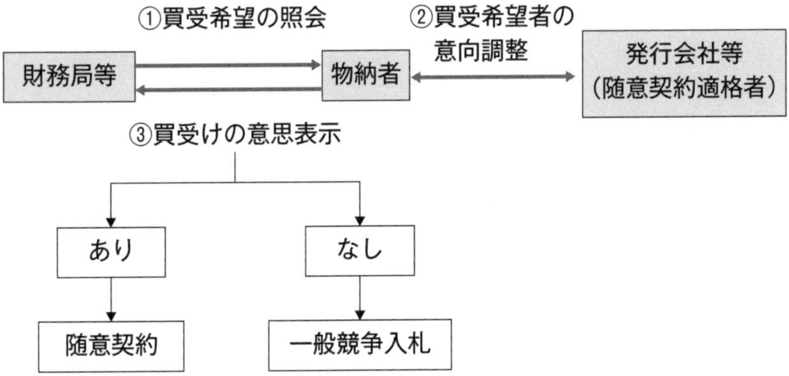

(イ)　買戻しのできる随意契約適格者

国より物納した非上場株式を買戻しのできる随意契約適格者は、下記の者です。

ⓐ　発行法人

ⓑ　発行法人の主要株主（発行済株式総数の 10％以上）

ⓒ　発行法人の役員及び従業員

ⓓ　物納者

ⓔ　その法人の主要な業務について継続的取引関係にある者

(ロ)　買受価格

買受価格は、買受時点での時価となり、原則として財産評価基本通達による相続税評価額となり、その時点で一般の評価会社か特定の評価会社を判定すると考えられます。

(4)　金庫株制度（発行法人への売却）の活用

①　金庫株制度を活用する場合の課税関係

非上場株式を発行法人に譲渡した場合、発行法人から交付を受けた金銭は、配当所得として総合課税の対象となり、所得税と住民税を合わせて 15％から 55％の累進税率で課税が発生します。

しかし、相続又は遺贈により財産を取得した者が、その相続について相続税が発生している場合は、その相続開始があった日の翌日から相続税の申告書の提出期限の翌日から3年を経過する日までに発行法人に譲渡したときは、譲渡所得として20％の税率で分離課税となります。

この課税関係を、「みなし配当の特例」といいます。

■図表 1-33　金庫株制度の課税方式

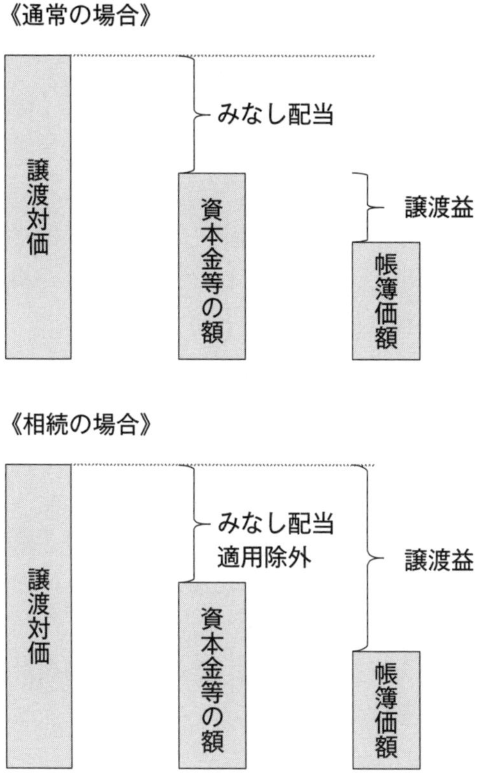

②　金庫株制度の注意点

金庫株制度では、取得方法に関する規制と財源に関する規制に注意する必要があります。

(イ)　取得方法に関する規制

発行法人が特定の者から株式を買い取る場合、株主総会による特別決議が必要になります。

また、発行法人が特定の者から株式を買い取る場合、株式を相続した相続人が議決権を行使している場合は、他の株主は、売主に加えるように売主追加請求権を行使することができます。

(ロ) 財源に関する規制

発行法人が自己株式を買い取る場合、その買取りは配当可能利益の範囲に限定されます。

③ みなし配当の特例を受ける場合の手続

相続人は、発行会社に株式を譲渡する日までに、「相続財産に係る非上場株式をその発行会社に譲渡した場合のみなし配当課税の特例に関する届出書」を提出します。

なお、同時に発行会社に株式を譲渡した者は、「相続税額の取得費加算」という特例を適用し、売却した株式に課税された相続税相当額を譲渡所得計算時の取得費に加算することができます。

(5) 各手法のメリット・デメリット

納税猶予制度、自社株の物納、金庫株制度の活用のいずれも、メリットとデメリットがあります。

本相談事例では、経済情勢が不安定なことがあり、会社の業績の回復を不安視する意見があり、物納をした場合の買戻し時の評価額に不安が残ったため、金庫株制度を選択しました。

いずれの納税方法を選択するかは、その会社の事業計画にもよりますので、個別の判断が重要です。

■図表 1-34　各手法のメリット・デメリット

	メリット	デメリット
納税猶予制度	・自社株に対する相続税が0	・納税猶予が取り消された場合の利子税の負担 ・適用期間中の事務手続
物納	・譲渡所得税が非課税	・物納審査の厳密化 ・買受資金の準備
金庫株制度の活用	・相続税の取得費加算の特例も適用可	・譲渡所得税 ・売主追加請求権の行使 ・財源規制 ・買受資金の準備

第２章

組織再編等の活用

組織再編等とは

法人が合併や分割その他の組織再編成の行為によりその有する資産・負債を他の法人に移転した場合には、通常の譲渡をした場合と同様に、その移転した資産の譲渡損益の計上を行うこと（時価移転）が法人税の原則です。ただ、組織再編成により資産を移転する前後で経済実態に変更がないと考えられるような場合で、移転する資産に対する支配が組織再編成後も継続していると認められるものについては、移転する資産の譲渡損益の計上を繰り延べる（簿価移転）とされています(注)。

（注） 時価移転したものとして移転する資産の譲渡損益を計上する組織再編成を非適格組織再編成といい、簿価移転をしたものとして移転する資産の譲渡益の計上を繰り延べる組織再編成を適格組織再編成といいます。

上記のように組織再編税制は、継続的な企業の経営活動の円滑化を助成するものと考えられますが、一方で事業承継の場面からも活用できるものがあります（具体的な事例は後述参照）。ここでは、下記の組織再編税制の対象の中から合併、分割、株式交換を中心に解説することとします。

❶ 組織再編税制の対象

組織再編税制の対象となる組織再編行為とは、次に掲げるものをいいます。株式会社の場合においては、そのいずれの行為も会社法の規定に基づいて行われる行為です。

① 合併

② 分割型分割

③ 分社型分割

④ 現物出資

⑤　現物分配
⑥　株式分配
⑦　株式交換
⑧　全部取得条項付種類株式に係る取得決議
⑨　株式の併合
⑩　株式売渡請求に係る承認
⑪　株式移転

❷ 合　　併

(1) 意　　義

合併とは、別々の法人が１つの法人に合体する組織再編手法であり、消滅する法人（被合併法人）の権利義務（資産負債）のすべてを存続する法人（合併法人）に承継させるものです。すでに存在する法人の一方を合併法人、他方を被合併法人とする合併を吸収合併といいます。すでに存在する２以上の法人が被合併法人として消滅し、その合併により新設される法人を合併法人とするものを新設合併といいます。

(2) 事業承継との関係

事業承継の面から考えれば、事業承継を考慮してグループ内の複数の法人を合併することや、M&A 等で所有する会社を合併（吸収合併）により手放すといったことも考えられます。また、事業承継をスムーズに行うため、株価対策として合併を行うことも考えられます。

以下、合併と株価対策の基本的な考え方について解説します。

(3) 合併による類似業種比準価額への影響

一般的に株式の評価は、類似業種比準価額や純資産価額で評価します。ここで、通常は、純資産価額の方法が類似業種比準価額より高いため、類似業種比準価額で計算する部分が多い場合、株価が低くなる傾向があります。

あくまで経営上許容される範囲の話ですが、合併により兄弟会社や親子会社を１つの会社に集約することができれば、会社規模が拡大し、類似業種比準価額の割合が上昇することがあります。

■図表 2-1　３つの株価のイメージ

純資産価額方式 ＞ 類似業種比準価額方式 ＞ | 配当還元方式

オーナー一族の株価算定方法 | 少数株主の株価算定方法

○類似業種比準価額の判定要素は、配当、利益、簿価純資産

■図表 2-2　類似業種比準価額方式の区分

大会社		類似業種比準価額 ×100%
中会社	中会社の大	類似業種比準価額 ×90%＋純資産価額 ×10%
	中会社の中	類似業種比準価額 ×75%＋純資産価額 ×25%
	中会社の小	類似業種比準価額 ×60%＋純資産価額 ×40%
小会社		類似業種比準価額 ×50%＋純資産価額 ×50%

○　複数の関係会社があるような場合は、合併により大会社になることも

（注）合併の前後で会社実態が変化する場合、合併のあった事業年度とその翌事業年度においては、株式の相続税評価に類似業種比準価額を採用できず純資産価額方式の適用が適用となることもあるため、注意が必要です。

(4) 類似業種比準価額の各要素価額の減少

経営上の判断が必要ですが、高収益の会社が赤字や債務超過の会社と合併した場合、次のような効果があります（通常は、グループ内での合併）。

① 赤字会社の損失と、高収益の会社が合併した場合、各社の損失と利益が相殺され、株価が減少します。

② 債務超過会社の債務超過額と、高収益の多い会社の純資産が相殺され、合併後の会社の株価が減少します。

(注) 合併後に含み損のある資産を売却することで、株価が減少するケースもあります。

❸ 分　割

(1) 意　義

分割とは、法人（分割法人）がその事業に関して有する権利義務（資産負債）の全部又は一部を他の法人（分割承継法人）に承継させる組織再編手法です。

① 分割型分割……分割により分割法人が交付を受ける分割承継法人の株式のすべてがその分割の日においてその分割法人の株主等に交付される場合又は分割により分割承継法人の株式のすべてが分割法人の株主等に直接交付される場合のこれらの分割（**図表 2-3**）

② 分社型分割……分割により分割法人が交付を受ける分割承継法人の株式のすべてがその分割の日においてその分割法人の株主等に交付されない場合のその分割（**図表 2-4**）

■図表 2-3　分割型分割のイメージ

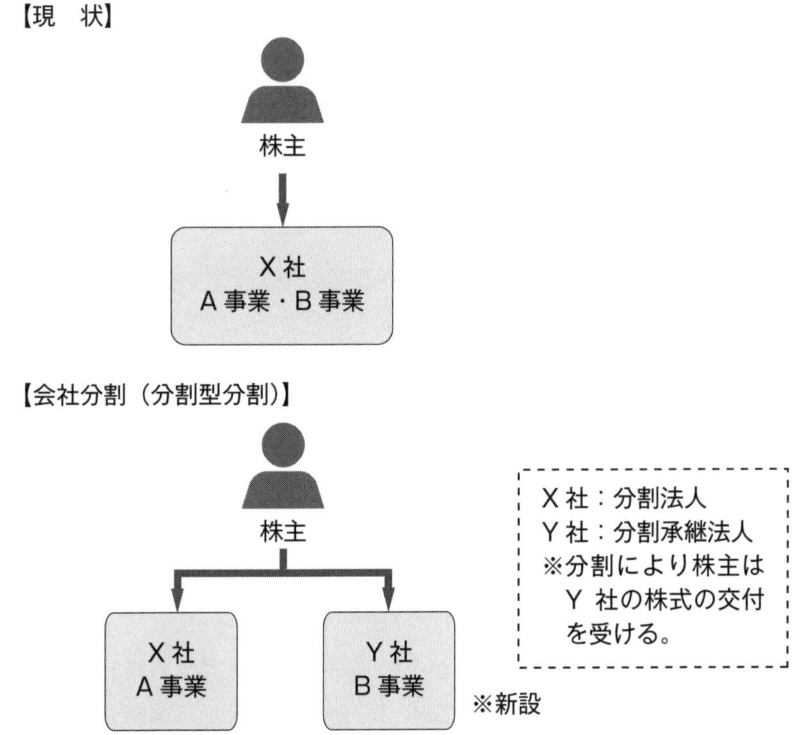

⑵　事業承継との関係

事業承継の面から考えれば、事業承継を考慮して法人を分割することも考えられます。また、事業承継をスムーズに行うため、株価対策として分割を行うことも考えられます。

なお、分割により会社規模が小さくなり取引先の取引基準に満たなくなるような場合や、上場等を目指している場合（上場基準との関係）はご注意ください。

また、会社分割を行う場合は、基本的に簿価で引き継げる税制適格が一般的です。

■図表 2-4　分社型分割のイメージ

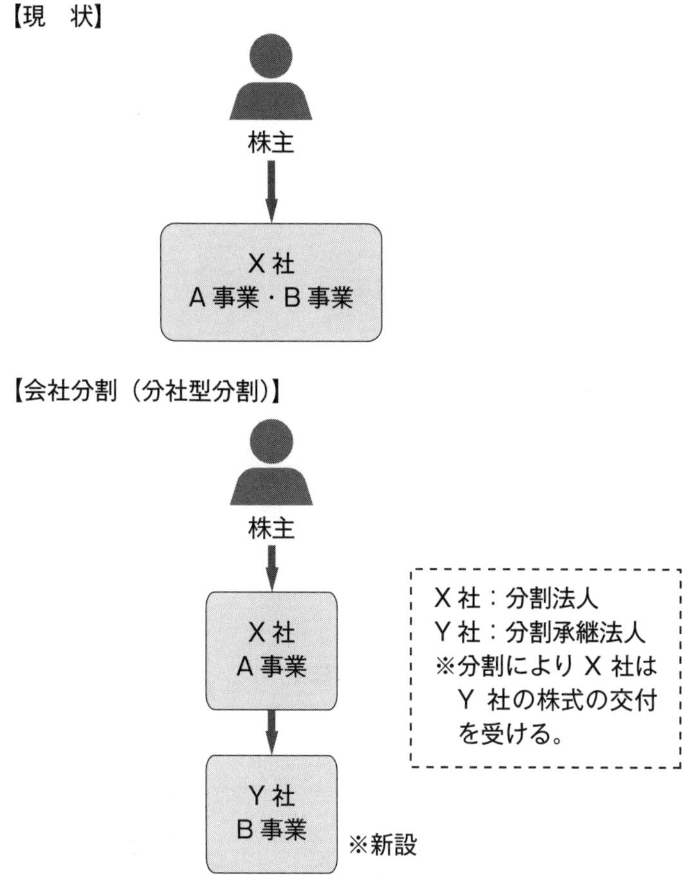

①　会社分割と相続の例

事業承継対策として、仮に後継者が2人いるような場合に、経営者（株主）の生前に会社を2社に分割し、各後継者に、それぞれの会社を経営させます。相続発生時に後継者は各々が経営している会社の株式を相続します（**図表 2-5**）。

■図表 2-5　会社分割と事業承継のイメージ

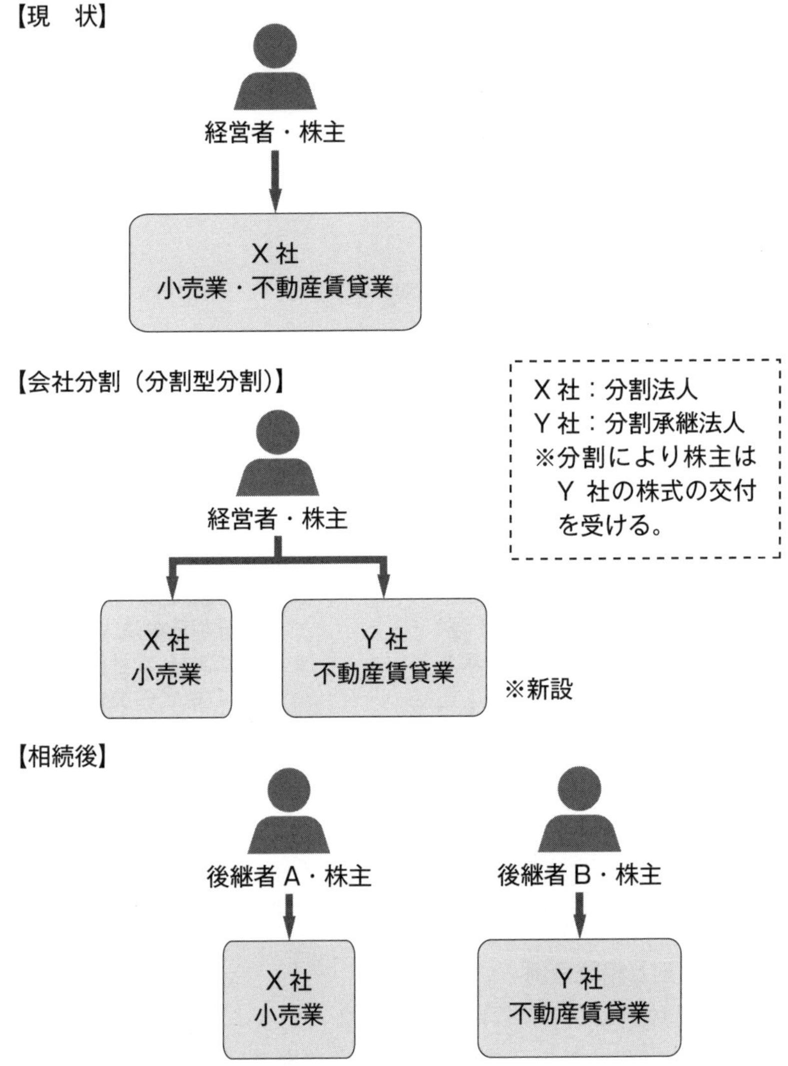

②　会社分割と株価

ケース１

図表 2-6 のとおり会社分割（分社型分割）を行う。

■図表 2-6　分割により高収益部門を子会社へ

【現　状】

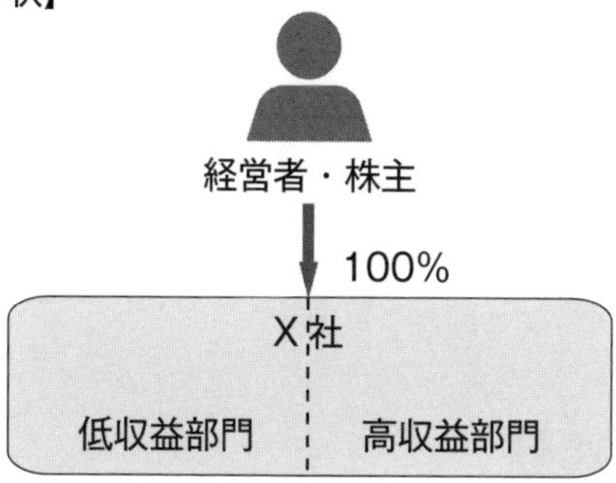

【会社分割（分社型分割）】

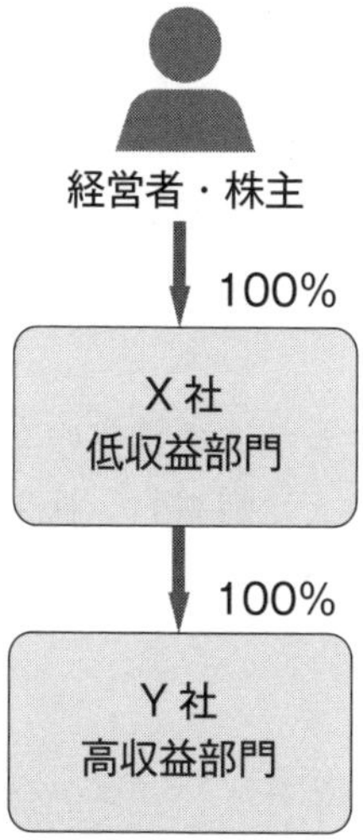

① 経営者（株主）は分割後の X 社株式を所有するため、株式評価も分割後の X 社株価となる。
② 仮に Y 社が高収益でも、X 社株価影響は限定的。
③ X社が株式等保有特定会社に該当する場合は、基本的に純資産価額で評価のため別途要対策。

○　経営者（株主）から後継者への株式移転は、譲渡や贈与等。
○　後継者の株式購入資金は、Y 社から X 社への配当等による後継者への報酬増等。

ケース2

複数の会社を経営している場合は、事業部門の一部を移転することにより、移転を受けた会社の会社規模の引上げによる評価方式の変更により（類似業種比準価額の算定割合の増加）株価が減少することがあります。内容的には、上述の合併の場合と同様です。

ケース3

対象会社が株式等保有特定会社（注）の場合は、会社分割により株式等保有特定会社から一般の評価会社に変更となるケースがあります。

（注） 保有資産の50％以上が株式という会社を株式等保有特定会社といい、原則として純資産価額方式で評価されます。

❹ 株式交換・株式移転

(1) 意義（株式交換）

株式交換とは、法人（株式交換完全子法人）がその発行済株式の全部を他の法人（株式交換完全親法人）に取得させることをいいます。つまり、株式交換とは、自社を他社の完全子会社とするために行われるものです。

株式交換が行われると株式交換完全子法人の株主の有する株式交換完全子法人の株式は、株式交換完全親法人に移転し、株主は対価として株式交換完全親法人の株式その他の資産の交付を受けます。

(2) 意義（株式移転）

株式移転とは、法人（株式移転完全子法人）がその発行済株式の全部を新設法人（株式移転完全親法人）に取得させることをいいます。

(3) 事業承継との関係

事業承継の面から考えれば、事業承継を考慮してグループ内の法人を株式交換することや、また、事業承継をスムーズに行うため、株価対策として株式交換を行うことも考えられます。

○株式交換と株価

ケース 1

図表 2-7 のとおり株式交換を行う。

■図表 2-7　株式交換のイメージ

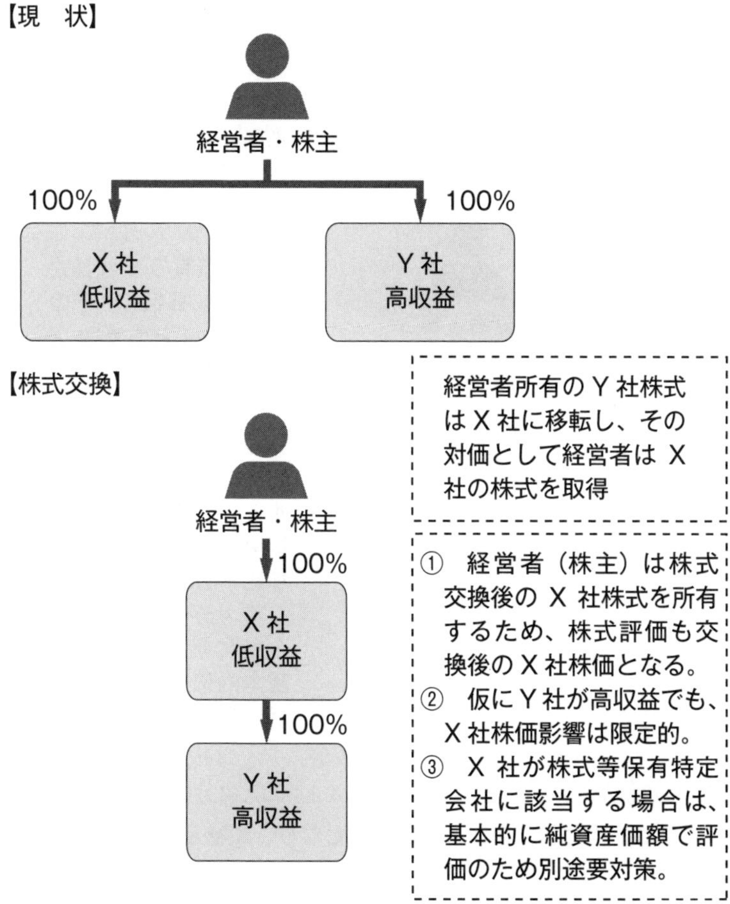

ケース２（会社規模相違、株式の持合いがある場合）

図表 2-8 のとおり株式交換を行う。

■図表 2-8　持合いのある株式交換のイメージ

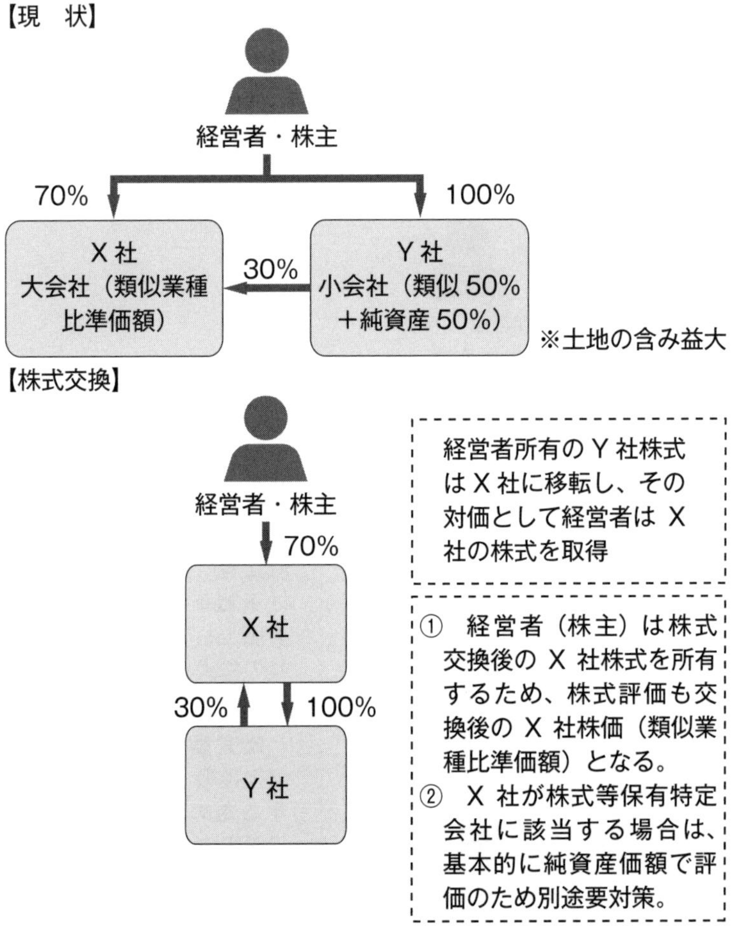

【Y 社が保有している X 社株式を X 社に現物分配】

X 社は配当として自己株式の取得となり、X 社及び Y 社ともに課税関係なし。

相談事例５

合併後の事業承継

私は現在、工業製品の製造を行っている非上場会社（A社）と、A社の製品や他社製品の卸売をしている非上場会社（B社）の２社を経営している創業者です。

最近、２社の役員であり、後継者と考えている長男について、２社の経営を任せられるようになってきたため、徐々に会社の経営を任せるとともに、保有している２社の株式をその長男に贈与することを考えています。

しかし、贈与するには株価を算定し、贈与税を納める必要があることを知りました。

長男は、ある程度の納税は理解しているようですが、大きな負担になる贈与税は納めたくないようでしたし、業界を取り巻く市場環境が大きく変化している今は、注力する事業の拡大、赤字事業の再編、コストのスリム化等、経営の合理化を進めることに集中したいとのことです。

また、私はしばらく会社に残り、長男に会社経営を引き継ぎながら、遅くとも数年後までには会社の経営と会社の株式を長男に渡したいと考えています。

２社の概要は図表2-9のとおりですが、何か対応策はあるものでしょうか。

■図表 2-9　現状の株主構成

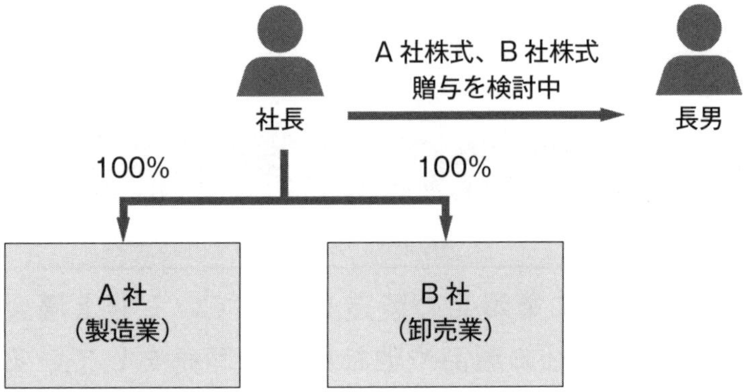

実務の最適解

❶　株式贈与における課題

長男へ株式を贈与する場合には、当然贈与税の申告納税が必要となります。

また、その税額の計算の基礎となる株価については、相続税法上の評価方法に基づき評価することとなります（**図表 2-10**）。

現状それぞれの株価を同評価方法に基づき計算すると、以下の結果となります（**図表 2-11**）。

（A 社株式）
①　（6,510 円× 0.90）+（10,000 円×（1 － 0.90））= 6,859 円
②　6,859 円× 10,000 株 = 68,590,000 円
（B 社株式）
①　（428 円× 0.60）+（14,000 円×（1 － 0.60））= 5,856 円
②　5,856 円× 5,000 株 = 29,280,000 円

現状では、A 社、B 社ともに中会社に区分され、A 社の株価は約 6,850 万円、B 社の株価は約 2,920 万円となり、仮に今、株式をすべて

■図表 2-10　前提条件

	A 社	B 社
業種	製造業	卸売業
従業員数	30 人	10 人
取引金額	13 億円	3 億円
総資産価額	50 億円	10 億円
発行済株式数	10,000 株	5,000 株
資本金等の額	3,000 万円	1,000 万円
会社規模	中会社の大	中会社の小
類似業種比準価額（注）	6,510 円	428 円
1 株当たり純資産価額	10,000 円	14,000 円

（注）　会社規模に応じた評価額

贈与した場合には、特例税率で計算しても 4,682 万 3,500 円の贈与税の申告、納税が必要となります。

❷　合併の検討

上記のような課題に対応するため、「相続時精算課税制度」の活用や、「贈与税の納税猶予制度」の活用を視野に入れながら検討をしました。

しかしながら、後継者の経営合理化という要望にはいずれも寄与しないことから、A 社を合併法人、B 社を被合併法人とする吸収合併をすることにより、経営の合理化を図りながら、相続税法上の評価方法に基づく会社区分を大会社とし、将来、類似業種比準価額による評価額で贈与を行えるように対応しました。

また、当該合併は法人税法上、適格合併となり B 社については繰越欠損金を有していたため、その繰越欠損金を A 社が引き継ぐこととなりました。

■図表 2-11

【A 社の現状の株式評価】

類似業種と業種目番号		(No.　　)
類似業種の株価	課税時期の属する月　月	㋕　円
	課税時期の属する月の前月　月	㋵　円
	課税時期の属する月の前々月　月	㋟　円
	前年平均株価	㋹　円
	課税時期の属する月以前2年間の平均株価	㋞　円
	A（㋕、㋵、㋟、㋹及び㋞のうち最も低いもの）	㉓ 270 円

比準割合の計算 区分	1株(50円)当たりの年配当金額	1株(50円)当たりの年利益金額	1株(50円)当たりの純資産価額	1株(50円)当たりの比準価額
評価会社	Ⓑ 1円 6 0銭	Ⓒ 16円	Ⓓ 333円	㉓×㉔×0.7 ※
類似業種	B 5円 8 0銭	C 38円	D 247円	※（中会社は0.6 小会社は0.5 とします。）
要素別比準割合	Ⓑ/B 0.27	Ⓒ/C 0.42	Ⓓ/D 1.34	
比準割合	$\frac{\frac{Ⓑ}{B}+\frac{Ⓒ}{C}+\frac{Ⓓ}{D}}{3}$ = ㉔ 0.67			㉕ 108円 5 0銭

1株当たりの比準価額	比準価額（㉒と㉕とのいずれか低い方） 108 円 5 0銭 × ④の金額 3,000 円 / 50円	㉖ 6,510 円

1株当たりの価額の計算の基となる金額	類似業種比準価額（第4表の㉖、㉗又は㉘の金額）	1株当たりの純資産価額（第5表の⑪の金額）	1株当たりの純資産価額の80%相当額（第5表の⑫の記載がある場合のその金額）
	① 6,510 円	② 10,000 円	③　円

中会社の株式の価額	①と②とのいずれか低い方の金額　Lの割合　②の金額（③の金額があるときは③の金額）　Lの割合	⑤
	(6,510 円×0. 90) + (10,000 円×(1−0. 9))	6,859 円

【B 社の現状の株式評価】

類似業種と業種目番号		(No.　　)
類似業種の株価	課税時期の属する月　月	㋕　円
	課税時期の属する月の前月　月	㋵　円
	課税時期の属する月の前々月　月	㋟　円
	前年平均株価	㋹　円
	課税時期の属する月以前2年間の平均株価	㋞　円
	A（㋕、㋵、㋟、㋹及び㋞のうち最も低いもの）	㉓ 223 円

比準割合の計算 区分	1株(50円)当たりの年配当金額	1株(50円)当たりの年利益金額	1株(50円)当たりの純資産価額	1株(50円)当たりの比準価額
評価会社	Ⓑ 1円 2 0銭	Ⓒ 5円	Ⓓ 25円	㉓×㉔×0.7 ※
類似業種	B 10円 5 0銭	C 54円	D 373円	※（中会社は0.6 小会社は0.5 とします。）
要素別比準割合	Ⓑ/B 0.11	Ⓒ/C 0.09	Ⓓ/D 0.06	
比準割合	$\frac{\frac{Ⓑ}{B}+\frac{Ⓒ}{C}+\frac{Ⓓ}{D}}{3}$ = ㉔ 0.08			㉕ 10円 7 0銭

1株当たりの比準価額	比準価額（㉒と㉕とのいずれか低い方） 10 円 7 0銭 × ④の金額 2,000 円 / 50円	㉖ 428 円

1株当たりの価額の計算の基となる金額	類似業種比準価額（第4表の㉖、㉗又は㉘の金額）	1株当たりの純資産価額（第5表の⑪の金額）	1株当たりの純資産価額の80%相当額（第5表の⑫の記載がある場合のその金額）
	① 428 円	② 14,000 円	③　円

中会社の株式の価額	①と②とのいずれか低い方の金額　Lの割合　②の金額（③の金額があるときは③の金額）　Lの割合	⑤
	(428 円×0. 60) + (14,000 円×(1−0. 60))	5,856 円

（株式評価明細書より抜粋）

(1) 合併後の株価

合併前においては、A 社は会社規模の判定上、「中会社の大」（斟酌率 0.90）、B 社は会社規模の判定上、「中会社の小」（斟酌率 0.60）となっております。

上記の会社規模により株価を評価すると前述のとおり、A 社は約 6,850 万円、B 社は約 2,920 万円の株価となりますが、経営合理化の観点から、合併を行うことによって、会社規模の判定上、「大会社」となり類似業種比準価額で評価することとなるため、試算の段階で株価が、3,928 円× 1 万株＝ 3,928 万円となり、結果として、株価引下げの効果がありました。

■図表 2-12

【合併後の A 社の株価】

類似業種と業種目番号	生産用機械器具製造業 (No. 35)		
類似業種の株価	課税時期の属する月	6月	㋕ 317円
	課税時期の属する月の前月	5月	㋵ 303円
	課税時期の属する月の前々月	4月	㋟ 270円
	前年平均株価		㋹ 300円
	課税時期の属する月以前2年間の平均株価		㋞ 309円
	A（㋕、㋵、㋟、㋹及び㋞のうち最も低いもの）		㉓ 270円

比準割合の計算 区分	1株(50円)当たりの年配当金額	1株(50円)当たりの年利益金額	1株(50円)当たりの純資産価額	1株(50円)当たりの比準価額
評価会社	Ⓑ 1円 5銭 0	Ⓒ 13円	Ⓓ 50円	㉓×㉔×0.7 ※ ※（中会社は0.6 小会社は0.5 とします。）
類似業種	B 5円 8銭 0	C 38円	D 247円	
要素別比準割合	Ⓑ/B 0.25	Ⓒ/C 0.34	Ⓓ/D 0.20	
比準割合	(Ⓑ/B ＋ Ⓒ/C ＋ Ⓓ/D) / 3 ＝ ㉔ 0.26			㉕ 49円 1銭 0

1株当たりの比準価額	比準価額（㉒と㉕とのいずれか低い方） 49円 1 0銭 × ④の金額 4,000円 / 50円	㉖ 3,928円

1株当たりの価額の計算の基となる金額	類似業種比準価額（第4表の㉖、㉗又は㉘の金額）	1株当たりの純資産価額（第5表の⑪の金額）	1株当たりの純資産価額の80%相当額（第5表の⑫の記載がある場合のその金額）
	① 3,928円	② 17,000円	③ 円

区分	1株当たりの価額の算定方法	1株当たりの価額
大会社の株式の価額	①の金額と②の金額とのいずれか低い方の金額（②の記載がないときは①の金額）	④ 3,928円

（株式評価明細書より抜粋）

また、B社においては法人税法上の青色欠損金を有していたことから、法人税法上の適格合併を行うことにより、A社の法人税額等の減少効果も期待できました。

(2) 合併によるメリットとデメリット

本相談事例の顧客は、大きく「数年後には株式を贈与したい」、「経営の合理化を図りたい」という要望があるため、経営の合理化に資する対策をする必要があり、事業内容や経営方針をヒアリングし、今後の事業計画を検討した結果、合併が適切と判断しました。

さらにその後の検討により、合併により経営の合理化を図りつつ、副次的効果として、株価の引下げ、B社の欠損金の引継ぎというメリットはありましたが、直ちに贈与を行う場合には、合併は適切な方法とはいえないケースもありました。

具体的には、合併前後でA社の業種が異なってしまうことや、利益・配当等が大きく変化するため、合併前後で比準3要素の数値が適切に把握できないデメリットがありました。

■図表2-13　X1期（合併期）からX3期

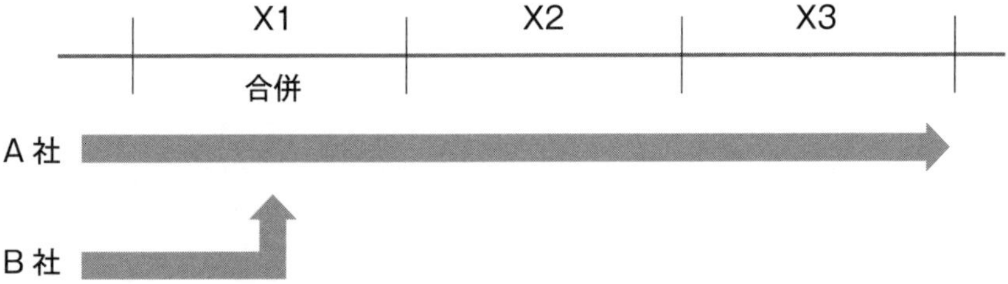

今回のケースでは、上記デメリットに対応するために、合併した期の2期後のX3期より贈与を開始しましたが、比準3要素の合理性を担保するためには、合併後、一定期間経過した後に贈与をする方法が望ましいと考えられ、合併後、直ちに贈与をするようなケースでは、類似業種比準価額方式の計算上の比準3要素が合理性を有さない可能性があります（**図表2-14、図表2-15**）。

■図表 2-14　合併直後の株式の評価方法

(1)　単体方式

A 社の単体の配当、利益、純資産により適切な比準要素を得られるかどうかの判定

比準要素＼課税時期	X1	X2	X3
配当	×	×	○
利益	×	× (期末の翌日合併の場合は○)	○ (直前期のみ)
純資産	×	○	○
判定	適用不可	原則適用不可	適用可

(2)　合算方式

A 社の比準要素と B 社の比準要素を合算して適切な比準要素を得られるかどうかの判定

比準要素＼課税時期	X1	X2	X3
配当	× (会社実態に変化がない場合は○)	× (会社実態に変化がない場合は○)	○
利益	× (会社実態に変化がない場合は○)	× (会社実態に変化がない場合は○)	× (会社実態に変化がない場合は○)
純資産	× (会社実態に変化がない場合は○)	○	○
判定	原則適用不可	原則適用不可	適用可

また、将来の贈与時には会社の状態が変わっていることで、会社区分が大会社とならないことも想定されました（図表 2-16）。

■図表 2-15　各課税時期の株式の評価方法

<table>
<tr><th></th><th colspan="2">課税時期
評価方法</th><th>X1</th><th colspan="2">X2</th><th>X3</th></tr>
<tr><td rowspan="4">類似業種比準方式</td><td colspan="2">単体方式</td><td rowspan="2">×</td><td colspan="2">×</td><td>○
（利益金額は直前期のみ）</td></tr>
<tr><td rowspan="3">合算方式</td><td>合併前後で会社実態に変化のある場合</td><td>合併期日が直前期末の翌日の場合</td><td>○
（利益金額と純資産価額）</td><td>×</td></tr>
<tr><td rowspan="2">合併前後で会社実態に変化のない場合</td><td rowspan="2">○
（比準３要素）</td><td colspan="2">○
（比準３要素）</td><td rowspan="2">○
（利益金額を直前２年間の平均も可）</td></tr>
<tr><td>合併期日が直前期末の翌日の場合</td><td>○
（比準３要素）</td></tr>
<tr><td colspan="3" rowspan="2">純資産価額方式</td><td rowspan="2">○
（開業後３年未満の会社等）</td><td colspan="2">○
（比準要素１の会社）</td><td rowspan="2">類似業種比準価額＞純資産価額</td></tr>
<tr><td>合併期日が直前期末の翌日の場合</td><td>類似業種比準価額＞純資産価額</td></tr>
</table>

■図表 2-16　合併のメリット・デメリット

メリット	・経営の合理化を進めながら株価の対策が可能。 ・黒字企業と赤字企業を合併することで、より株価引下げの効果が生じる可能性がある。 ・青色欠損金の引継ぎが可能。
デメリット	・合併後すぐに贈与を行う場合、比準３要素が合併前後で合併前と合併後の数値が混在するため、類似業種比準方式による評価が適切な評価と考えられないケースがある（適切ではないと判断された場合、純資産価額方式になると考えられる）。 ・赤字企業と合併した場合、合併後に会社の経営状態を悪化させる可能性があるため、赤字企業の事業や、赤字企業自体の清算を検討すべきケースにおいては、本相談事例は有効とならない。 ・将来の贈与時に、会社区分が合併直後と同じ大会社とはなっていないケースがある。

相談事例6

会社分割を活用した事業承継

私が代表取締役を務めるA社は、私が70%出資し、それ以外の少数の株主5名ほどが30%出資しています。
現在、主として自動車部品製造業を営んでいますが、B／Sの経営の観点から不動産賃貸業も行っています。
私は現在70歳で息子が1人いますが、A社には入っていません。今後、会社の事業承継に当たって私の希望としては、会社の一部の不動産賃貸業は、息子に譲り渡し、会社の自動車部品製造業は、社内の親族外の役員に譲り渡そうと考えています。
何か具体的な承継プランのアドバイスをいただけないでしょうか。

■図表 2-17　現状の株主構成

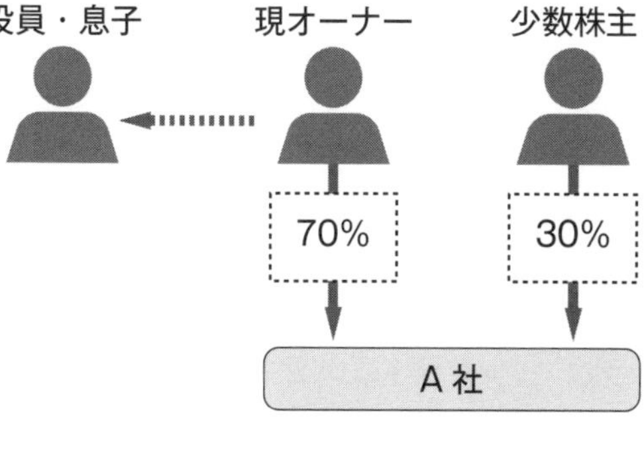

実務の最適解

❶ 親族外承継における課題

親族外への承継は、年々増加傾向にあります。

その場合、会社内の事業用財産とそれ以外の財産を分割して、事業用財産については、次の会社の後継者へ、それ以外の財産を現オーナーの親族へ渡すことは、理にかなった承継といえます。

ただし、社内の親族外の役員が承継する場合には、現オーナーである代表取締役の創業者利益を役員がいくらで買い取ることが可能かを検討していくことが重要になってきます。

本相談事例では、会社分割を用いて、本業の製造業と不動産賃貸業を分けて、それぞれ承継していくことを検討していきます。

また、昨今では、本相談事例のように親族外に株主が分散している会社が多くあります。

少数株主であっても、その後の事業承継（事業承継税制やM&A）の弊害になったり、後継者が株式を買い取る頃には、買取価格が高騰していたりする恐れもあるのです。そのため、まずは株式を集約していくことを検討していきます。

❷ 事業承継スキームの進め方

具体的な事業承継のスキームは、少数株主の整理、会社分割、株式の承継の順に進めます。

(1) 少数株主の整理

今回は株式の買取資金を考えて、現オーナーを出資者とした持株会社を作り、融資を受けて、少数株主より株式を買い取ります（図表 2-18）。

■図表 2-18　少数株主からの株式の買取り

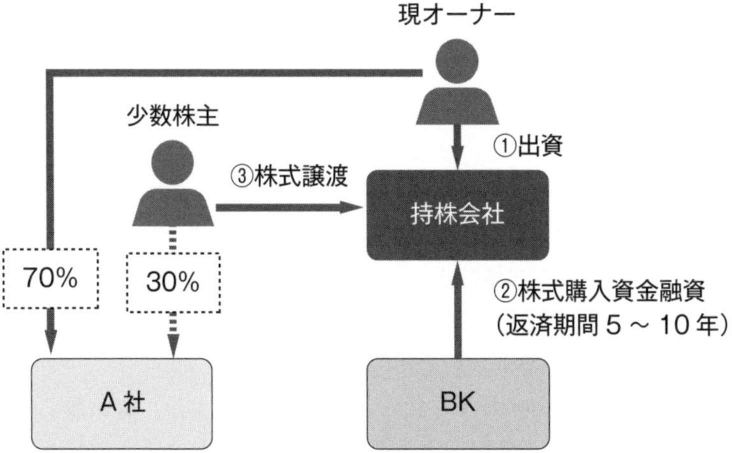

■図表 2-19　会社分割と後継者への株式譲渡

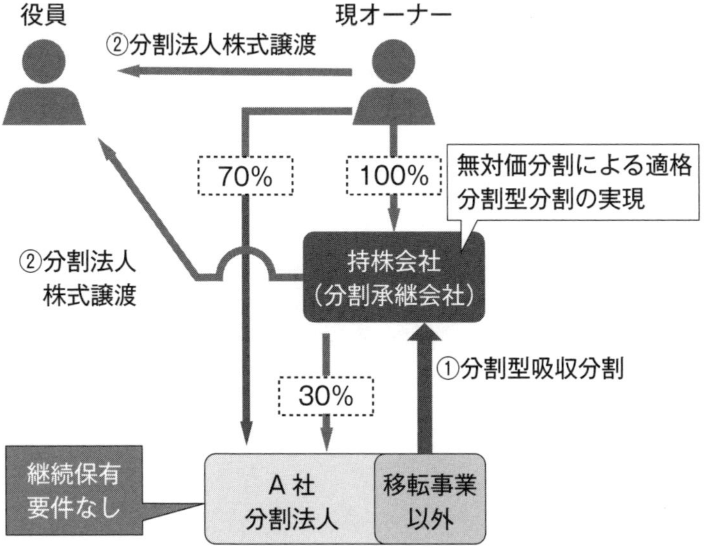

(2) 会社分割

少数株主からの株式の買取りが完了したら、持株会社（親会社）を分割承継法人とし、A社を分割法人とした吸収分割を行います（**図表2-19**）。

会社分割が完了すると、現オーナーが直接及び間接的に100%を出資した関係図ができあがります。

その後、現オーナーと持株会社は役員に対してA社株式を譲渡します。

この吸収分割型分割は、無対価分割型分割といい、会社分割の手続のうち、株価計算を省略することが可能です。

持株会社（分割承継法人）については、少数株主から買い取った株式の買取資金を返済する必要がありますが、吸収分割により移転した不動産の賃料収入を返済原資とします。

■図表2-20　スキーム終了後の出資関係図

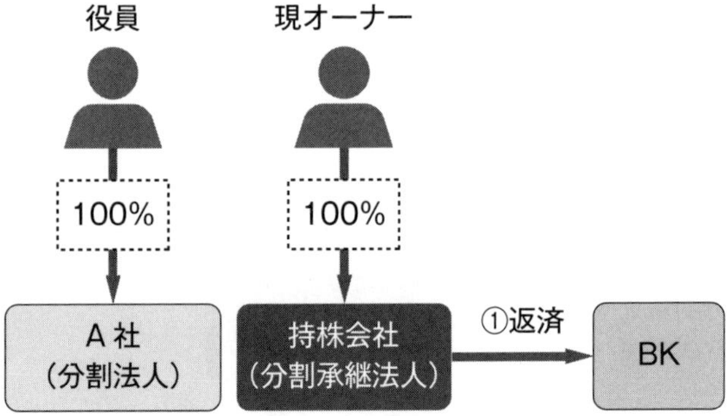

参　考

100%の持分関係にある会社間での適格分割型分割の要件

本相談事例の無対価分割型分割は、同一の者による持分関係が100%の兄弟関係の分割型分割であり、税制適格として移転資産等の譲渡損益への課税は繰り延べされます。

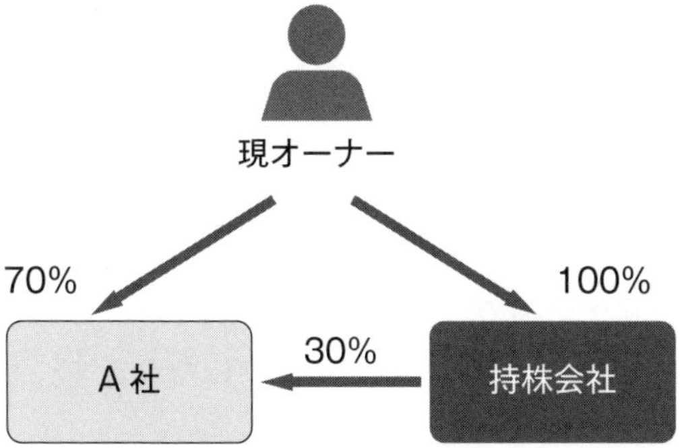

○A社の株式を持株会社を通して間接所有する兄弟関係

同一の者が個人の場合は、その個人と次の関係にある者を含みます。

①　株主等の親族

②　株主等と婚姻の届出をしていないが事実上婚姻関係と同様の事情にある者

③　株主等の使用人

④　①～③以外の者で、株主等から金銭その他の資産で生計を維持している者

⑤　②～④に掲げる者と生計を一にするこれらの者の親族

(3)　株式の承継

株式の承継は、社内の後継者である役員への承継と親族（息子）への承継の2つの取引が発生します。

①　役員への承継

現オーナーは、役員に対して分割法人であるA社の株式を譲渡します。

グループ内の分割型分割の場合は、分割後に分割承継法人との間での支配関係の継続が見込まれる必要があります。

しかし、平成29年度税制改正により、分割後の分割法人株式については、組織再編後の継続保有要件が緩和され、支配関係継続は要件から除外されました。

このため、分割型分割後は、分割法人の株式を、同一の者以外の者に譲渡しても税制適格となります。

分割後に分割法人株式を譲渡する場合、分割法人の株価の計算上は、「会社規模の引下げ」、「株式等保有特定会社・土地保有特定会社への変更」、「類似業種比準価額の計算上の利益の引下げ」の影響があります。

具体的な計算例については、以下のようになります。

■図表2-21　前提条件

	A社	分割法人 (製造業)	分割承継法人 (不動産賃貸業)	単位
総資産(注)	3,000	2,000	1,000	百万円
純資産	1,500	1,000	500	百万円
売上高	2,000	1,900	100	百万円
所得金額	150	90	60	百万円
従業員数	50	45	5	人
会社規模	大会社	大会社	中会社の小	
資本金等の額	50,000	33,300	16,700 −121,242	千円
議決権総数	1,000	1,000	1,000	株
50円相当発行済株式数	1,000,000	666,000	334,000	株

(注)「総資産の含み益500百万円あり」

■図表 2-22

【A 社の現状の株式評価（持株会社が少数株主から買い取る際の価格)】

類似業種と業種目番号		(No.　　)
類似業種の株価	課税時期の属する月	月	㋕ 円
	課税時期の属する月の前月	月	㋵ 円
	課税時期の属する月の前々月	月	㋟ 円
	前年平均株価		㋹ 円
	課税時期の属する月以前２年間の平均株価		㋞ 円
	A〔㋕、㋵、㋟、㋹及び㋞のうち最も低いもの〕		㉓ 300 円

比準割合の計算 区分	1株(50円)当たりの年配当金額			1株(50円)当たりの年利益金額		1株(50円)当たりの純資産価額		1株(50円)当たりの比準価額
評価会社	Ⓑ	0 円	0 銭	Ⓒ	150 円	Ⓓ	1,500 円	㉓×㉔×0.7 ※ ※（中会社は0.6 小会社は0.5 とします。）
類似業種	B	10 円	0 銭	C	50 円	D	500 円	
要素別比準割合	Ⓑ/B	0 .00		Ⓒ/C	3 .00	Ⓓ/D	3 .00	
比準割合	(Ⓑ/B + Ⓒ/C + Ⓓ/D)/3 =				㉔ 2 .00			㉕ 420 円 0 銭 0

1株当たりの比準価額	比準価額（㉒と㉕とのいずれか低い方） 420 円 0銭 × ④の金額 50,000 円 / 50円	㉖ 420,000 円

1株当たりの価額の計算の基となる金額	類似業種比準価額（第4表の㉖、㉗又は㉘の金額）	1株当たりの純資産価額（第５表の⑪の金額）	1株当たりの純資産価額の80%相当額（第５表の⑫の記載がある場合のその金額）
	① 420,000 円	② 2,000,000(注) 円	③ 円

大会社の株式の価額	①の金額と②の金額とのいずれか低い方の金額（②の記載がないときは①の金額）	④ 420,000 円
小会社の株式の価額	②の金額（③の金額があるときは③の金額）と次の算式によって計算した金額とのいずれか低い方の金額 （①の金額 420,000 円×0.50）＋（②の金額（③の金額があるときは③の金額） 2,000,000 円×0.50）＝ 1,210,000 円	⑥ 1,210,000 円

（注）　法人税等相当額 37％控除なし

（株式評価明細書より抜粋）

○税務上の分割仕訳

＜分割法人＞

・移転時

（借）負　　債	500,000 千円	（貸）資　　産	1,000,000 千円
資本金等(注)	16,700 千円		
利益積立金	483,300 千円		

（注）　分割移転割合　　0.334

$$\frac{500\text{（分割直前の分割事業の簿価純資産）}}{1{,}500\text{（前期末の分割法人の簿価純資産）}}$$

＜分割承継法人＞

・受入時

（借）資　　　産　1,000,000千円　（貸）負　　　債　500,000千円
資本金等　16,700千円
利益積立金　483,300千円

・自己株式取得時

（借）資本金等　121,242千円　（貸）分割法人株式　121,242千円

➡ 持株会社が保有するA社株式の簿価　363,000千円

（注） 363,000千円（1,210千円×300株）×0.334＝121,242千円

■図表 2-23

【分割法人（製造業）の株式評価】

類似業種と業種目番号			(No.　　)
類似業種の株価	課税時期の属する月	月	㋕　円
	課税時期の属する月の前月	月	㋵　円
	課税時期の属する月の前々月	月	㋟　円
	前年平均株価		㋹　円
	課税時期の属する月以前2年間の平均株価		㋞　円
	A〔㋕、㋵、㋟、㋹及び㋞のうち最も低いもの〕		㉓ 300円

比準割合の計算								
区分	1株(50円)当たりの年配当金額			1株(50円)当たりの年利益金額		1株(50円)当たりの純資産価額		1株(50円)当たりの比準価額
評価会社	Ⓑ	0円	0銭	Ⓒ	135円	Ⓓ	1,501円	㉓×㉔×0.7※ ※〔中会社は0.6 小会社は0.5 とします。〕
類似業種	B	10円	0銭	C	50円	D	500円	
要素別比準割合	Ⓑ/B	0.00		Ⓒ/C	2.70	Ⓓ/D	3.00	
比準割合	$\frac{\frac{Ⓑ}{B}+\frac{Ⓒ}{C}+\frac{Ⓓ}{D}}{3}$ =			㉔	1.90			㉕ 399円 0銭

1株当たりの比準価額	比準価額（㉒と㉕とのいずれか低い方）	399円　0銭 × $\frac{\text{④の金額　33,300円}}{\text{50円}}$	㉖ 265,734円

1株当たりの価額の計算の基となる金額	類似業種比準価額（第4表の㉖、㉗又は㉘の金額）	1株当たりの純資産価額（第5表の⑪の金額）	1株当たりの純資産価額の80%相当額（第5表の⑫の記載がある場合のその金額）
	① 265,734円	② 1,000,000円	③　円

区分	1株当たりの価額の算定方法	1株当たりの価額
大会社の株式の価額	①の金額と②の金額とのいずれか低い方の金額（②の記載がないときは①の金額）	④ 265,734円

（株式評価明細書より抜粋）

○会社規模の判定は、分割後も「大会社」に該当するため、類似業種比準価額で評価します。

○分割法人は、「年利益」が減少するため、類似業種比準価額も減少します。

■図表 2-24　分割承継法人（不動産賃貸業）の株式評価

科目	時価	簿価	科目	負債
資産（不動産）	1,500,000	1,000,000	負債	500,000
子会社株式	79,720	363,000 −121,242	借入金	300,000

○分割承継法人は、会社規模は「中の小」で類似業種比準価額の適用ができますが、「開業後３年以内の会社」に該当するため、純資産価額で評価します。

○分割承継法人は、分割による不動産取得後３年間は、土地建物等の不動産は、「通常の取引価額」で評価します。

○開業後３年経過後は、「株式等保有特定会社」及び「土地保有特定会社」に該当しない限り、類似業種比準価額を使用しての評価が可能となります。

上記のケースでは、売主側である現オーナーの譲渡と持株会社からの譲渡の場合では、税務上の最低限の譲渡価格の計算方法が異なります。

個人から個人への譲渡の場合には、相続税法上の評価額となり、法人から個人への譲渡の場合には、法人税法上の評価額になります。

また、現オーナー個人と持株会社が譲渡するそれぞれの時期によっては、評価額を統一していくことも検討する必要があります。

分類すると、**図表 2-25** のようになります。

■図表 2-25　買受主体による税法上の時価の違い

	現オーナーが譲渡	持株会社が譲渡
役員個人での買取り	相続税評価額	法基通９－１－14の原則的評価
役員の会社が買取り	法基通９－１－14の原則的評価	法基通９－１－14の原則的評価

なお、現オーナーが役員に対しＡ社の株式を譲渡する際に、事業承

継の一環として、分割法人側で現オーナーの退職金を支給することも検討が必要です。

実際には、退職金支給後に分割法人の株価を算定することも考えられます。

■図表 2-26　スケジュール例

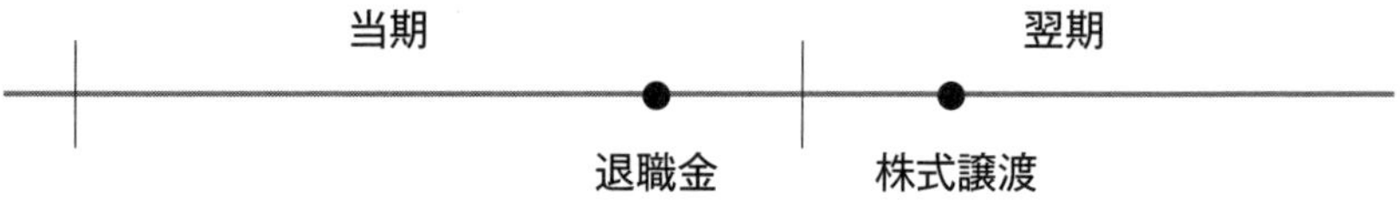

②　親族（息子）への承継

分割承継法人である持株会社の株式については、現オーナーの息子へ承継をしていきますが、持株会社の株価は、持株会社の開業後3年を経過するまでは、純資産価額で計算します。

開業後3年を経過した後は、一般の評価会社の評価により類似業種比準価額で計算をすることも可能となります。

ただし、注意する点としては、会社の役員に対して譲渡していない場合には、持株会社（分割承継法人）が分割法人の株式を保有しているため、株式等保有特定会社の検討が必要となります。

株式等保有特定会社とは、その会社の「株式等の相続税評価額の合計額」がその会社の「総資産に係る相続税評価額の合計額」のうちに占める割合が50％以上の会社をいいます。

株式等保有特定会社は、「純資産価額方式」又は、「S1 + S2方式」のいずれかの方法で計算します。

また、持株会社の分割法人の株式を保有していない場合でも、土地が移転しているため、土地保有特定会社の検討が必要となります。

土地保有特定会社とは、その会社の「土地の相続税評価額の合計額」がその会社の「総資産に係る相続税評価額の合計額」のうちに占める割合が一定割合以上の会社をいいます。

土地保有特定会社は、「純資産価額方式」により計算します。

■図表 2-27　土地保有特定会社の判定基準

判定要素			
総資産価額 （第5表の①の金額）	土地等の価額の合計額 （第5表の㋩の金額）	土地保有割合 （⑤／④）	会社の規模の判定 （該当する文字を○で囲んで表示します。）
④ 千円	⑤ 千円	⑥ %	大会社・中会社・小会社

<table>
<tr><td rowspan="3">判定基準</td><td rowspan="2">会社の規模</td><td colspan="2" rowspan="2">大会社</td><td colspan="2" rowspan="2">中会社</td><td colspan="4">小会社
（総資産価額（帳簿価額）が次の基準に該当する会社）</td></tr>
<tr><td colspan="2">・卸売業
20億円以上
・小売・サービス業
15億円以上
・上記以外の業種
15億円以上</td><td colspan="2">・卸売業
7,000万円以上20億円未満
・小売・サービス業
4,000万円以上15億円未満
・上記以外の業種
5,000万円以上15億円未満</td></tr>
<tr><td>⑥の割合</td><td>70%以上</td><td>70%未満</td><td>90%以上</td><td>90%未満</td><td>70%以上</td><td>70%未満</td><td>90%以上</td><td>90%未満</td></tr>
<tr><td colspan="2">判定</td><td>該当</td><td>非該当</td><td>該当</td><td>非該当</td><td>該当</td><td>非該当</td><td>該当</td><td>非該当</td></tr>
</table>

（株式評価明細書より抜粋）

⑷　株価引下げと租税回避行為

組織再編税制を適用する場合には、事業を行う上で必要な再編を行うことが必要になり、自社株の引下げを目的としたものでは、財産評価基本通達6項の定めにより、評価額の否認を受ける可能性もあります。

また、組織再編行為についても資産のみならず事業が移転していないと認められた場合には、「同族会社の行為計算否認」の適用を受ける可能性もありますので留意する必要があります。

相談事例 7

株式交換を活用した事業承継

私はＡ社とＢ社の代表取締役で、株式もそれぞれ100%保有しています。

Ａ社は卸売業で、Ｂ社は製造業を営んでおり、業績は順調で株価も年々積み上がっています。将来的には、同業他社のM&Aも実施して事業拡大を検討しています。

現在、Ａ社の株価（相続税評価額）は３億円、Ｂ社の株価は、12億円となっています。

今後、会社の事業承継に当たっては、Ａ社及びＢ社とも一人息子に引き継がせようと考えていますが、どのような方法で承継していくことが望ましいでしょうか。

また、最近話題に上がっている事業承継税制を適用したいと考えていますが、可能でしょうか。

■図表 2-28　現状の出資関係

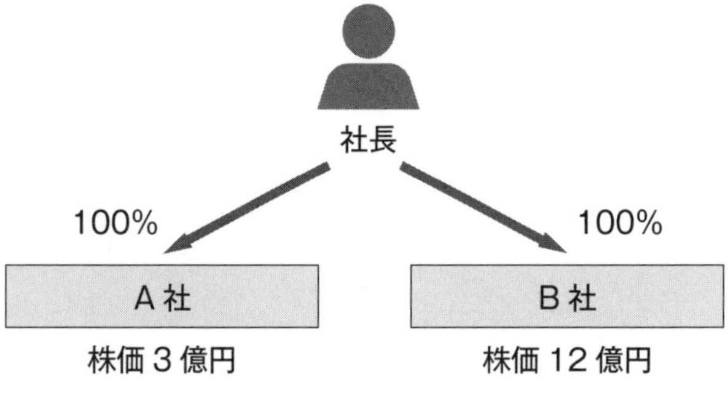

実務の最適解

❶　事業承継税制適用上の注意点

本相談事例では、Ａ社及びＢ社とも業績が好調であり、今後の株価の上昇による承継コストの負担を考えると早いタイミングで事業承継に着手するのが望ましいでしょう。

事業承継税制の適用を考えているということですが、事業承継税制を一度適用すると、事業を継続している限り、「納税猶予の期限の確定事由」（事業承継税制により猶予されていた納税額が確定して、利子税とともに支払うこと）に該当しないように一定の要件を満たしていく必要があります。

さらに、複数の会社の株式について事業承継税制を適用する場合には、事務手続やコストの負担が増えることになるため、株式交換等により持株会社化して、１社にまとめた上で事業承継を完了させる方がスムーズです。

また、本相談事例では、M&Aも将来的に実施していくことを考えているため、持株会社化による事業体制を検討することもできます。

注意しなければならないのは、持株会社化は、あくまで組織運営を効率的に行うための手段であるべきで、税金コストを意識するあまり結果的に効率性が失われてしまったり、組織が分断されるようでは本末転倒になってしまうばかりか、財産評価基本通達６項の規定により、評価額の否認を受けてしまう可能性もあることです。

持株会社のメリットとしては、下記の５つが挙げられます。

①　管理機能の統一化によるコスト削減
②　新規事業による新会社の設立や、M&Aの意思決定等の迅速化
③　子会社における経営責任を明確化し、役職ポストを増加
④　事業承継・相続対策
⑤　持株会社への財産移転の税負担の軽減

❷　株式交換による持株会社化

具体的な持株会社化のスキームは資金負担のない株式交換を採用し、A社を株式交換完全親会社、B社を株式交換完全子会社とします。

■図表 2-29　株式交換後の出資関係

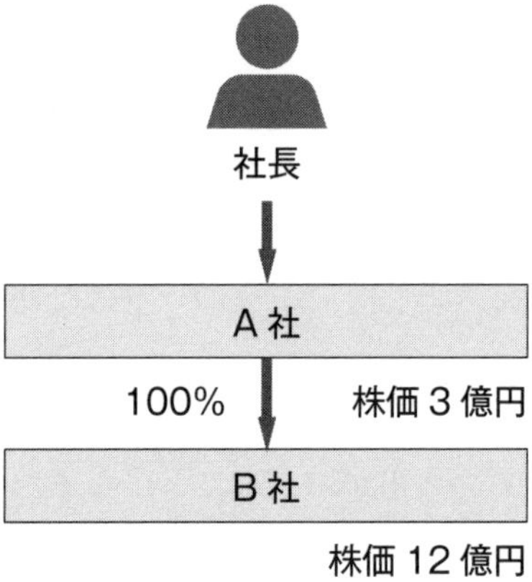

株式交換前は、A社及びB社を保有している代表取締役社長の相続税評価額は、それぞれ、3億円（A社）と12億円（B社）の合計15億円となっています。

それを株式交換により、A社を株式交換完全親会社として1社で評価することにより、A社の相続税評価額3億円の評価額をベースに、B社はA社の子会社株式として株価の計算をすることになります。

(1)　株式交換後の株価

株式交換後のA社の類似業種比準価額の計算は、B社が子会社株式となりますが、これは、B社の株主が50人未満の場合には、代表取締役社長が保有していたB社株式の帳簿価額が簿価純資産の増加額となります。

注意すべき点として、A社の総資産の合計額に占める割合のうち、A

社株式の相続税評価額が50%以上の場合には、株式等保有特定会社となり、A社の評価方法は、「純資産価額方式」又は、「S1＋S2方式」の評価方法により計算することになります。

A社の純資産価額の計算では、株式交換時のB社の含み益については、「評価差額に対する法人税等相当額」の控除はすることができません。

また、B社の子会社株式の純資産価額の評価についても、「評価差額に対する法人税等相当額」を控除することができません。

株価の計算例については、以下のようになります。

■図表2-30　前提条件

	A社（卸売業）	B社（製造業）	株式交換後（完全親法人）A社	単位
総資産	2,000	5,000	3,500	百万円
純資産	500	1,500	600	百万円
帳簿価額	50	100		百万円
売上高	10,000	7,000	10,000	百万円
所得金額	100	400	100	百万円
従業員数	150	200	150	人
会社規模	大会社	大会社	大会社	
資本金等の額	50	100	150	百万円
議決権総数	1,000	1,000	1,000	株
50円相当発行済株式数	1,000,000	2,000,000	3,000,000	株

○完全親法人の仕訳

・会計上の仕訳

（借）B社株式　1,500,000千円　（貸）資本準備金(注)　1,500,000千円

・税務上の仕訳

（借）B社株式　100,000千円　（貸）資本金等の額　100,000千円

（注） 株式交換の場合には、資本金又は資本準備金へ振り替えます。ただし、債権者保護手続がある場合は、例外としてその他資本剰余金の振替も可能です。

○利益積立金額（申告調整）

（単位：千円）

	期首	減	増	期末
B 社株式			※−1,400,000	−1,400,000
資本金等の額			※ 1,400,000	−1,400,000

○資本金等の額（申告調整）

	期首	減	増	期末
資本準備金			1,500,000	1,500,000
資本金等の額			− 1,400,000	−1,400,000

■図表 2-31

【A 社の現状の株式評価】

類似業種と業種目番号		(No.　)
類似業種の株価	課税時期の属する月	月 ㋕ 円
	課税時期の属する月の前月	月 ㋵ 円
	課税時期の属する月の前々月	月 ㋟ 円
	前年平均株価	㋹ 円
	課税時期の属する月以前2年間の平均株価	㋞ 円
	A（㋕、㋵、㋟、㋹及び㋞のうち最も低いもの）	㉓ 286 円

比準割合の計算 区分	1株(50円)当たりの年配当金額	1株(50円)当たりの年利益金額	1株(50円)当たりの純資産価額	1株(50円)当たりの比準価額
評価会社	Ⓑ 円 銭 0	Ⓒ 100 円	Ⓓ 500 円	㉓×㉔×0.7※ ※（中会社は0.6 小会社は0.5 とします。）
類似業種	B 5 円 0 銭 0	C 40 円	D 250 円	
要素別比準割合	Ⓑ/B 0 .	Ⓒ/C 2 .50	Ⓓ/D 2 .00	
比準割合	(Ⓑ/B + Ⓒ/C + Ⓓ/D)/3 = ㉔ 1 .50			㉕ 300 円 3 銭 0

1株当たりの比準価額	比準価額（㉒と㉕とのいずれか低い方） 300 円 3 0銭 × ④の金額 50,000 円 / 50円	㉖ 300,300 円

1株当たりの価額の計算の基となる金額	類似業種比準価額（第4表の㉖、㉗又は㉘の金額）	1株当たりの純資産価額（第5表の⑪の金額）	1株当たりの純資産価額の80%相当額（第5表の⑫の記載がある場合のその金額）
	① 300,300 円	② 500,000 円	③ 円

区分	1株当たりの価額の算定方法	1株当たりの価額
大会社の株式の価額	①の金額と②の金額とのいずれか低い方の金額（②の記載がないときは①の金額）	④ 300,300 円

【B 社の現状の株式評価】

類似業種と業種目番号		(No.　)
類似業種の株価	課税時期の属する月	月 ㋕ 円
	課税時期の属する月の前月	月 ㋵ 円
	課税時期の属する月の前々月	月 ㋟ 円
	前年平均株価	㋹ 円
	課税時期の属する月以前2年間の平均株価	㋞ 円
	A（㋕、㋵、㋟、㋹及び㋞のうち最も低いもの）	㉓ 360 円

比準割合の計算 区分	1株(50円)当たりの年配当金額	1株(50円)当たりの年利益金額	1株(50円)当たりの純資産価額	1株(50円)当たりの比準価額
評価会社	Ⓑ 円 銭 0	Ⓒ 200 円	Ⓓ 750 円	㉓×㉔×0.7※ ※（中会社は0.6 小会社は0.5 とします。）
類似業種	B 5 円 0 銭 0	C 40 円	D 350 円	
要素別比準割合	Ⓑ/B 0.	Ⓒ/C 5.00	Ⓓ/D 2.14	
比準割合	(Ⓑ/B + Ⓒ/C + Ⓓ/D)/3 = ㉔ 2.38			㉕ 599 円 7 銭 0

1株当たりの比準価額	比準価額（㉒と㉕とのいずれか低い方） 599 円 7 0銭 × ④の金額 100,000 円 / 50円	㉖ 1,199,400 円

1株当たりの価額の計算の基となる金額	類似業種比準価額（第4表の㉖、㉗又は㉘の金額）	1株当たりの純資産価額（第5表の⑪の金額）	1株当たりの純資産価額の80%相当額（第5表の⑫の記載がある場合のその金額）
	① 1,199,400 円	② 1,500,000 円	③ 円

区分	1株当たりの価額の算定方法	1株当たりの価額
大会社の株式の価額	①の金額と②の金額とのいずれか低い方の金額（②の記載がないときは①の金額）	④ 1,199,400 円

（株式評価明細書より抜粋）

■図表 2-32

【株式交換後のA社の株価】

類似業種と業種目番号	(No.　　)		
類似業種の株価	課税時期の属する月	月	㋕　円
	課税時期の属する月の前月	月	㋵　円
	課税時期の属する月の前々月	月	㋟　円
	前年平均株価		㋹　円
	課税時期の属する月以前2年間の平均株価		㋞　円
	A〔㋕、㋵、㋟、㋹及び㋞のうち最も低いもの〕		㉓ 286 円

比準割合の計算 区分		1株(50円)当たりの年配当金額		1株(50円)当たりの年利益金額		1株(50円)当たりの純資産価額		1株(50円)当たりの比準価額
評価会社	Ⓑ	円　銭 0	Ⓒ	33 円	Ⓓ	200 円		㉓×㉔×0.7※ ※〔中会社は0.6 小会社は0.5 とします。〕
類似業種	B	5 円 0 銭 0	C	40 円	D	250 円		
要素別比準割合	Ⓑ/B	0.	Ⓒ/C	0.82	Ⓓ/D	0.80		
比準割合	$\frac{\frac{Ⓑ}{B}+\frac{Ⓒ}{C}+\frac{Ⓓ}{D}}{3}$ =		㉔ 0.54					㉕ 108 円 1 銭 0

1株当たりの比準価額	比準価額(㉒と㉕とのいずれか低い方) 108 円 1 0銭 × ④の金額 150,000 円 / 50円	㉖ 324,300 円

1株当たりの価額の計算の基となる金額	類似業種比準価額(第4表の㉖、㉗又は㉘の金額)	1株当たりの純資産価額(第5表の⑪の金額)	1株当たりの純資産価額の80%相当額(第5表の⑫の記載がある場合のその金額)
	① 324,300 円	② 1,700,000 円	③ 円

区分	1株当たりの価額の算定方法	1株当たりの価額
大会社の株式の価額	①の金額と②の金額とのいずれか低い方の金額 (②の記載がないときは①の金額)	④ 324,300 円

(株式評価明細書より抜粋)

■図表 2-33　A社の純資産価額(相続税評価額)

(単位:千円)

資産			負債		
科目	相続税評価	帳簿価額	科目	相続税評価	帳簿価額
B社株式	1,200,000	100,000	負債	1,500,000	1,500,000
その他資産	2,000,000	2,000,000			
総資産	3,200,000	2,100,000	総負債	1,500,000	1,500,000
			純資産(控除前)	1,700,000	600,000
			現物出資受入れ資産価額	1,200,000	100,000
			法人税等相当額	0	
			純資産(控除後)	1,700,000	
			1株当たりの株価	1,700	

(2) 持株会社の事業承継税制

次に、株式交換により持株会社化した親会社に事業承継税制の適用を考えていきます。

事業承継税制を適用した後に持株会社化をすることも検討できますが、事業承継税制適用後に組織再編を行う場合には、納税猶予の期限確定事由に該当するケースもあり、株価対策も踏まえると、持株会社化した後に事業承継税制を適用していくことが勧められます。

■図表 2-34　株式贈与後の資本構成

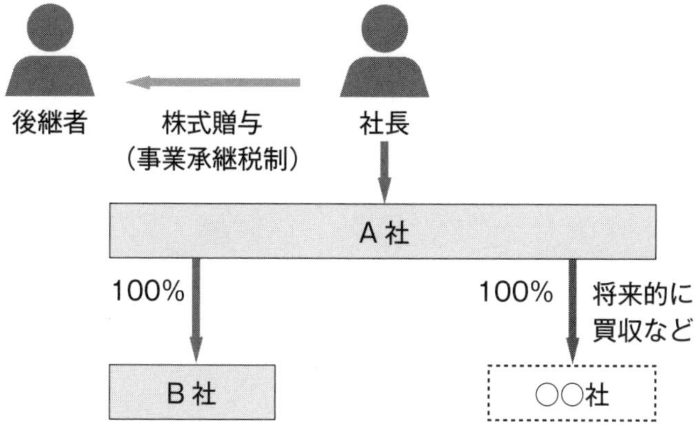

持株会社に事業承継税制を適用していく上で検討しなくてはならないのが、資産保有型会社等に該当しないことが必要になってきます。

資産保有型会社等に該当する場合には、納税猶予の期限の確定事由に該当してしまい、猶予されている税金を納めなければなりません。

ただし、持株会社が事業実態の要件を満たす場合には、納税猶予の期限の確定事由には該当しません。

また、50%超の議決権を保有している子会社株式が事業実態を満たす場合には、資産保有型会社等の判定対象である特定資産（分子）から除いて、持株会社が資産保有型会社等に該当するかを判定します。

特に、資産保有型会社等の判定対象である特定資産については、現預金も含まれるため、総資産の占める割合のうち現預金の割合が70％以上である会社は十分にあり得ます。そのため、持株会社で事業実態の要件（特に従業員が５名以上）を満たす体制になっているかを検討する必要があります。

相談事例 8

有効とならないケース

当社は、製品加工・販売や不動産業等を主な事業として行っている設立 50 年の非上場会社です。

また、当社の株主兼代表取締役である甲が株式を保有しているグループが当社以外に 4 社あり、グループ全体としての経営判断、一体運営を目的に、持株会社を設立し、そこですべての経営判断を行うこととしました。

なお、当社以外の 4 社については、甲及びその親族が株式を保有していますが、当社については以前から、労働意欲向上のため、一定の役職以上の従業員に相当数の株式を渡しています。

今では約 60 人の従業員が株式を保有していますが、退職の際に、新たにその役職に就く者へ、1 株 1,000 円で譲渡し、常に一定数の従業員が株式を保有継続しています。

グループ全体の株式を持株会社に集約するため、下記のステップで実行しています。

ステップ 1　甲及び親族が持株会社を設立（実行済）

ステップ 2　当社以外の 4 社の株式を持株会社に移転（実行済）

ステップ 3　持株会社と当社の株式交換（実行予定）

ステップ３の実行に当たって、何か注意点はありますでしょうか。

（注）資本金等の額１億円、発行済株式数10万株

実務の最適解

❶　持株会社化のステップの整理

本相談事例の会社（当社）を含む５社の株式を、持株会社に集約するステップをまず整理します。

ステップ１

甲及びその親族が、持株会社を設立します（図表2-35）。

ステップ２

当社以外の４社の株式を、持株会社に集約します（図表2-36）。

ステップ３

持株会社と当社の株式を、交換（法人税法上の適格株式交換）します（図表2-37）。

■図表2-35　ステップ１

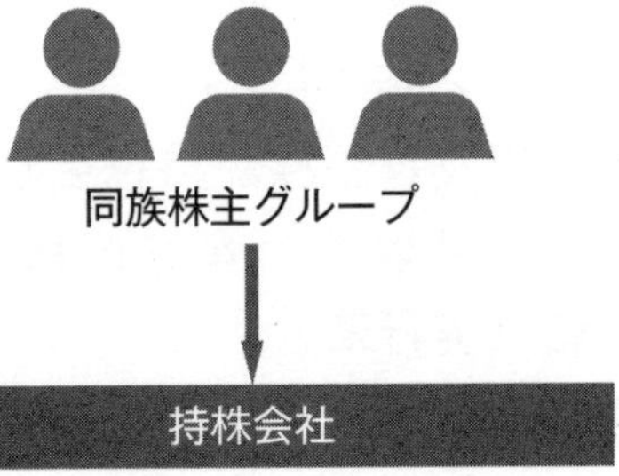

■図表 2-36　ステップ 2

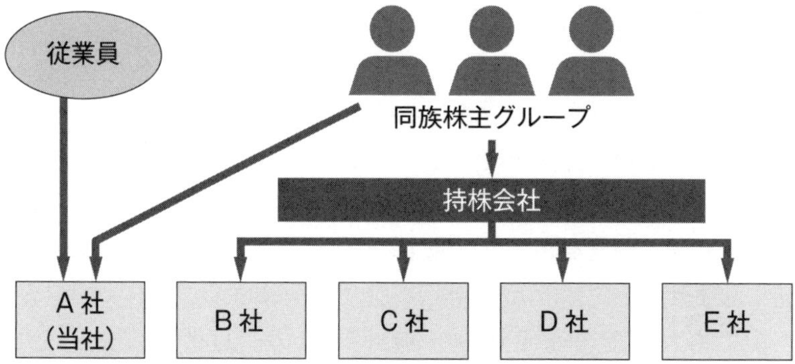

■図表 2-37　ステップ 3

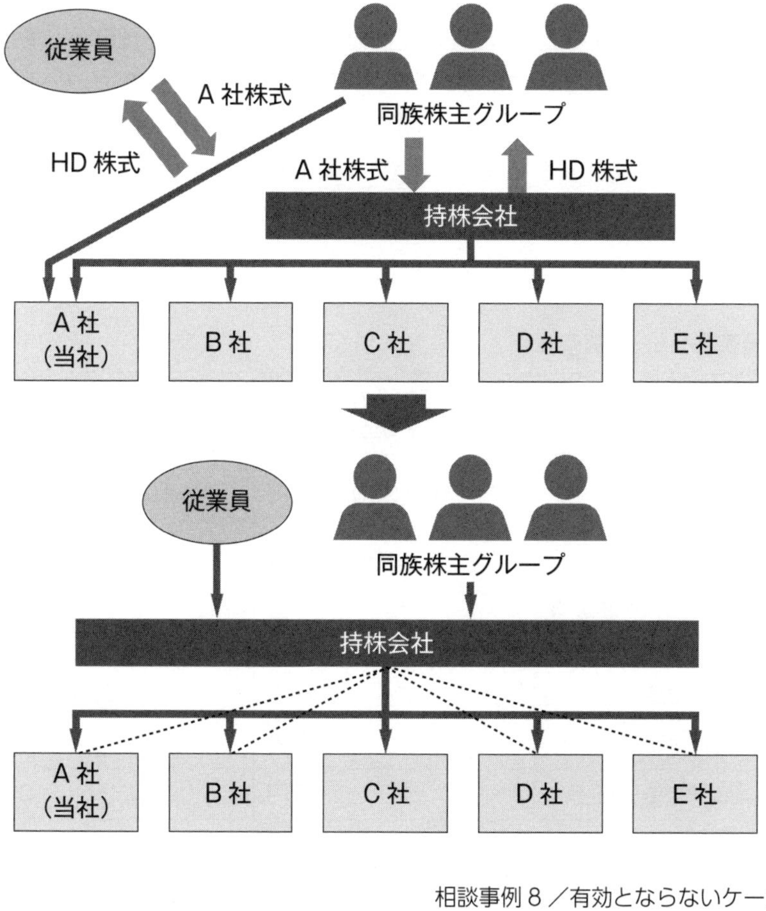

❷ 株式交換のデメリット

株式を保有する従業員が退職した場合、他の従業員がその株式を1,000円で買い取るという方法をとっているとのことですが、少数株主間（同族株主以外の株主）での取引のため、配当還元価額以上時価以下の取引価格であれば、譲渡益があれば売主に所得税が発生する以外の課税関係は発生しません。

無配であれば配当還元価額が500円となり、1,000円で取引をしても、買主に贈与税が発生することもありません。

しかし、株式交換により持株会社化した場合、株式交換完全親法人の資本金等が増加するため、配当還元価額を押し上げる可能性があります。

配当還元価額の上昇により、配当還元価額が取引価格の1,000円を超えてしまうと、売主から買主への贈与として買主に贈与税が発生します。

なお、持株会社及びA社について、同族株主に適用される株式の相続税評価額は、いずれの時点においても取引価格である1,000円を超えています。

■図表2-38　前提条件

	持株会社 （株式交換完全親法人）	A社 （株式交換完全子法人）
直前期末の資本金等の額	100,000,000円	100,000,000円
発行済株式数	100,000株	100,000株
1株当たりの資本金等の額	1,000円	1,000円
利益積立金額	0円	1,000,000,000円
直前期の配当金額	0円	0円
直前々期の配当金額	0円	0円

<計算例>

株式交換を行う前のA社の株式を配当還元価額方式で評価すると、株価は500円となるのに対し、株式交換による資本金等の増加により配当還元価額が押し上げられているため、株式交換後に持株会社の株式を計算すると、株価は6,000円となります。

① 株式交換前のA社の配当還元価額

➡図表2-39

② 株式交換後の持株会社の配当還元価額

➡図表2-40

本相談事例の場合、A法人の株主数が50人以上であるため、持株会社における資本金等の増加額は、A法人株式の取得価額から増加する資本金の額を引いた金額となります。

■図表2-39

2 配当還元方式による価額	1株当たりの資本金等の額、発行済株式数等	直前期末の資本金等の額	直前期末の発行済株式数	直前期末の自己株式数	1株当たりの資本金等の額を50円とした場合の発行済株式数(⑨÷50円)	1株当たりの資本金等の額(⑨÷(⑩−⑪))
		⑨ 千円 100,000	⑩ 株 100,000	⑪ 株 0	⑫ 株 2,000,000	⑬ 円 1,000
	直前期末以前2年間の配当金額 事業年度	⑭ 年配当金額	⑮ 左のうち非経常的な配当金額	⑯ 差引経常的な年配当金額(⑭−⑮)	年平均配当金額	
	直前期	千円 0	千円 0	㋑ 千円 0	⑰ (㋑+㋺)÷2 千円 0	
	直前々期	千円 0	千円 0	㋺ 千円 0		
	1株(50円)当たりの年配当金額	年平均配当金額(⑰) 千円 ÷	⑫の株式数 株 =	⑱ 2円 50銭	この金額が2円50銭未満の場合は2円50銭とします。	
	配当還元価額	⑱の金額 2円50銭 / 10%	× ⑬の金額 1,000円 / 50円	= ⑲ 500円	⑳ 500 円	⑲の金額が、原則的評価方式により計算した価額を超える場合には、原則的評価方式により計算した価額とします。

(株式評価明細書より抜粋)

そのためA法人株式の取得価額が重要となってきますが、当該株式の取得価額は、A法人の簿価純資産相当額となります。仮に資本金の額を増加させない場合、A法人の期末資本金等の額1億円＋直前期末利益積立金額10億円の合計11億円が資本金等の増加額となります。

■図表 2-40

2．配当還元方式による価額	1株当たりの資本金等の額、発行済株式数等	直前期末の資本金等の額 ⑨ 1,200,000 千円	直前期末の発行済株式数 ⑩ 100,000 株	直前期末の自己株式数 ⑪ 0 株	1株当たりの資本金等の額を50円とした場合の発行済株式数（⑨÷50円） ⑫ 24,000,000 株	1株当たりの資本金等の額（⑨÷（⑩－⑪）） ⑬ 12,000 円
	直前期末以前2年間の配当金額　事業年度	⑭ 年配当金額	⑮ 左のうち非経常的な配当金額	⑯ 差引経常的な年配当金額（⑭－⑮）	年平均配当金額	
	直前期	0 千円	0 千円	㋑ 0 千円	⑰（㋑＋㋺）÷2　0 千円	
	直前々期	0 千円	0 千円	㋺ 0 千円		
	1株（50円）当たりの年配当金額	年平均配当金額（⑰）　千円 ÷	⑫の株式数　株 ＝	⑱ 2 円 50 銭		（この金額が2円50銭未満の場合は2円50銭とします。）
	配当還元価額	⑱の金額 2 円 50 銭 / 10% ×	⑬の金額 12,000 円 / 50円 ＝	⑲ 6,000 円	⑳ 6,000 円	（⑲の金額が、原則的評価方式により計算した価額を超える場合には、原則的評価方式により計算した価額とします。）

（株式評価明細書より抜粋）

■図表 2-41　株式交換前後の持株会社の資本金等の額

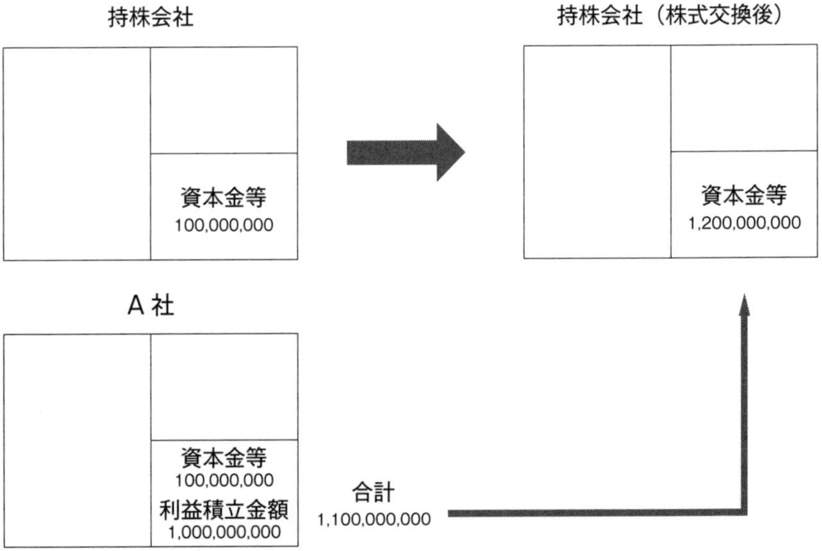

参考

株式交換完全親法人において増加する資本金等の額

① 株式交換直前の完全子法人株主の数が 50 人未満の場合

当該株式交換完全子法人の株主が有していた当該株式交換完全子法人の株式の当該適格株式交換等の直前の帳簿価額に相当する金額の合計額（当該株式交換完全子法人の株式の取得をするために要した費用がある場合には、その費用の額を加算した金額）

② 株式交換直前の完全子法人株主の数が 50 人以上の場合

当該株式交換完全子法人の前期期末時の資産の帳簿価額から負債の帳簿価額を減算した金額に相当する金額（当該株式交換完全子法人の株式の取得をするために要した費用がある場合にはその費用の額を加算した金額）

❸ 配当還元価額の上昇を回避する方法

配当還元価額の上昇を回避する方法として、株式交換前に株主が50人未満になるように株式の集約を進める方法を検討していきます。

なお、株主が50人未満になるような株式の集約方法としては、以下の4つの方法が考えられます。

■図表 2-42 従業員からの株式の買取主体

	売主	買主
①	従業員	甲及びその親族
②	従業員	持株会社
③	従業員	A 社
④	従業員	従業員

ただし、各方法はその株式の売買が、税務上適正な取引価格で行われていない場合、課税関係が生じる可能性があるため注意が必要です（**図表 2-43**）。

■図表 2-43　各方法における課税関係の例

①	買主が同族株主のため、相続税法上の原則的評価方法に基づき評価した金額以上時価以下の価格で取引を行わないと以下の問題が生じます。 取引価格＜原則的評価額　➡　買主に贈与税 取引価格＞時価　➡　売主に贈与税 　また、原則的評価方法に基づいて評価した金額は、配当還元価額より高くなることが多いため、買主が購入資金を用意できない場合があります。
②	買主が持株会社（株主が同族株主）のため、法人税法上の時価で売買を行わないと以下の問題が生じます。 取引価格＜時価　時価と取引価格の差額を受贈益として法人税課税 売主にみなし譲渡所得課税（原則取引価格が時価の２分の１未満の場合） 株主にみなし贈与課税 取引価格＞時価　売主に給与課税等 　また、①のケースと同様に法人税法上の時価に基づいて評価した金額は配当還元価額より高くなることが多いため、買主側で購入資金を用意できない場合があります。
③	買主が株式の発行会社のため、相対取引による自己株式の取得となります。 売主にみなし配当課税の可能性あり 株主にみなし贈与課税の可能性あり
④	従業員間での取引のため、取引価格が配当還元価額以上時価未満であれば、取引価格と取得費の差額について譲渡所得課税

また、株式交換後に株式交換完全親法人を相続税法上の評価額により算定する場合において、１株当たりの純資産価額の計算上、資産の帳簿価額に、その株式交換時の株式交換完全子法人株式の相続税法上の評価額と、受け入れた株式交換完全子法人株式の帳簿価額の差額を加算することになります。

この結果、当該差額に対する法人税等に相当する金額は純資産価額の計算上控除されないこととなるため注意が必要です。

さらに株式交換後の持株会社は、資本金等の額が増加するため、機動的な資本政策を行うため、また地方税の均等割への影響も考慮し、株式交換後、資本準備金をその他資本剰余金に振り替えることが必要なケースがあります。

第３章

グループ法人税制の活用

グループ法人税制とは

昨今の企業のグループ経営の動向をみると、完全子会社化により子会社経営に対するグループ全体の視点から関与を強化し、重複事業の整理等のグループ内再編を進める事例などがみられます。

このように最近のグループ経営の実態は、関連会社を100%子会社化してグループ経営を強化する企業が増加し、各会社の独立性を生かしながら、グループ統合のメリットを最大限に追求する傾向が顕著となっています。

そのような状況下でこれらの法人グループの組織形態の多様化に対応し、課税の中立性や公平性を担保するための税制度として、平成22年度税制改正においてグループ法人税制が導入されました。

グループ法人税制の大きな特徴としては、100%の資本関係にある内国法人間で行われる一定の資産譲渡、寄附、配当、株式の発行法人への譲渡等についてグループ外への移転等の時まで損益を繰り延べる点があります。

上述したとおり、グループ法人税制は、法人のグループ経営に対応する税制ですが、法人企業経営の延長線上に（又はその途中に）事業承継があると考えれば、事業承継についても影響を与える税制と考えられ、また、事業承継にどのように活かすかといった視点も必要になります（後述の事例参照）。

❶ グループ法人税制の概要

グループ法人税制は、資本金の額や売上規模に関係なく中小企業へも広く適用（強制適用）となります。

適用があるのは、100%の資本関係（完全支配関係）（注）のある法人です。ここで、100%グループ内法人には、親会社が直接100%の株式を保有する場合だけでなく、個人やその親族等が保有する場合も含まれます。

（注） 完全支配関係とは、一の者が法人の発行済株式等の全部を直接もしくは間接に保有する関係をいいます。一の者は、法人（内国法人及び外国法人）株主だけでなく個人株主も含まれます。また、個人株主の範囲には、その個人株主の配偶者をはじめ、6親等内の血族、3親等内の姻族といった民法上の親族も含まれます。

■図表 3-1　完全支配関係・グループ法人税制適用

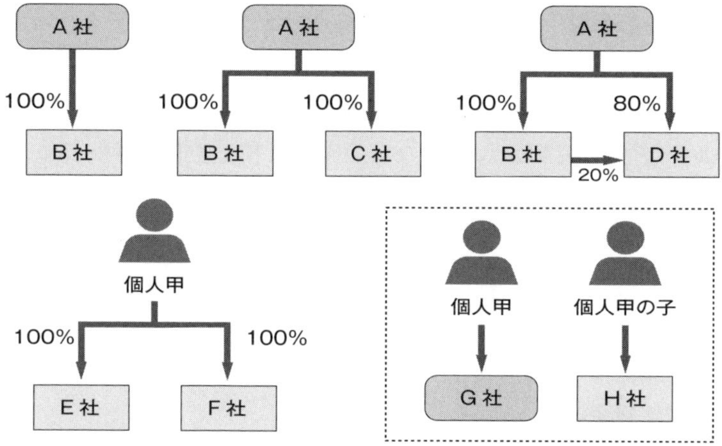

（注） 甲と甲の子は一の者となる。

図表のH社の株主が、例えば甲の配偶者や甲の兄弟であっても同様に一の者となります。

◆完全支配関係を判定する場合の注意点

① 自己株式……自己株式を保有している場合には、判定から除外します。

② 従業員持株会が保有する株式……保有割合が発行済株式の5%未満である場合には、判定から除外します。

③ ストックオプションにより取得した株式……役員又は従業員がス

トックオプションにより取得した株式の保有割合が、発行済株式の5%未満である場合には、判定から除外します。

❷ グループ法人の基本的な適用例

(1) グループ法人間で資産を移転した場合の課税

100%グループ内の法人間の一定の資産の譲渡については、譲渡損益が繰り延べられます。なお、繰り延べられた譲渡損益は、対象資産のグループ外への移転、減価償却などの時点でその資産の移転を行った法人において認識します。

① グループ法人税制の対象となる資産

グループ法人税制の対象となる資産を、「譲渡損益調整資産」といい、次の資産をいいます。

(イ) 固定資産
(ロ) 販売用を含む土地
(ハ) 有価証券（売買目的有価証券を除きます）
(ニ) 金銭債権
(ホ) 繰延資産

なお、棚卸資産及び帳簿価額が1,000万円未満の資産は除かれます。

② グループ内で再譲渡する場合

グループ内で、再度対象資産の譲渡が行われたときは、当初繰り延べられた譲渡損益は、認識することになります。一方、譲り受けた資産を譲渡した法人で発生した譲渡損益は、繰り延べられることになります。

(イ) A社からB社に不動産

■図表 3-2 グループ内での再譲渡

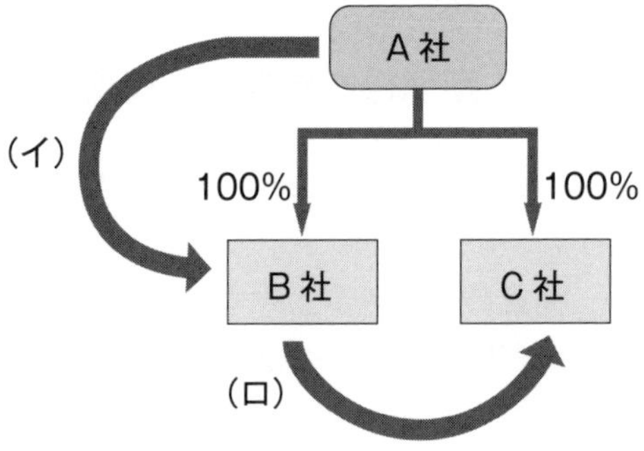

を譲渡（A社：譲渡損益の繰延べ　B社：不動産の取得）

(ロ)　B社からC社に上記不動産を譲渡（A社：譲渡損益の実現　B社：譲渡損益の繰延べ　C社：不動産の取得）

(2)　グループ法人間での寄附をした場合の課税

グループ内における寄附金について、支出した法人側では、全額を損金不算入とし、受け入れた法人側では、全額を益金不算入とします。これによりグループ内での資金移動が容易になっています。

■図表3-3　グループ内での寄附

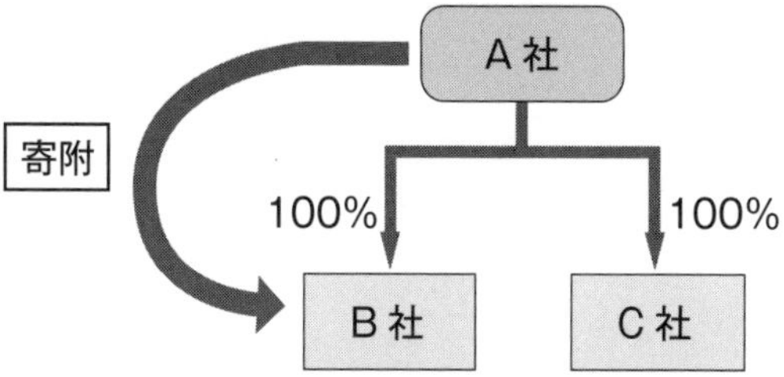

○A社からB社に寄附…A社：全額損金不算入、B社：全額益金不算入

グループ法人税制適用前は、寄附金を支払う側は、一定の範囲で損金の算入が認められ、寄附を受ける側は、全額が益金に算入となっていました(注)。

（注）　グループ法人税制が適用にならない会社であれば、適用前の扱いと変更ありません。

●注意点：法人による完全支配関係がある場合のみ

例えば、ある会社から債務超過の会社への資金移動によって、相続税の計算上、法人株価を引き下げるような対策として利用されることなども考えられることから、この規定は、「法人による完全支配関係」がある場合に限定されています。

そのため、親会社から100%子会社に資金を提供した場合、提供した親会社においては、全額が損金不算入となる代わりに、受け入れた子会社においては、全額が益金不算入となります。

一方、個人株主及びその親族で100%所有しているD社、E社があったとすると、D社からE社への資金提供は、一般の寄附の場合と同じように、提供したD社においては、損金算入限度額を超える部分が損金不算入となり、受け入れたE社においては、全額が益金の額に算入されます。

■図表 3-4　寄附金のグループ法人税制の適用がない例

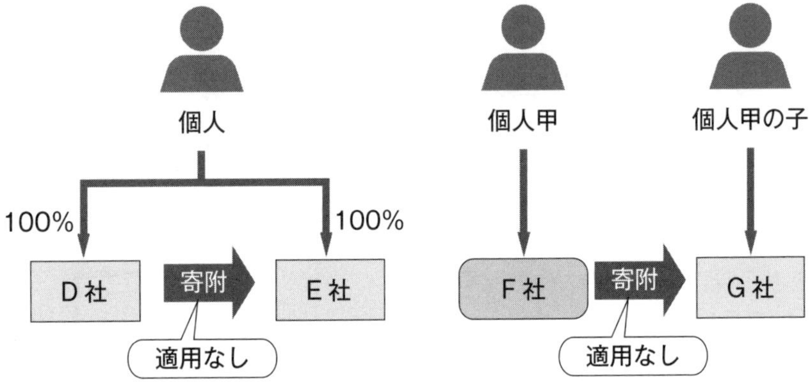

参考

資金援助が寄附金に該当しない場合

業績不振の子会社の倒産を防止するため、やむを得ず行う資金の援助は、寄附金とは取り扱われません。

❸　事業承継とグループ法人税制との関係

グループ法人間の取引については、その事業目的に沿ったものであれば、それに応じた税制を適用すればよいこととなります。

一方、事業承継を考える上では、それらの取引及び課税関係が、承継を予定している株価にどのような影響を与えるかを検討することが必要になります（承継を予定している株価が高くなるケースもその逆のケースもあり得ます）。

なお、状況に応じては、グループ法人税制が適用される状態がその法人にとって事業経営上問題があるかどうかについて検討が必要なケースもあります。

以下、簡単な事例を通じてみてみましょう。

◆グループ法人間での寄附と株価への影響

【事　例】

相談者の甲は、法人Ａの代表取締役です（親族と併せＡ社株式を100％保有）。

Ａ社には100％子会社のＢ社、Ｃ社があります。甲は、これらの会社の資金繰りや資産構成の見直しを考えていますが、会社間で寄附を行った場合にグループ法人税制が適用されるとの話を聞きました。将来の相続を考えると株価が変動する可能性があると思い、どのような影響が発生するのかといった相談でした。

＜寄附の形態＞

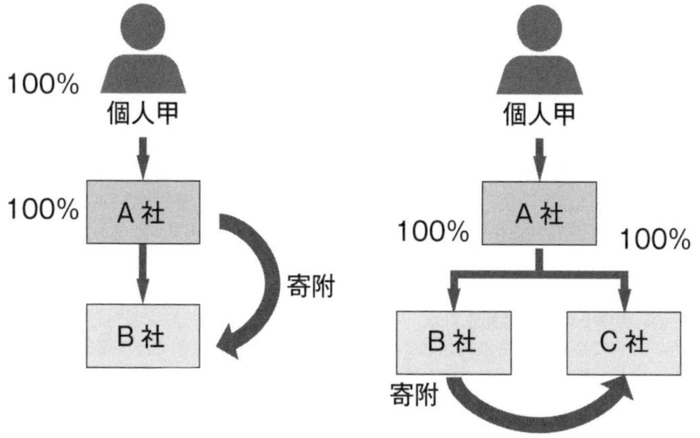

図表3-5で、現金を寄附した例で説明します（承継予定株式はＡ社株式とします）。

（注）　全額損金不算入となる寄附金を支出した株主である法人（寄附金の支出法人と完全支配関係がある法人）については、寄附金を支出した法人の株式について簿価修正（減額修正）が必要になります。また、全額益金不算入となる受贈益を受領した法人の株主である法人（寄附金の受領法人と完全支配関係がある法人）については、受贈益を受領した法人の株式について簿価修正（増額修正）が必要になります。

■図表 3-5　現金を寄附した場合（グループ法人税制適用／寄附金・受贈益）

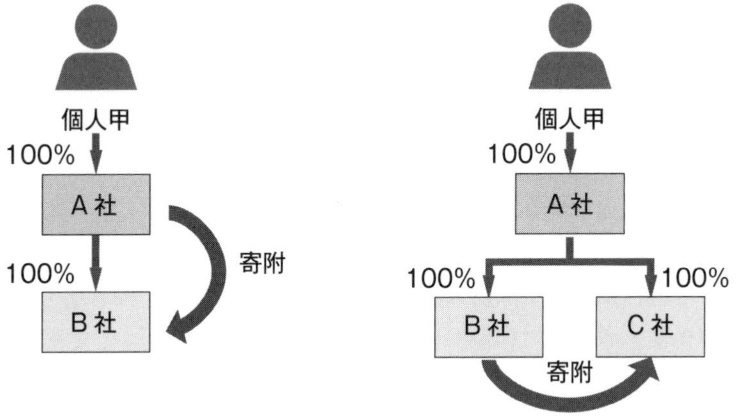

A社：寄附金（全額）損金不算入
B社：益金不算入

※株価への影響（例）

○例えば、A社からB社に1億円寄附した場合、法人税はかからないが、A社の現金が1億円減少し利益積立金が1億円減少する。また、B社の現金が1億円増加し、利益積立金が1億円増加する。そのため、株価への影響は発生する。
○B社が寄附前に債務超過で株価がマイナスのようなケース（株価がゼロになるまで寄附）……A社は寄附をすることで純資産が減少し株価が低下する。
○B社が寄附前に資産超過で株価がプラスのようなケース……A社の寄附によるB社の株価増加の影響とA社の株価低下の影響との比較（ケースバイケース・通常はA社株価が減少と考えられる）。
○B社が株式保有・土地保有特定会社のケース……A社からの寄附によりB社が一般の評価会社となり、A社の株価が結果低下する可能性あり（寄附等の理由は要検討）。

B社：寄附金（全額）損金不算入
C社：益金不算入

※株価への影響（例）

○例えば、B社からC社に1億円寄附した場合、法人税はかからないが、B社の現金が1億円減少し利益積立金が1億円減少する。また、C社の現金が1億円増加し、利益積立金が1億円増加する。そのため、A社の株価への影響は発生する。
○C社が寄附前に債務超過で株価がマイナスのようなケース（株価がゼロになるまで寄附）……B社は寄附をすることで純資産が減少し株価が低下する。それによりA社の株価が低下する。
○C社が寄附前に資産超過で株価がプラスのようなケース……B社の寄附によるC社の株価増加の影響とB社の株価低下の影響との比較（ケースバイケース）
○C社が株式保有・土地保有特定会社のケース……B社からの寄附によりC社が一般の評価会社となり、結果A社の株価が低下する可能性あり（寄附等の理由は要検討）。

相談事例９

グループ会社間での資産の組替えと事業承継

私の父親は、ファミリーレストランの開業をきっかけに、多店舗展開している会社のオーナーで、現在は私が社長を務めています。

この度、ホームセンターを経営している叔父より、飲食店をホームセンター内に併設して、集客のてこ入れをしたいとの提案がありました。

一方で、父親の会社が所有しているファミリーレストランの立地がホームセンターの立地に適している反面、叔父の会社の所有しているビルが飲食店の経営に最適な立地であるなど、双方の資産構成と事業の効率の不一致な部分がありました。

叔父の提案をきっかけに、双方の会社の所有する資産構成を組み替えて、お互いの事業に最適な資産構成にしたいと考えていますが、何かよい方法はありませんか。

実務の最適解

❶　現状の各社の資産構成と株価

まず、それぞれの会社の資産構成とそこに至るまでの経緯をヒアリングしたところ、次の事実が分かりました。

(1) 祖父からの相続

相談者（私）の父親及び叔父は、祖父より土地を相続し、それを基に会社を設立して事業を開始しました。

■図表 3-6　従前の株主構成

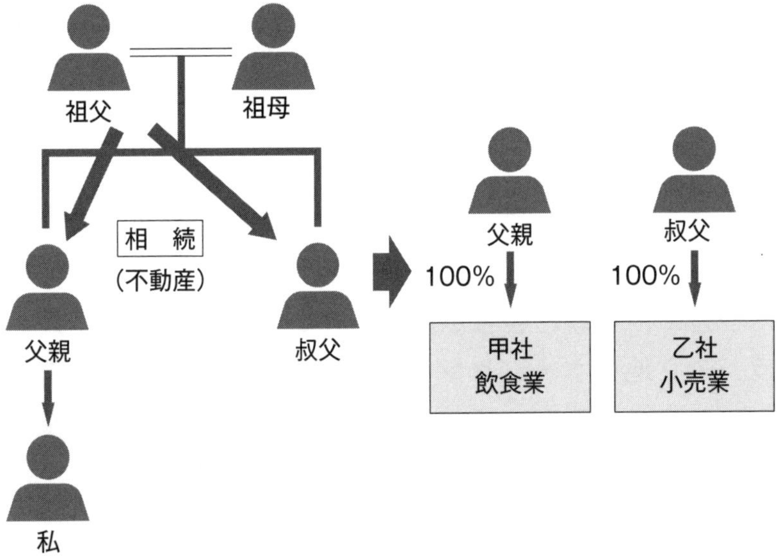

(2) 父親は不動産を所有する子会社を新設分社型分割

甲社は、分割効力発生日を平成 18 年 2 月 1 日として、不動産部門を新設分社型分割により A 社を設立しました（図表 3-7）。

■図表 3-7　現状の株主構成

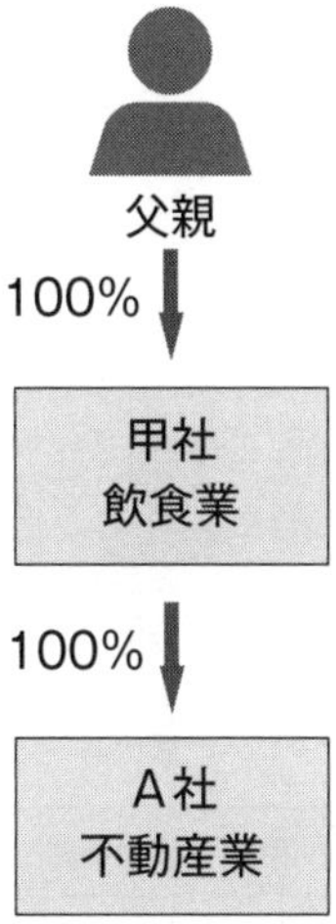

(3)　各社の所有資産の特性

A社及び乙社の所有する不動産の特性は、下記のとおりであり、不動産の特性に応じて、甲社（実際の取引はA社）及び乙社は、土地を組み替えたいと考えていました。

■図表 3-8

	A社				乙社			
	現況	特性	時価	簿価	現況	特性	時価	簿価
①	レストラン	レストラン	5,000万円	250万円	事務所	レストラン	7,000万円	350万円
②	駐車場	ホームセンター	1億円	500万円	ホームセンター	ホームセンター	8,000万円	400万円

(4)　各社の現状の株式評価方法

甲社が100％保有するA社は、所有する複数の土地に含み益が生じていることから「土地保有特定会社」に該当し、純資産価額方式のため評価額が高い状態です。

このため、甲社のA社株式保有割合が50％以上となることから、甲社は「株式等保有特定会社」に該当します。

■図表3-9　各社の資産構成

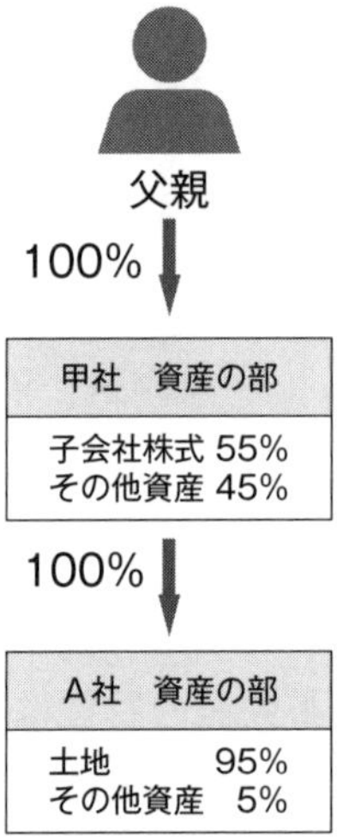

甲社は大会社に該当することから、通常は「類似業種比準方式」により評価するのですが、本相談事例では「株式等保有特定会社」に該当するため、「類似業種比準方式」により評価することができず、原則として「純資産価額方式」により評価することになります。

一般的には、「純資産価額方式」は「類似業種比準方式」より株式の評価額が高くなります。

さらに土地の含み益が複数発生しているということからも、評価額はさらに高くなることが想定されます（図表3-10）。

■図表 3-10　各社の業務と会社規模

	甲社	A社	乙社
会社規模	大会社	小会社	大会社
業種	サービス業	小売業・サービス業以外	小売業
評価方法	株式等保有特定会社	土地保有特定会社	一般の評価会社
従業員数	100人	5人	100人
総資産価額	20億円	8,000万円	25億円
売上高	25億円	1億円	30億円

（注）　株式等保有特定会社とは、株式等の保有割合が50%以上の会社をいう。

土地保有特定会社とは、図表 3-11 の会社をいいます。

■図表 3-11　土地保有特定会社の判定基準

<table>
<tr><td rowspan="5">判定基準</td><td rowspan="4">会社の規模</td><td colspan="2" rowspan="4">大会社</td><td colspan="2" rowspan="4">中会社</td><td colspan="4">小会社
（総資産価額（帳簿価額）が次の基準に該当する会社）</td></tr>
<tr><td>卸売業</td><td>20億円以上</td><td colspan="2">7,000万円以上20億円未満</td></tr>
<tr><td>小売・サービス業</td><td>15億円以上</td><td colspan="2">4,000万円以上15億円未満</td></tr>
<tr><td>上記以外の業種</td><td>15億円以上</td><td colspan="2">5,000万円以上15億円未満</td></tr>
<tr><td>土地保有割合</td><td>70%以上</td><td>70%未満</td><td>90%以上</td><td>90%未満</td><td>70%以上</td><td>70%未満</td><td>90%以上</td><td>90%未満</td></tr>
<tr><td colspan="2">判定</td><td>該当</td><td>非該当</td><td>該当</td><td>非該当</td><td>該当</td><td>非該当</td><td>該当</td><td>非該当</td></tr>
</table>

❷　兄弟会社間での資産の組替え

A社及び乙社の資産の組替えに当たっては、それぞれの特性にあった不動産の譲渡が必要になりますが、不動産に含み益があっても、グループ法人税制の適用により、譲渡損益をグループ外に譲渡するまで繰延べされ、法人税の負担を回避することが可能です。

■図表 3-12　グループ法人間における譲渡損益の繰延べ

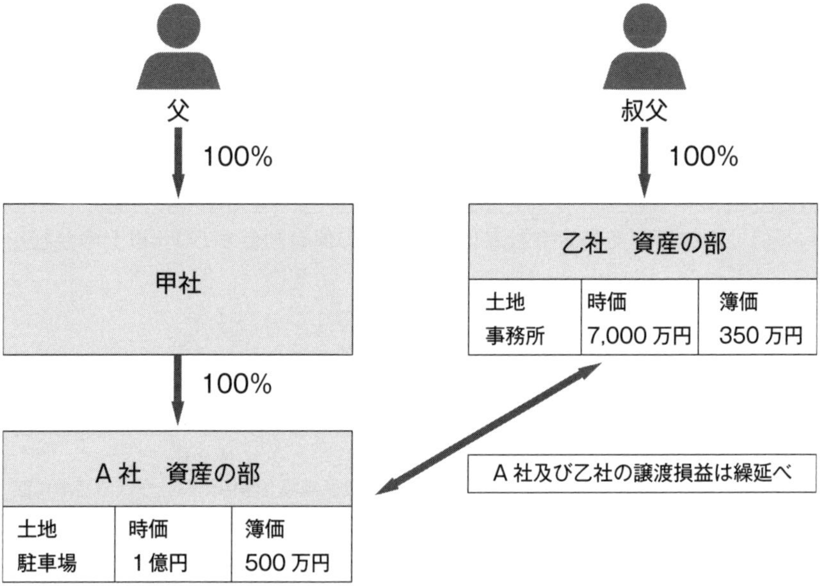

(1)　グループ法人税制による取扱い

グループ法人税制とは、完全支配関係のある法人間の譲渡損益調整資産の譲渡、寄附、配当、株式の発行法人への譲渡等について、税務上は、損益を認識しない仕組みをいいます。

ただし、寄附については、個人による完全支配関係の場合には通常の取扱いとなります。

完全支配関係とは、株主が個人の場合にはその個人との間に特殊の関係のある個人（親族等）を含みますので、甲社及びA社と乙社は、完全支配関係があることになります（**図表 3-13**）。

■図表 3-13　完全支配関係の事例

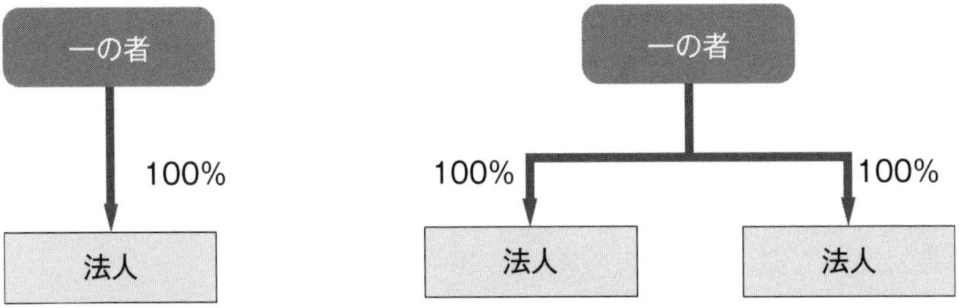

（注）一の者は、その者が個人の場合は、その者及びこれと特殊の関係のある個人をいう。

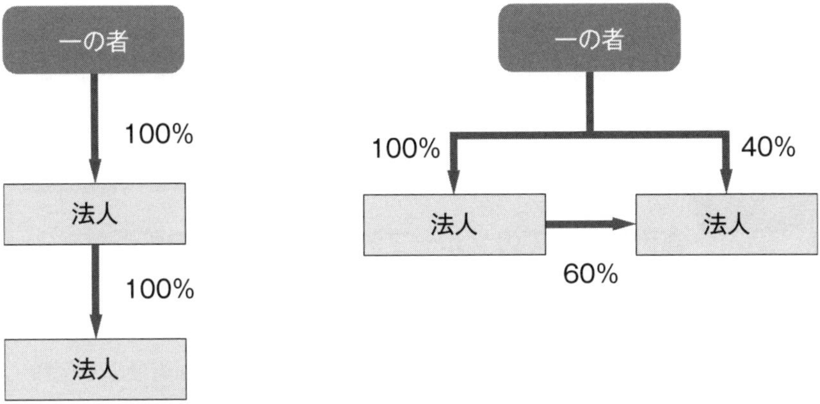

譲渡損益調整資産とは、固定資産、土地、売買目的有価証券以外の有価証券、金銭債権、繰延資産で帳簿価額が1,000万円以上の資産をいいます。

譲渡損益調整資産についての譲渡益は、譲り受けた会社が外部に譲渡損益調整資産を譲渡等するまでは繰り延べられますので、譲渡時点でのA社及び乙社の税負担はありません。

＜A 社の仕訳＞

（借）現預金	1億円	（貸）土地	500万円
		譲渡益	9,500万円

↓

益金不算入（課税の繰延べ）

（借）土地	7,000万円	（貸）現預金	7,000万円

＜乙社の仕訳＞

（借）土地	1億円	（貸）現預金	1億円
現預金	7,000万円	土地	350万円
		譲渡益	6,650万円

↓

益金不算入（課税の繰延べ）

この土地譲渡益については、購入した会社が、100％グループ外の他の法人や個人へその土地を譲渡した時など一定の譲渡損益の実現事由に該当した際には、各社の益金の額に算入されますのでご注意ください。

参考

寄附についてのグループ法人税制の適用の可否

上記によりA 社の乙社への土地の譲渡損益は、譲渡時には課税されずに繰り延べられますが、もし、A 社の乙社への譲渡対価が時価より低額な場合には、時価と対価の差額がA 社から乙社に対する寄附金とみなされてしまいます。

グループ法人税制での完全支配関係がある法人間の寄附金と受贈益の取扱いについては、寄附した法人は寄附金が全額損金不算入、寄附を受けた法人は受贈益が全額益金不算入となりますが、この取扱いは法人による完全支配関係がある場合に限ります。

本相談事例のA 社と乙社は個人（父親と叔父）による支配関係に当たりますので、この寄附金については、グループ法人税制の適用がありませんので、この場合のA 社の寄附金は寄附金限度額を超える部分が損金不算入、乙社が受ける受贈益は全額益金算入となる点ご注意ください。

■図表3-14　グループ法人間における寄附の取扱い

●法人による完全支配関係がある場合
➡寄附金についてグループ法人税制の適用あり

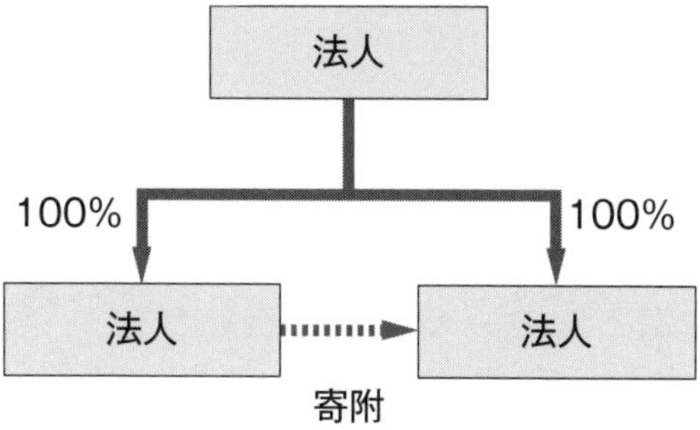

●個人による完全支配関係がある場合
➡寄附金についてグループ法人税制の適用なし

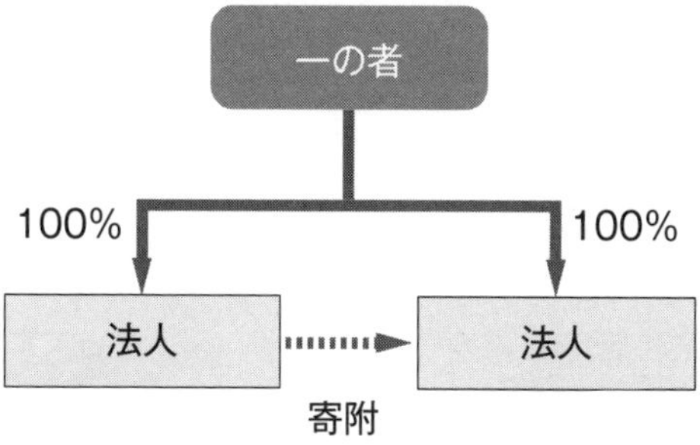

(2)　各社の株式の評価方法

甲社の株式評価は、総資産に占める株式（A社株式の評価額）の割合が50％以上となることから、株式等保有特定会社として、原則として純資産価額方式により評価します。

一般的には、純資産価額方式より類似業種比準価額方式の方が、株価は低い傾向にありますので、株価を引き下げるためには、甲社の総資産額に占める株式の価額の割合を引き下げる必要があります。

次に、A社の株式評価は、土地等の占める割合が90％以上のため、土地保有特定会社に該当し、純資産価額方式により評価します。

今回の叔父の提案によるA社と乙社の資産の組替えにより、A社の土地等の占める割合が90%未満となったため、一般の評価会社として、類似業種比準価額と純資産価額を50%で比準して評価することになりました。

＜算　式＞

類似業種比準価額× 0.50 ＋純資産価額× 0.50

その結果、甲社の株式評価は、総資産に占める株式（A社株式の評価額）が50%未満となり、一般の評価会社となり、類似業種比準価額による評価となりました。

＜算　式＞

類似業種比準価額＜純資産価額　∴類似業種比準価額

■図表 3-15　資産の組替え前後の各社の資産構成

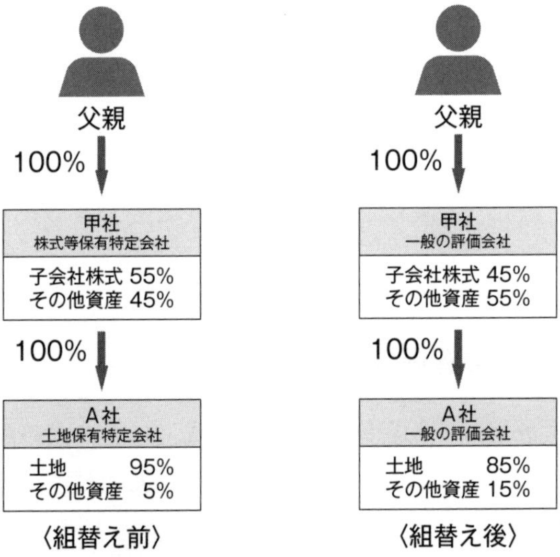

なお、評価会社が、株式等保有特定会社に該当する評価会社かどうかを判定する場合において、課税時期前において合理的な理由もなく評価会社の資産構成に変動があり、その変動が株式等保有特定会社に該当す

る評価会社と判定されることを免れるためのものと認められるときは、その変動はなかったものとして当該判定を行うものとされていますので、株式を移動する際は合理的な理由をもって行う点に注意する必要があります。

相談事例 10

親族外承継におけるグループ法人税制を活用した財産の移転

私（社長）には親族内後継者がおらず、将来的には親族外の自社役員に自社株を売却して会社を承継させることを検討しております。

グループ会社が複数あり、今後も手元に残したい法人や不動産もありますが、どのように株式及び不動産の整理を行っていったらよいものでしょうか？

私のグループ法人は３社あり、Ａ社は純粋持株会社、Ｂ社は当社グループの中核会社であり、地元では 30 年以上にわたり安定した建設事業を行っております。

Ｂ社は、不動産を保有していますが、その不動産を私の手元に残し、建設業としてのＢ社を後継者に譲りたいと考えています。

また、Ｃ社は建設業から派生した事業であり、余った建材を加工した木工玩具を EC サイトで販売しており、この事業は、私のライフワークとして続けていくつもりです。

ちなみに、Ｂ社におけるその不動産の帳簿価額は、土地建物合計で 5,000 万円程であり、Ｃ社株式の帳簿価額は設立時の出資額 100 万円です。

実務の最適解

現状、A社・B社・C社が、親・子・孫会社の関係になっています。

いずれも100%の株式を保有しているとのことですので、社長を一の者とする完全支配関係が生じていることになります。

単純に、後継者に渡したいB社株式を譲渡すると、B社が保有する不動産及びC社株式までもが移転してしまいます。不動産及びC社株式を社長の手元に買い戻す必要が生じ、二重にコストがかかります。

グループ法人税制の適用が可能な資本関係のうちに、保有する財産の移転を行い、最小限のコストの事業承継を検討していきます。

具体的には、次の手順で対応を進めます。

B社が保有する不動産をグループ法人税制を活用してA社に譲渡

↓

B社の保有するC社株式を適格現物分配によりA社に移転

↓

B社株式を親族外後継者に譲渡

なお、不動産の譲渡に伴ってB社においてグループ法人税制の活用により繰り延べられている譲渡損益については、B社株式が親族外後継者に譲渡された時点で実現することに気を付けなければいけません。

多額の譲渡益が想定されるようであれば、現社長の退任に伴う退職金の計上時期を検討するなど、併せて対策を検討することも必要です。

■図表3-16　親族外承継スキーム

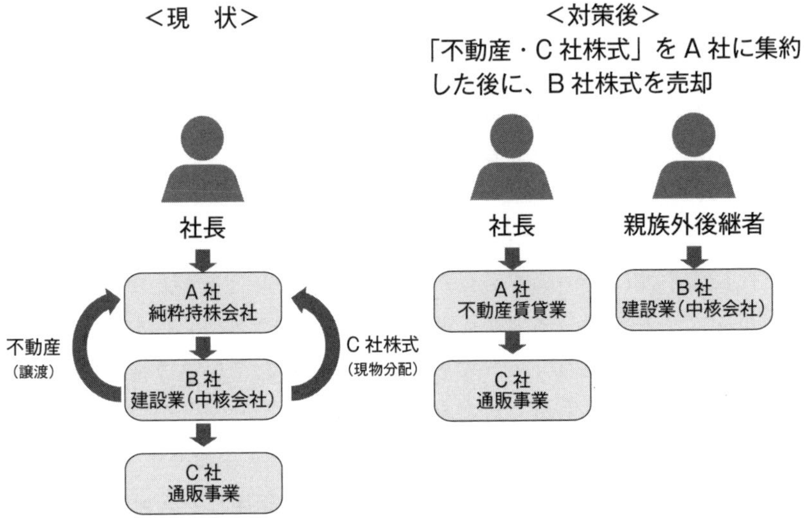

❶　グループ法人税制による譲渡損益の繰延べ

本相談事例においては、B社が保有している不動産をA社に譲渡しますが、通常、この譲渡により生じる売却損益は法人税の計算に影響を及ぼします。

しかし、グループ法人税制の適用を受けることにより、取引時点の売却損益を繰り延べることが可能となります。

法人がその所有する資産を移転する際には、譲渡もしくは贈与により資産を移転することになります。

法人税法上、その譲渡や贈与に際しての取引価格は時価とされており、その時価との差額は寄附金及び受贈益とされてしまう可能性があります。

また、ここでいうところの時価とは、第三者間で取引された場合に通常の取引価格とされています。

通常の取引価格と異なる金額で取引した場合の課税関係をまとめると**図表3-17**のようになります。

■図表 3-17　低額譲渡・高額譲渡の課税関係

●法人が、その法人所有の資産を他の法人に通常取引価額よりも低い金額で売却した場合

法人の課税関係	寄附金として、その法人の限度額を超える部分は損金不算入
相手法人の課税	受贈益

●法人が、その法人所有の資産を他の法人に通常取引価額よりも高い金額で売却した場合

法人の課税関係	受贈益
相手法人の課税	寄附金として、その法人の限度額を超える部分は損金不算入

前述のように、法人との取引においては、時価での取引が要請され、その取引により生じる売却損益については、その事業年度の課税所得の計算に取り込まれていくことになります。

一方、グループ法人税制においては、100％の資本関係にある内国法人間の取引については、その時点での課税は生じさせず、売却損益を繰り延べる取扱いとなっています。

その後、繰り延べられた損益については、譲渡・償却・除却等の事由が生じた場合、及び、完全支配関係がなくなった場合に、その繰り延べられていた損益が実現することになります。

譲渡損益の繰延べについては、内国法人がその有する譲渡損益調整資産を、その内国法人との間に完全支配関係がある他の内国法人に譲渡した場合は、利益が出たときはその譲渡益を損金の額に算入し、損失が出たときはその損失額を益金の額に算入することになり、譲渡時においては利益も損失も生じないようになっています。

よって、本相談事例においても、B 社所有の不動産について譲渡損益を生じさせることなく A 社に移転させることが可能となります。

ここで注意点は、すべての資産の売買がこの規定の適用になるわけではないという点です。

「譲渡損益調整資産」の取引に限定されていますので、その譲渡損益調整資産に該当しない資産の売却損益については、原則どおりの課税関係が生じます。譲渡損益調整資産に該当するものを表にまとめると、図表 3-18 のとおりです。

■図表 3-18　譲渡損益調整資産の範囲

範囲	固定資産、有価証券、金銭債権、繰延資産
	土地（土地の上に存する権利を含み、固定資産に該当するものを除く）
除かれるもの	範囲に記載の資産のうち、売買目的有価証券、譲渡直前簿価が 1,000 万円未満の資産は除く。
判定単位	1,000 万円の判定単位は次のとおり。
	建物＝ 1 棟ごと、機械装置＝ 1 台・1 機・1 組・1 式、土地＝ 1 筆、有価証券＝銘柄ごと

❷　適格現物分配による資産の移転

今回の事例においては、B 社が保有している不動産を A 社に譲渡しますが、グループ法人税制の適用を受けるため取引時点の課税を回避することができます。

また、B 社が保有している C 社株式についても同様に移転したいのですが、C 社株式についてはその税務上の帳簿価額が出資額の 100 万円となっており、1,000 万円未満の資産であるため譲渡損益調整資産には該当せず、グループ法人税制の適用を受けることができません。

完全支配関係のある法人間においては、譲渡損益調整資産による資産の移転のほかにも、適格現物分配によって資産を移転させることが可能です。

今回のケースでは、この適格現物分配の方法により C 社株式を A 社に移すことにしました。

適格現物分配とは、内国法人を現物分配法人とする現物分配のうち、その現物分配により資産の移転を受ける者がその現物分配の直前においてその内国法人との間に完全支配関係がある内国法人のみであるものとされており、その配当を受ける法人は、その全額が益金不算入として取り扱われます。

適格現物分配に際しての留意点を、現物分配法人（B社）及び被現物分配法人（A社）ごとにまとめると、**図表3-19**のとおりです。

■図表3-19　適格現物分配に際しての税務上の取扱い

現物分配法人（B社）
・移転資産について、帳簿価額による譲渡があったものとして所得金額を計算。
・株主に交付する資産の帳簿価額相当額の利益積立金額が減少。
・適格現物分配に係る剰余金の配当等は、源泉徴収が不要。
被現物分配法人（A社）
・適格現物分配による収益の額は益金の額に算入しない。
・交付を受けた資産の帳簿価額相当額の利益積立金額が増加。
・資産の取得価額＝適格現物分配直前の帳簿価額を引き継ぐ。

❸　B社株式を親族外後継者に譲渡

将来的には、現社長は、親族外後継者にB社株式を譲渡します。譲渡損益調整資産については、その繰り延べられた損益は、購入側（A社）での減価償却、除却等の事由に応じてB社においてその損益が実現していきます。

グループ法人税制による譲渡損益の繰延べは、完全支配関係の外に出たときは、その譲渡損益が実現することとされていますので、B社株式の譲渡時点で、B社において繰り延べた損益が残っているときには注意が必要です。

よって、Ｂ社株式が社長から親族外後継者に譲渡された段階で、Ｂ社は社長を一の者とする完全支配関係から外れることとなり、繰り延べられていた譲渡損益が実現します。

多額の譲渡益が繰り延べられていたような場合には、その譲渡益に対する対策も必要になります。

仮に、この譲渡のタイミングをもって現社長がＢ社経営に区切りを付けるのであれば、名実ともにそのＢ社事業からの退職の事実が求められますが、退職金の計上も有効な手段の１つになります。

第４章

資産管理会社・持株会社の活用

資産管理会社とは

資産管理会社とは、不動産や有価証券等の資産を所有している人が、その資産を管理することを目的として設立する法人をいいます。また、資産管理会社の中でも事業会社である子会社やグループ会社の株式の管理を目的とするものを持株会社といいます。

持株会社には、持株会社自身が事業を行う会社（事業持株会社）と事業を行わない会社（純粋持株会社）があります。

❶　資産管理会社の概要

(1)　一般的な資産管理会社

一般的な資産管理会社は不動産の所有・賃貸・管理や有価証券の運用等が中心と思われます。ここで、個人でこれらの資産を所有する場合と法人で所有する場合との主な相違点は、下記になります。

<効　果>

不動産や有価証券等からの利益を個人が受ける場合と資産管理会社を通じて受ける場合とでは以下のような相違（効果）があります。

①　税　　率

「個人」で課される所得税の最高税率は住民税と合計すると約56％となります。一方で、「法人」の場合の実効税率は約34％になります。

②　損益通算等

「個人」と「法人」とでは、損益通算と繰越控除に相違が発生します。「個人」の場合は、不動産所得の利益（不動産所得）と有価証券の損失（譲渡所得の損失）を損益通算することはできませんが、「法人」の場合は上記のような所得区分がなく、結果的に損益通算（利益と損失の相殺）が可能となります。

一方、繰越控除とは、その年に生じた損失を翌年以降に繰り越して、生じた利益と相殺していくことができる制度のことです。

また、繰越控除は個人でも認められていますが、最長3年間であるのに対し、法人は最長10年間まで可能です。

③ 相続対策

個人で資産を保有した場合、当然ですがその収入は本人のものとなり、その収入の蓄積は相続税の対象となります。

これに対し、資産管理会社を設立し、個人の収入をこの資産管理会社に移転できるような場合は、その収入を基に家族等を役員として役員報酬を支払うことも可能です（業務実態は必要となります）。そうすると、本人が得ていた収入を家族に分散させていくことが可能となり、一方、本人の収入の蓄積による相続税の増加を軽減することができます。

また、家族の収入が増加し生活も安定しますし、その収入を手元に残すことで将来的な相続税の納税準備にもなります。場合によっては退職金の支払いを行うことでそれを納税資金に充当することもあり得ます。

さらに、本人が多くの不動産や有価証券を所有し、相続人が複数の場合、かなりのケースでそれらの不動産等は分散し売却されてしまうことになります。しかし、資産管理会社が不動産等を所有しているような場合は、株式が相続財産となり上述したような不動産等の分散・売却は抑制されることになります。その結果、不動産等を相続後も維持する効果があります。

⑵ 資産管理会社の中での持株会社

一般的には、現経営者や後継者が出資して会社を設立し、その会社が現経営者の経営・保有する事業会社の株式（複数の会社の場合もあります）を買い取ることで、持株会社となり、事業承継を行うものです。既存の資産管理会社等を利用するケースもあります。

❷　事業承継と資産管理会社（持株会社）の関係

以下、資産管理会社の中でも持株会社（ホールディングス）について解説します。

⑴　持株会社（ホールディングス）化の効果

①　持株会社が株式を購入する場合、資金がないのが一般的であるためその資金を金融機関から借り入れます。そうすると、株式（資産）と借入（負債）が両建てとなるため、持株会社の株価は抑えられ、その状態で後継者へ承継できます。

(注)　現経営者は、株式を譲渡しますので、譲渡所得税がかかります。

また、後継者が持株会社に出資して設立した場合は、株式を移転した段階で承継することとなります。

②　持株会社の株式評価を純資産価額方式で行う場合、所有する株式（譲渡を受けた株式）の価額が上昇していくようなケースでは、その上昇分（含み益）に対して法人税等相当額（現行37％）の控除が適用されるため、現経営者が株式をそのまま所有するよりも株式上昇に対応できます。

③　持株会社へ株式を譲渡して現金にすると、現経営者の個人資産はその後の株式評価上昇による影響を受けないことになります。

また、換金しにくい自社株を現金化することで、納税資金の準備、将来の相続の際の遺産分割資金を準備できます。

⑵　持株会社（ホールディングス）化の留意点

①　株式を譲渡する側には、譲渡所得に対して20.315％の所得税・住民税が課税されます（相続や贈与であれば、財産を受け取る側が課税されます）。

②　持株会社（ホールディングス）への株式譲渡では、持株会社（ホールディングス）が株式を買い入れる際に資金を調達する必要がありま

す。銀行から借入れする場合は、多額の負債となり、元本の返済のほか、利息の支払いが負担となることもあります。

持株会社（ホールディングス）で事業を行っていたり、子会社の経営状況が良く十分な配当金を受け取れる状態であれば問題ありませんが、そうでない場合は注意が必要です。

③ 節税のみを目的にし、合理性のない持株会社（ホールディングス）の設立は課税当局が問題とするケースがあります。

(3) 持株会社（ホールディングス）化を活用した事業承継

経営者が持株会社Ｂを設立し、その持株会社Ｂが経営者（他の株主がいればそれらの株主からも）Ａ社の株式を集約して完全子会社化するなどして、Ａ社の支配権を獲得します。その後、事業承継を実行するタイミングで持株会社Ｂの株式を後継者に承継します。

後継者は持株会社Ｂを通じＡ社の経営支配が可能になります（**図表4-1**）。

なお、はじめから後継者が出資して持株会社Ｂを設立し、株式の集約を進めるというケースもあります。

■図表 4-1　ホールディングス化のイメージ

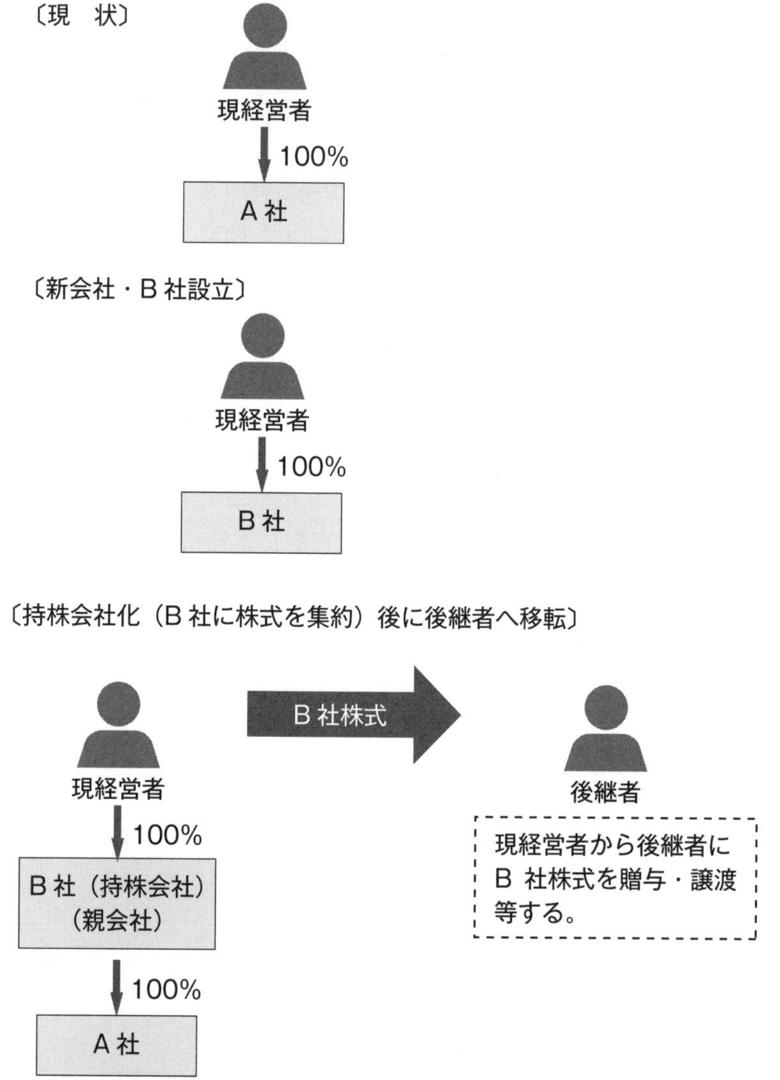

（注）現経営者が A 社株式を B 社（持株会社）に譲渡するケース・株式交換によるケースがあります。

相談事例 11

資産管理会社の経営が有効なケース

私は65歳、代々の地主で不動産賃貸業を営んでいます。

毎年の所得税・住民税などの税金の負担が重く、節税の方法はないでしょうか。

将来、私に相続が起きたときの相続税も心配です。

そろそろ次の世代に不動産賃貸業を引き継ぐ準備も始めたいと思っています。

法人を使って対策ができるでしょうか。

＜家族関係＞

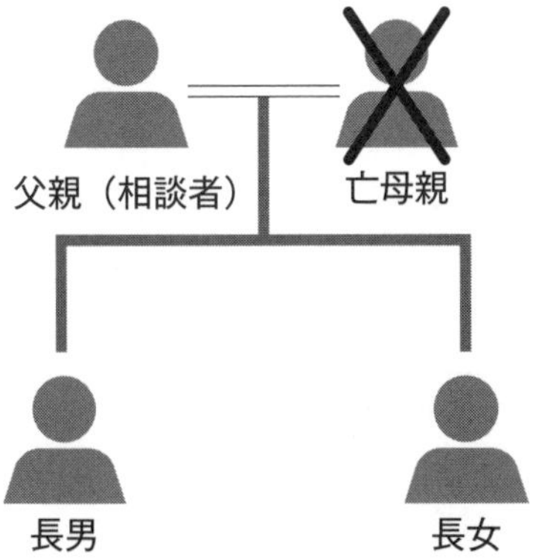

・保有財産

種類	相続税評価
アパート敷地※	7,900 万円
自宅・駐車場	9 億 2,100 万円
アパート建物	1,000 万円
預貯金	2 億円
財産合計	12 億 1,000 万円

不動産所得：年 2,000 万円

※貸家建付地の評価

実務の最適解

❶　法人を活用しないときの問題点

不動産をオーナー個人で所有していると、不動産から生じる所得が不動産オーナーに集中します。所得税は超過累進税率のため、高い税率で所得税が課税されます。

また、税引き後の所得が不動産オーナーに年々蓄積していくので、将来相続が発生すると、この長年にわたって蓄積した所得が相続財産となって高い相続税が課税されることになります。

❷　法人活用の具体的な手法

上記のような課題に対応するためには、法人を活用することが考えられます。

不動産オーナーに帰属していた不動産所得を法人に移転し、この移転した所得を原資として、法人役員である家族に役員報酬を支給します。

法人を介して、不動産オーナーに集中していた不動産所得を家族に分散していきます。

役員報酬は所得税・住民税の計算上、所得の種類が給与所得になるので給与所得控除という「みなし経費」を控除することができます。

所得の分散と給与所得控除により、超過累進税率である所得税の税率が下がり、家族全体としての税負担が軽減されます。

また、推定相続人である家族に役員報酬を支給することで、将来の相続税納税資金の備えにもなります。不動産オーナーに所得が蓄積することも回避されるので、将来の相続財産を減らす効果もあります。相続発生までの時間が長いほど、その効果は大きくなります。

(1)　法人の運営形態

不動産管理会社の運営形態は、以下の３種類があります。

①　３つの方式

(イ)　管理委託方式

不動産はオーナーが所有したままで、募集契約・入退去業務、賃料の集金・オーナーへの送金業務等の管理業務を法人に委託して、管理料を法人に支払う形態です。

高額な管理料は過去に税務調査で指摘された事例も多く、近隣の不動産管理会社の相場を参考にするなど、管理料の設定には注意が必要です。一般的な管理料の相場は家賃収入の3〜8%とされています。

法人化を実行しやすい形態ですが、法人に移転できる所得が少なく、効果は限定的となります。

相続税の評価は、現状と同じ貸家建付地となります。

■図表4-2　管理委託方式のイメージ

⑵ 一括転貸方式

不動産は不動産オーナーが所有したままですが、法人が物件を一括して借り上げ、第三者である各賃借人へ転貸します。法人は入居状況にかかわらず、毎月一定額の賃料を不動産オーナーに支払います。法人は物件の管理業務のすべてを行い、空室リスクも負うのでその分、転貸賃料を低く設定します。各賃借人からの賃料収入と不動産オーナーへ支払う転貸賃料との差額が、法人に移転する収入となります。一般的には満室賃料の85%～90%が転貸賃料とされています。

管理委託方式より法人に移転できる所得は多くなりますが、転貸賃料も課税当局からの否認事例が多く、市中の業者の相場を参考にするなど慎重に決める必要があります。

相続税の評価においては、法人の一括借上げとなりますので、空室があっても賃貸割合100%として貸家建付地の評価となります。

■図表 4-3　一括転貸方式のイメージ

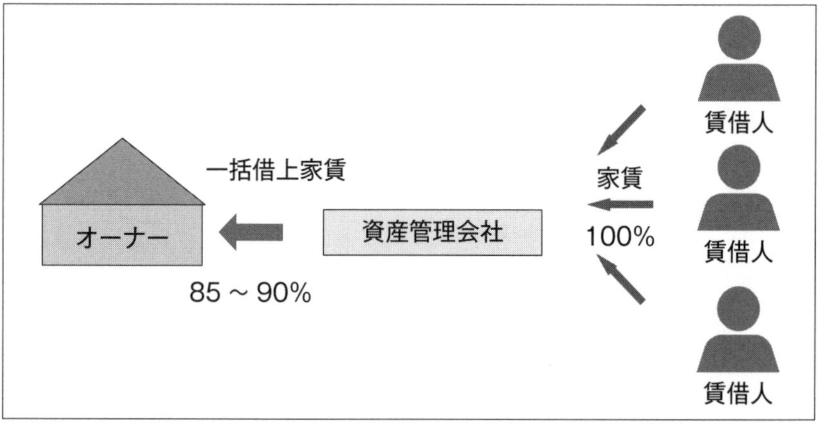

⑶ 所有型方式

賃貸建物を法人に譲渡等することにより法人が所有者となり、賃貸収入のすべてを法人に移転する形態です。

管理委託方式、一括転貸方式と比べ法人に移転できる所得が大きく法人化の効果が最も大きくなります。建物の所有者自体が法人となるので、課税当局とのトラブルも少ない形態です。

個人所有の賃貸建物を法人が買い取る方式と、法人が賃貸建物を建築する方式があります。いずれも法人に資金が必要となるため、金融機関等やオーナーから借り入れるなどの方法により資金を調達します。

所有型法人の場合、不動産オーナーが高齢となった場合でも、法人が修繕、入居者の募集・契約といった業務を行うので、賃貸経営が滞る心配が生じません。

不動産オーナーに相続が発生しても、賃料収入は貸主である法人の口座に入金しているので、貸主の変更や口座の凍結といったこともなく、承継をスムーズに行うことができます（**図表4-4**）。

② 初期コスト

個人所有の建物を法人に譲渡する場合、以下の初期コストがかかります。

(イ) 不動産オーナーに発生するコスト

建物の売主である不動産オーナーには、以下のコストが発生します。

ⓐ 譲 渡 税

その年１月１日において売却する建物の所有期間が５年超の場合は、下記の算式で計算した所得税・住民税が発生します。

■図表4-4 所有型方式のイメージ

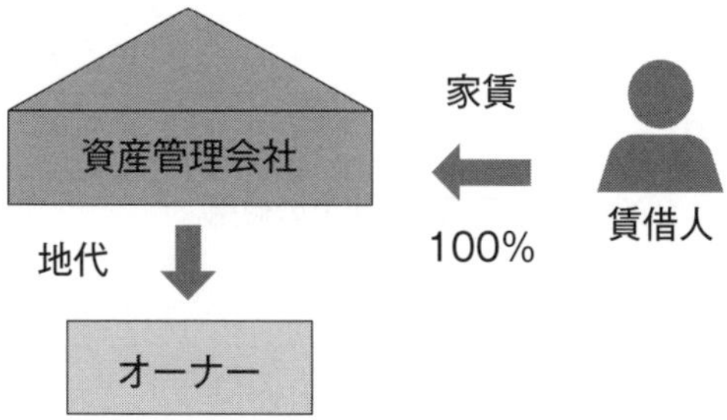

＜算　式＞

売却収入－｛取得費（帳簿価額）＋譲渡費用｝× 20.315％

（注）　相続発生後３年10か月以内に譲渡した場合には、相続税額を取得費に加算する特例を使うことができます。

ⓑ　消 費 税

課税事業者の場合、建物売却収入が課税売上げに該当し、課税方法により以下の消費税がかかります。

(i)　原則課税……売却収入× 10％

(ii)　簡易課税……売却収入× 10％× 40％（第四種事業のみなし仕入率60％が適用）

(iii)　免税事業者の場合には消費税の負担は生じません。

（注）　いずれの場合も基準期間の課税売上げに建物売却収入が算入されるため、２年後の納税義務、課税方式に影響する可能性があります。

ⓒ　契約書の印紙税➡図表4-5参照

ⓓ　違 約 金

固定金利の借入金があった場合には、違約金が生じます。

■図表4-5　印紙税

契約金額	本則税率	軽減税率
500万円以下のもの	2,000円	1,000円
1,000万円以下のもの	１万円	5,000円
5,000万円以下のもの	２万円	１万円
１億円以下のもの	６万円	３万円
５億円以下のもの	10万円	６万円

（注）　軽減税率は2022年３月31日までの適用

(ロ)　法人に発生するコスト

買主である法人には、以下のコストが発生します。

なお、購入した建物の事業内容によっては、建物に係る消費税の還付を受けることができる場合があります。

ⓐ　建物の不動産取得税

・店舗等の非住宅……固定資産税評価額×4%

・アパート等の住宅……固定資産税評価額×3%

ⓑ　建物の登記費用

固定資産税評価額×2%＋司法書士報酬

ⓒ　契約書の印紙税

ⓓ　オーナーに支払う地代

土地は建物と比べ時価が高くなることが多く、法人に多額の資金が必要となる等の理由から、一般的にオーナー所有のままとします。法人と不動産オーナーの間で土地賃貸借契約を締結し、法人から地代を払います。借地権の認定課税を避けるため「土地の無償返還の届出」を税務署に提出します。

その場合、相続税の評価は貸宅地として更地評価×80%になります。

③　法人の運営形態による土地の評価方法

管理委託方式、一括転貸方式、所有型方式といった法人の運営形態により、建物の敷地である土地の評価は、**図表4-6**のように異なります。

■図表4-6　運営形態と評価方法

運営形態	利用区分	評価方法
管理委託方式	貸家建付地	更地評価×（1－借地権割合×借家権割合×賃貸割合）
一括転貸方式	貸家建付地	更地評価×｛1－借地権割合×借家権割合×賃貸割合（100%）｝
所有型方式（土地の無償返還の届出あり）	貸宅地	更地評価×80%

いずれも「小規模宅地等の減額特例」の「貸付事業用の宅地等」として、200 m^2 まで50%減額して相続税の申告をすることができるケースがあります。

⑵　法人化スキームによる課題の具体的な解決

次の事例で、法人化の効果を具体的に確認していきます。

＜前提条件＞

・所有型法人設立 ・アパート建物を法人に時価 1,000 万円で売却 ・不動産所得 2,000 万円のうち 1,000 万円を法人に移転 社長：長男 長男に役員報酬　年 360 万円支給 **（注）** 所得控除は基礎控除のみとし、社会保険料は考慮していません。

① 所得からみた比較

(イ) 法人化前

・不動産オーナーの所得税・住民税

(2,000 万円 − 48 万円（基礎控除）) × 50.840% − 285 万 4,716 円

= 706 万 9,200 円

■図表 4-7　法人化前のオーナーの税負担

法人化前	
不動産オーナー	
不動産所得	2,000 万円
所得控除	△ 48 万円
課税所得	1,952 万円
所得税・住民税	707 万円

(ロ) 法人化後

ⓐ 不動産オーナーに係る所得税・住民税

(1,000 万円 − 48 万円（基礎控除）) × 43.693% − 156 万 8,256 円

= 259 万 1,300 円

ⓑ 法人に係る法人税等

400万円×21.37%＋｛(1,000万円－360万円)－400万円｝×23.17%
＝141万800円

ⓒ　長男に係る所得税・住民税

(360万円－116万円（給与所得控除）－48万円（基礎控除))×20.210%－9万9,548円＝29万6,500円

・法人化後税金合計

ⓐ＋ⓑ＋ⓒ＝429万8,600円

■図表 4-8　法人化後のオーナー家の税負担

法人化後					
不動産オーナー		不動産管理法人		長男	
不動産所得	1,000万円	移転所得	1,000万円	役員報酬	360万円
所得控除	△48万円	役員報酬	△360万円	給与所得控除	△116万円
				給与所得	244万円
				所得控除	△48万円
課税所得	952万円	課税所得	640万円	課税所得	196万円
所得税・住民税	259万円	法人税等	141万円	所得税・住民税	29万円

不動産オーナー・不動産管理法人・長男　税金合計	429万円

(ハ)　法人化による所得税等の変化

(ロ)－(イ)＝277万600円

② 財産評価からみた比較

● 20年後に不動産オーナーである父親に相続が発生した場合

・保有財産

種類	相続税評価
アパート敷地※	8,000万円
自宅・駐車場	9億2,100万円
アパート売却代金	1,000万円
預貯金	2億円
財産合計	12億1,100万円

※貸宅地の評価（無償返還届出あり）
1億円×0.8＝8,000万円
（注）生活費等は考慮していません。

(イ) 法人化前

不動産所得から所得税・住民税を控除した不動産オーナーの税引後所得は、年1,293万800円となります。不動産オーナーの相続が20年後に発生した場合、20年間に2億5,861万円蓄積され、これが相続財産となります（**図表4-9**）。

(ロ) 法人化後

不動産所得1,000万円を法人に移転したため不動産オーナーの税引後所得は、年740万8,700円となります。20年後の不動産オーナーの相続発生までに蓄積される財産は1億4,817万円となり、法人化前より1億1,044万円減少します（**図表4-10**）。

・法人化による相続税の比較

Ⓐ－Ⓑ＝6,019万円

不動産オーナーの相続が発生するまでに、長男には20年分の税引後所得6,607万円が貯まります。360万円×20年＝7,200万円を所得税・住民税の税率20.210％、相続税率0％で不動産オーナーから長男に移転できたことになります（**図表4-11**）。

■図表 4-9　法人化しない場合の相続税負担

・相続財産となる税引後所得

不動産所得	2,000 万円
所得税・住民税	706 万 9,200 円
差引税引後所得／年	1,293 万 800 円
20 年分の税引後所得	2 億 5,861 万円

・相続税の計算

	内訳	相続税評価
課税財産	アパート敷地	7,900 万円
	自宅・駐車場	9 億 2,100 万円
	アパート建物	1,000 万円
	預貯金	2 億円
	20 年分の税引後所得	2 億 5,861 万円
課税価格		14 億 6,861 万円
相続税の総額		Ⓐ 6 億 4,063 万円

■図表 4-10　法人化した場合の相続税負担

・相続財産となる税引後所得

不動産所得	1,000 万円
所得税・住民税	259 万 1,300 円
差引税引後所得／年	740 万 8,700 円
20 年分の税引後所得	1 億 4,817 万円

・相続税の計算

	内訳	相続税評価
課税財産	アパート敷地	8,000 万円
	自宅・駐車場	9 億 2,100 万円
	アパート売却代金	1,000 万円
	預貯金	2 億円
	20 年分の税引後所得	1 億 4,817 万円
課税価格		13 億 5,917 万円
相続税の総額		Ⓑ 5 億 8,044 万円

■図表 4-11　相続発生時の長男の税引後所得

給与収入	360 万円
所得税・住民税	29 万 6,500 円
差引税引後所得／年	330 万 3,500 円
20 年分の税引後所得	6,607 万円

(3)　法人化の判断基準

所得に応じた税率を所得税・住民税と法人税等で比較すると、**図表 4-12** のようになります。所得が 330 万円を超えると、法人の税率の方が低くなる傾向があり、900 万円を超えると所得税・住民税と法人税の税率の差が 10%超となります。

■図表 4-12　資産管理会社設立（所得税等と法人税等の税率）

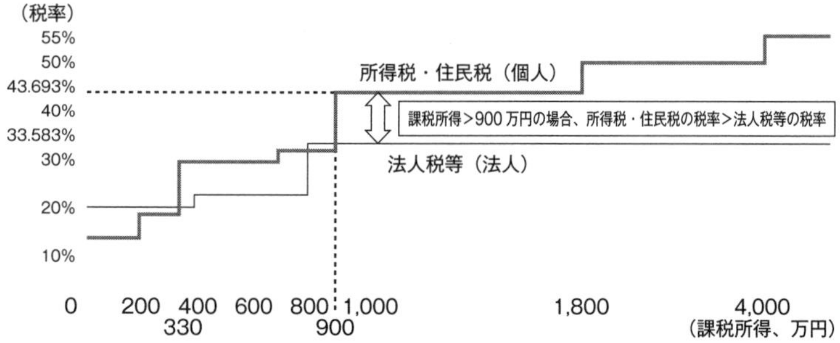

◆所得税・住民税額速算表

課税所得	税率	控除額
195 万円以下	15.105%	0 円
195 万円超 330 万円以下	20.210%	99,548 円
330 万円超 695 万円以下	30.420%	436,478 円
695 万円超 900 万円以下	33.483%	649.356 円
900 万円超 1,800 万円以下	43.693%	1,568,256 円
1,800 万円超 4,000 万円以下	50.840%	2,854,716 円
4,000 万円超	55.945%	4,896,716 円

※個人は H25 年から R19 年まで（25 年間）の各年分の所得税額に対して、時限的に 2.1%の復興特別所得税が課される。

◆法人税等の実効税率

課税所得	税率
400 万円以下	21.366%
400 万円超　800 万円以下	23.173%
800 万円超	33.583%

※期末資本金 1 億円以下の普通法人
※法人住民税の適用税率は標準税率（17.3%）で試算。
※開始事業年度 R2.4.1～R3.3.31 のケースを記載。

法人化は設立費用など初期コストがかかることを考慮すると、税率の差が大きい所得規模の方が節税効果は大きくなります。

今回のケースでは所得税・住民税の税率が50.840％と高く、法人税との税率の差が27.67％以上あるため、資産管理会社の活用により、大きな節税効果が見込めます。

また、不動産オーナーの相続までも十分時間があるので、所得を法人、長男に分散したことによる相続財産の圧縮効果も期待できます。

(4) 不動産オーナーに相続が発生した場合の法人の活用

① 死亡退職金・弔慰金の支給

法人の役員が死亡退職した場合には、遺族に死亡退職金と弔慰金を法人から支払うことができます。

(注) 事例では不動産オーナーに役員報酬を支給していませんが、退職金・弔慰金を支払うには、亡くなった時点で不動産オーナーが役員報酬の支給を受けていることが前提となります。

(イ) 法人の取扱い

株主総会等の決議で役員の従事期間、功績に照らして決定された適正な退職金は法人の経費になります。

また、弔慰金として社会通念上一般的とされる金額を支払ったときも、福利厚生費として法人の経費になります。

(ロ) 遺族の取扱い

亡くなってから3年以内に金額が決定した死亡退職金は、相続税の課税の対象となりますが、相続人である遺族が受け取った死亡退職金については非課税枠（500万円×相続人の数）が設けられています。

また、弔慰金についても、亡くなったときの給与月額×半年（業務上の死亡のときは3年）に相当する金額までは相続税がかかりません。

② 相続した不動産を法人に売却

法人を活用して相続税納税資金対策を行うこともできます。相続で取得した不動産を相続人が法人に売却し、法人から支払いを受けた売却代金を相続税の納税資金に充てます。

法人に取得資金がないときは金融機関から融資を受けて調達します。

この融資に係る利息は法人の経費になります。なお、個人で相続税納税資金として融資を受けた場合には、その利息は経費になりません。

売主である相続人には、相続税とは別に譲渡所得税が課税されます。不動産オーナーの相続発生後3年10か月以内に相続財産を売却したときは、譲渡所得税の計算上、売却した不動産に係る相続税相当額を取得費に加算できる特例（相続税額を取得費に加算する特例）の適用を受けられます。

③　相続した株式を法人に売却

不動産管理会社の株式を相続した場合には、相続人がその株式を会社に売却し、売却代金を相続税の納税資金に充てる方法もとれます。

不動産オーナーの相続発生後3年10か月以内に売却したときは、相続人の所得税の計算上、売却利益のうち出資に対応する部分以外も出資の売却とみなして、「株式等に係る譲渡所得」として計算する特例（譲渡対価の全額を譲渡所得の収入金額とする特例）の適用が受けられます。併せて上記②の相続税額を取得費に加算する特例の適用も受けられます。

この結果、法人を活用することで、所得税対策と相続税対策、円滑な事業の承継を行うことができます。

参　考

株式会社と合同会社の比較

資産管理会社として設立する場合、株式会社又は合同会社を採用することが一般的です。株式会社は「所有者（出資者）」と「経営者（役員）」を分離して考えるため、株主を配偶者や子、役員を不動産オーナーと子にするなど、別の人物にすることもできます。一方、合同会社は出資者と経営者を分離せず、同じ人物が行うことを前提にした法人の形態です。

合同会社とは、平成18年5月1日に施行された会社法が新たに設けた会社形態で、アメリカのLimited Liability Companyをモデルとして日本版LLCといわれることがあります。年々合同会社の設立件数は増えていますが、株式会社と比べるとまだ知名度が低いです。

資産管理会社は不動産から生じる収益を年々蓄積していくため、株価は一般的に上昇していきます。

そのため不動産オーナーの相続対策の観点からは、次世代の家族が出資者になるのが望ましいとされています。

所有型法人の場合、建物を法人に移転してから３年を経過すると、株価の計算上、建物の評価額が固定資産税評価額となるため、株価が大きく下がることがあります。

不動産オーナーが出資した場合でも、このタイミングで推定相続人に持分を贈与すれば、税金の負担を抑えて承継することができます。

◆３年経過後の相続税評価額

取得後３年間		取得後３年経過後
建物 1億9,000円	➡	建物 7,000万円 1億円×（1－借家権割合0.3） ＝7,000万円

法人への出資を通じて、次世代が賃貸経営の後継者としての自覚を持つきっかけになることもあります。

⑴　設立費用

＜株式会社設立に係る費用＞

登録免許税等の費用の合計（最低20万2,000円）と司法書士報酬などが必要となります。

定款に貼る収入印紙代	4万円（電子定款を選択すれば不要）
定款の認証手数料	5万円
定款の謄本手数料	2,000円
設立に係る登録免許税	15万円～ （資本金の0.7%か15万円かいずれか高い金額）

＜合同会社設立に係る費用＞

登録免許税の費用（最低６万円）と司法書士報酬などが必要となります。

定款に貼る収入印紙代	４万円（電子定款を選択すれば不要）
設立に係る登録免許税	６万円～ （資本金の 0.7%か６万円かいずれか高い金額）

⑵　相続時における合同会社の留意事項

合同会社の社員は死亡により退社することになります(会社法 607 ①三)。原則として相続人は社員となることができず持分の払戻請求権を相続し、1 名社員の合同会社は解散することになります（会社法 641 ①四)。

出資持分の払戻請求権の評価額＝相続税評価額による純資産価額（資産合計－負債合計）×持分割合

１名社員の合同会社の場合は、定款に相続人などに持分を承継させる旨を記載することにより解散を回避する特例があります（会社法 608)。

＜定款の記載例＞

「社員が死亡した場合には、当該社員の相続人その他の相続承継人が当該社員の持分を承継することができる。」

また、相続人が複数名いるときは、社員となる人を遺産分割協議で決めるため、あらかじめ遺言書を書いておいた方がよいかもしれません。

株式会社と合同会社の主な違いは下記のとおりです。

	株式会社	合同会社
設立費用	最低 20 万円	最低６万円
法人税	課税あり	課税あり
議決権	出資額に応じた割合	１人につき１議決権
役員任期	最長 10 年	ない
利益の配当	株式数に応じて配分	自由
出資の相続	相続人が相続	定款に定めれば相続人が相続

相談事例 12

持株会社の設立による事業承継

私が出資して設立した会社を息子に譲ろうと考えています。

知人から、なるべくコストをかけないで事業を引き継がせる持株会社方式というやり方があると聞いたのですが、それは具体的にどのような方法でしょうか。

また、留意点について合わせて教えてください。

実務の最適解

現状のまま相続が発生した場合には、現経営者の保有する株式が後継者以外の他の相続人に分散する可能性があります。

また、生前に事業を承継する場合にも後継者に株式の買取資金などが必要になります。

❶　持株会社方式による事業承継の手順

まず後継者（子）が新しく会社を設立し、その会社が金融機関から融資を受け、現経営者（親）から既存の事業会社の株式を買い取ります。

新会社は事業会社からの配当を原資に金融機関に借入返済します。この新会社による承継スキームは事業承継型MBO（マネジメント・バイ・アウト）といわれることがあります（図表4-13）。

なお、他に持株会社を設立する方法として、分社型分割で子会社を設立するいわゆる「抜け殻方式」や「株式移転」で親会社を新規に設立する方法があります（**図表 4-14**）。

配当の計算期間を通じて100％関係である子会社からの配当は全額益金不算入となり法人税等は課税されません（**図表 4-15**）。

このスキームにより現経営者が保有する株式を他の相続人に分散させずに後継者に引き継ぐことができます。

なお、現経営者（親）が新会社を設立した後、事業承継を実行するタイミングで持株会社の株式を後継者（子）が購入するパターンもあります。

■図表 4-13　新会社による承継スキーム

①　後継者（子）が出資して新会社を設立

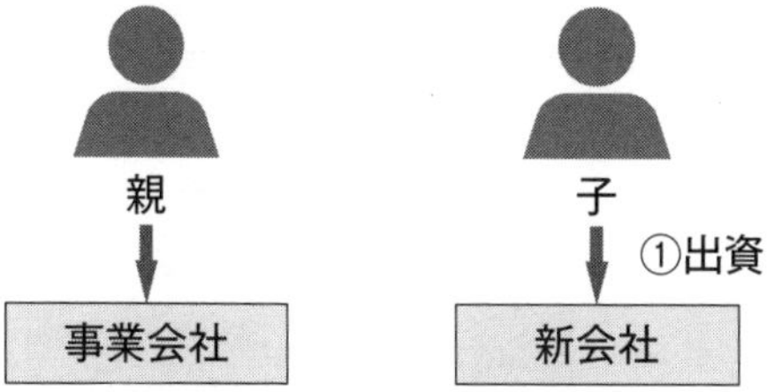

②　金融機関からの融資

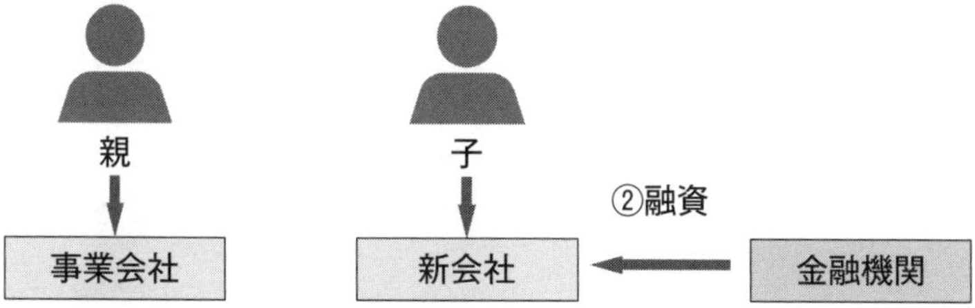

③　現経営者（親）が株式を新会社に譲渡

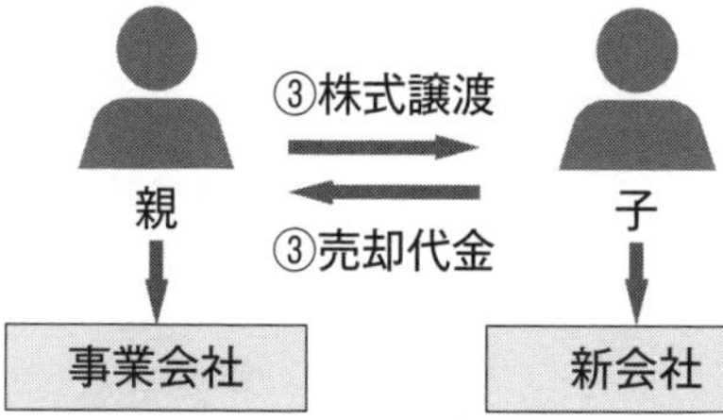

④　新会社が事業会社からの配当を原資に金融機関に借入返済

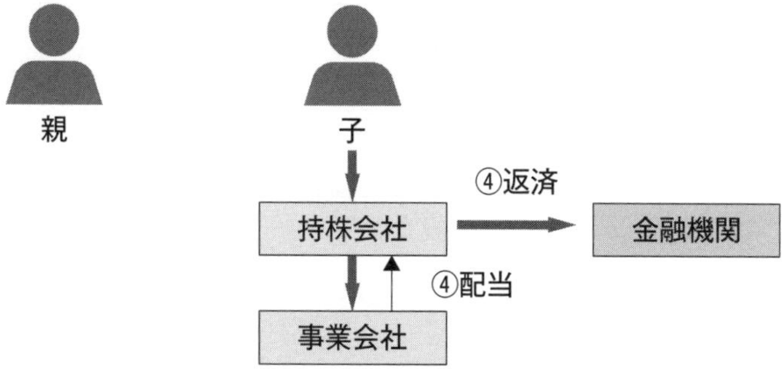

■図表 4-14　抜け殻方式と株式移転のイメージ

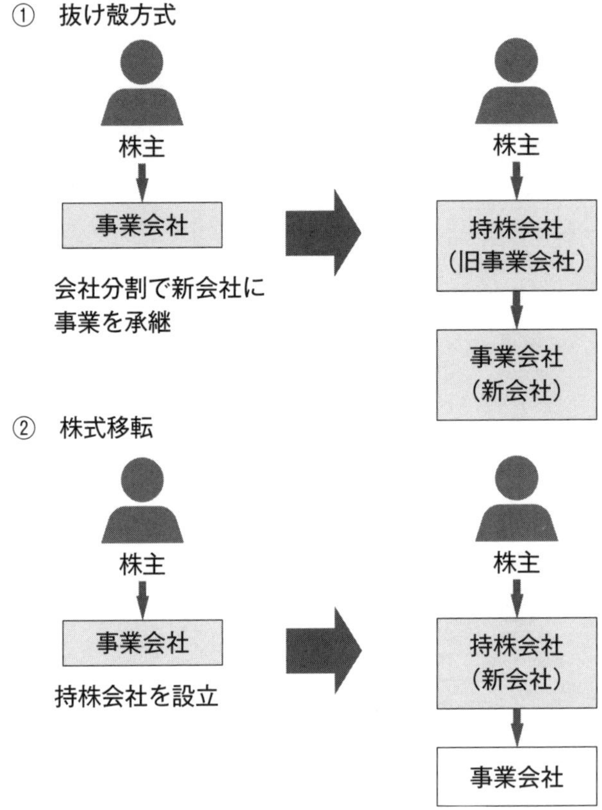

■図表 4-15　配当の益金不算入

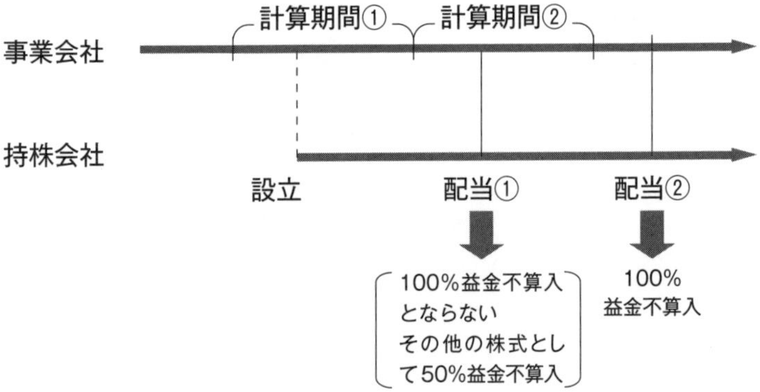

❷　持株会社を活用する税務上のメリット

持株会社の株式を純資産価額方式で評価するとき、子会社である事業会社の株式の時価と簿価の差額である含み益部分については法人税等相当額として37%が控除されます（**図表4-16**）。

事業会社が高収益体質である場合や持株会社を設立してから評価時ま

■図表4-16　法人税等相当額の37%控除

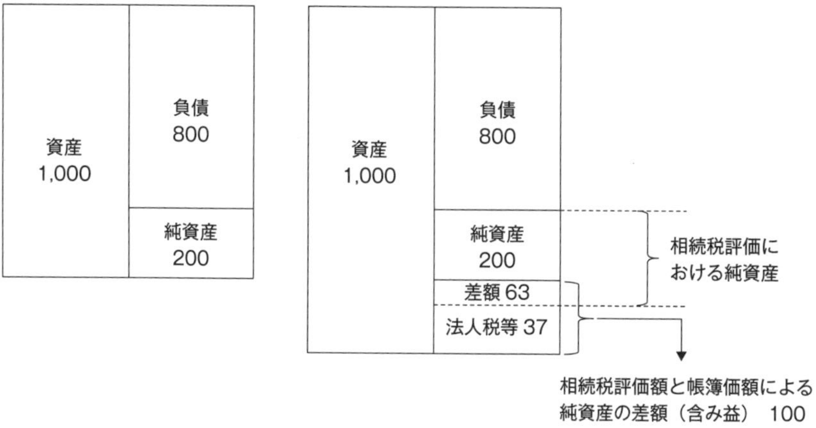

■図表4-17　株価の上昇抑制効果

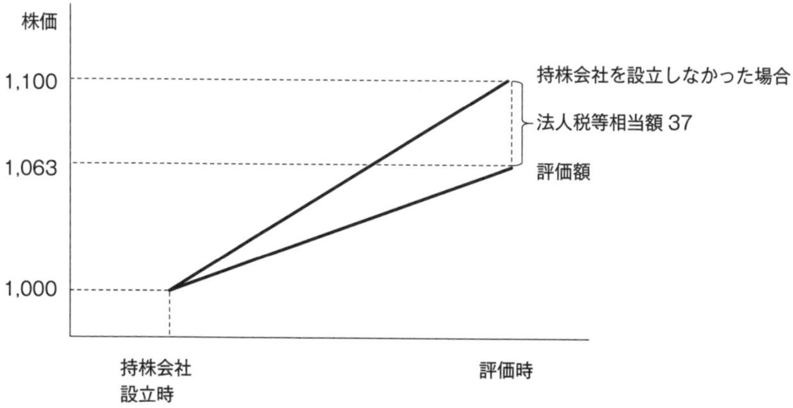

でが長期間である場合は、持株会社の株価の上昇抑制効果があります（図表 4-17）。

また、持株会社が開業後３年未満の会社や株式等保有特定会社等の純資産価額方式を強制される会社に該当しない場合には、時価純資産価額方式よりも低い類似業種比準方式を加味することにより株式の評価が引き下がる可能性があります。

❸ 留意事項

現経営者は株式の売却に当たり、譲渡税を納付する必要があります。譲渡税は、売却対価が当初の出資金額を超える部分について所得税、復興特別所得税及び住民税合計で 20.315％の税率で発生します。

また、売却対価から譲渡を納付した後のまとまった資金が残りますが、その資金が老後の生活資金になる反面将来の相続財産になるため、今後の相続対策が別途必要になります。

金融機関から融資を受けるため新会社の設立費用以外の事業承継コストはかからないケースが多いですが、借入利息は発生します。なお、借入れの返済原資は事業会社からの配当を前提とすることが多いです。そのため事業会社の業績が悪化した場合には返済が困難になることがあります。

相談事例 13

資産管理会社の設立が今は不要なケース

父親は現在 90 歳で、数年前に収益物件を複数購入しています。

高齢者が収益物件を複数所有している場合、法人を設立した方が節税になることがあると聞きました。

父親は、法人を設立した方がよいのでしょうか。

実務の最適解

相続が比較的近い高齢者の場合には、法人を設立して対策をすると逆効果になるおそれがあります。

ここでは、法人を設立したことによるデメリットと検討課題を紹介します。

まずは、事前にしっかりシミュレーションをし、本当に節税効果があるかどうかを検証しなくてはなりません。

本相談事例の場合、収益物件を個人で購入することにより、短い時間で非常に大きな相続税の節税効果を得ています。法人を設立することにより、却ってその効果が薄れてしまう恐れがありますので、あまりお勧めできません。

本相談事例では、父親は個人で物件を所有したままにし、相続開始後に相続人が資産管理会社を設立する方が、いろいろな活用法が出てきます。

❶ 法人設立によるデメリット

(1) 一定のコストがかかる

法人を設立することにより、下記のような最低限必要なコストがかかってきますので、これらのコスト以上の効果を得られなければなりません。

① 会社の設立費用がかかる

株式会社は最低20万円、合同会社は最低6万円かかります。

② 法人の経理作業が増え、煩雑になる

法人を設立したら、まずは、税務署や都道府県税事務所、市役所などに設立届等を提出しなければなりません。また、決算ごとに法人税などの申告手続が必要になります。

法人の税務手続は、個人事業主の手続よりも、より煩雑になってきます。税理士に申告手続の依頼をすれば、それだけコストの負担も増えてきます。

③ 赤字の場合でも、税負担（均等割）がある

会社が赤字であれば、基本的に法人税はかからないのですが、赤字であっても毎年負担しなければならない税金が、法人住民税の均等割です。均等割は、事業所の所在地や従業員の数に応じて課税されます。

④ 社会保険の強制加入による負担

法人を設立した場合、たった1人だけの会社であっても、社会保険に加入する必要があります（役員報酬が0円の場合は加入できません）。

個人で支払っていた国民健康保険が健康保険に、国民年金が厚生年金保険に切り替わり、この社会保険料の費用負担は、会社と個人で折半になります。

(2) 所得税等の税率が法人税等の税率よりも低い場合

資産管理会社を設立することによる節税効果は、所得税と法人税の税率の差異を利用することにより得られます。ですから、所得税率が法人税率よりも低い場合には、資産管理会社のメリットは得られません。

そして、このスキームは、収入源を移動することによる節税効果もあり、個人の収入の積重ねを抑えるのは、早ければ早いほど効果が上がります。

比較的高齢の場合は、効果を得られるまでに時間がかかるため、初期費用の負担も考えると、あまりメリットがないこともあります。

(3) 所得分散の結果、オーナー個人の可処分所得が減る

法人に所得を移転し、他の親族に給与等を支払えば、所得が分散され、全体的な税額は少なくなります。しかし、その結果、オーナー個人の可処分所得も減ってしまいます。

老後の資金を考えずに、節税のためにと必要な資金まで生前贈与してしまうのと同じことにならないように、所得のバランスをみることが大切です。

❷ 不動産所有型の場合の相続税評価に及ぼす影響

(1) 株式評価に対する影響

所有型法人の株価を純資産価額方式で算定する場合、取得後３年以内の建物の評価額は時価評価になります。

このため、純資産価額方式で算定する法人の株価は、建物を購入しただけでは直ちに下がりません。

３年経過後の株価が下がったときに、株式を贈与するのが一般的です（**図表 4-18**）。

また、株主と建物の敷地の所有者が同じ場合の株式評価に当たっては、無償返還の届出書が提出されていても、借地権（20%）の評価が計上されます（**図表 4-19**）。

個人地主が法人借地人に対し土地を賃貸した場合、個人地主の土地の相続税評価は、**図表 4-20** のとおりとなります。

■図表 4-18　具体的な事例紹介

資本金 500 万円　額面５万円　発行済株式数 100 株の会社

【不動産購入前の貸借対照表】

単位：千円

流動資産	150,000	流動負債	75,000
固定資産	600,000	固定負債	500,000
		資本金	5,000
		利益剰余金	170,000
	750,000		750,000

１株当たり
1,750,000 円

●賃貸マンション購入　土地２億円＋建物１億円⇒合計３億円
（預金１億円　借入２億円）

【購入時の貸借対照表】

単位：千円

流動資産	50,000	流動負債	75,000
固定資産	600,000	固定負債	700,000
土地	200,000	資本金	5,000
建物	100,000	利益剰余金	170,000
	950,000		950,000

１株当たり
1,750,000 円

（注）購入しただけでは株価は下がりません。

【取得３年後の相続評価上の貸借対照表】

単位：千円

流動資産	50,000	流動負債	75,000
固定資産	600,000	固定負債	700,000
土地	126,400	資本金	5,000
建物	49,000	利益剰余金	45,400
	825,400		825,400

１株当たり
504,000 円

（注）３年後の借入金元本は据置きとし、資産、負債も変わらないものとします。

■図表 4-19　借地権のイメージ

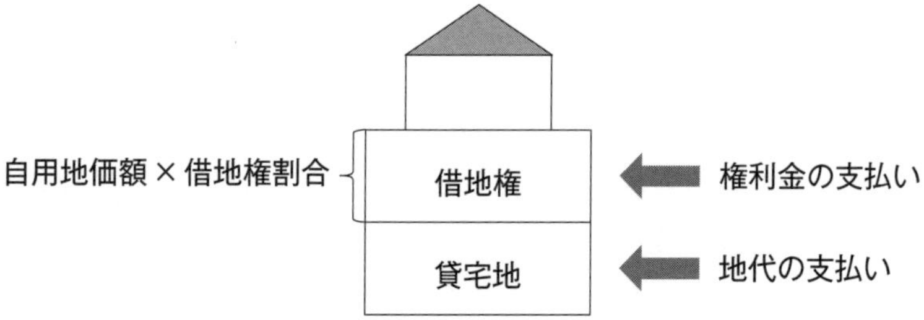

■図表 4-20　権利金の収受の有無と土地評価の関係

		底地又は借地権の評価	
		地主（個人） 底地価額課税	借地人（法人） 同族会社の株式評価
通常の権利金を収受する場合		自用地評価 ×（1－借地権割合）	自用地評価 ×借地権割合
通常の権利金をまったく収受しない場合	相当の地代を収受（地代改訂）	自用地評価 ×80%	自用地評価 ×20%（注）
	無償返還届出書を提出	自用地評価 ×80%	自用地評価 ×20%（注）

（注）　借地権価額は０円ですが、被相続人が株主の場合には、同族会社の株式評価の際に借地権として 20%計上します。

(2)　相続税の債務控除への影響

一般的な相続税対策で、個人が金融機関から借入れをし、その資金で収益物件を購入する方法があります。

不動産の相続税評価額は、実勢価格よりも低くなる傾向があります。ですから、不動産の購入については、財産評価と時価とのギャップにより、相続財産の評価を下げる効果があります。

また、個人で不動産を所有し、借入金が不動産の相続税評価額を上回る場合は、債務控除として借入金残高の全額を控除できます。

一方、法人で不動産を所有した場合の相続評価は、法人の株式等の評価を通じて間接的に評価されます。借入金で不動産を購入した場合、法人の借入金が所有している不動産の相続税評価額を上回り、債務超過となります。債務超過の場合の法人の株式等の評価はゼロとして評価され、マイナスの部分は切り捨てられます（**図表 4-21**）。

また、収益物件の場合は特に、投資目的で取得することが多く、状況によっては売却したり、資産の組換えを行ったりします。

個人で物件を所有している場合、売却利益となれば譲渡税がかかってきます。譲渡税の税率は、取得から５年を経過する日の年末までの売却

■図表 4-21　所有者の違いによる債務控除

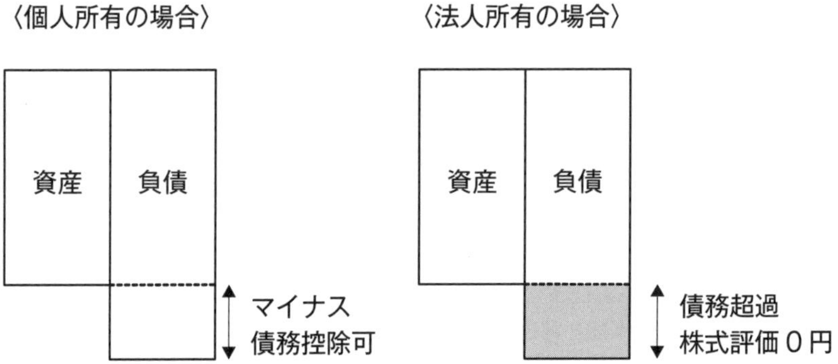

■図表 4-22　所有期間による譲渡税の差異

⑴　短期譲渡所得（売却した年の 1 月 1 日現在で所有期間が 5 年以下）の場合

所得税	住民税	計
30.63%	5%	39.63%

⑵　長期譲渡所得（売却した年の 1 月 1 日現在で所有期間が 5 年超）の場合

所得税	住民税	計
15.315%	5%	20.315%

（注）　所得税は、復興特別所得税込

については短期譲渡で 39.63％、それ以降の売却については長期譲渡で 20.315％となり、短期譲渡か長期譲渡かで税額が約半分も変わってきます（図表 4-22）。

金融機関から借入れをして収益物件を購入する場合、利率が低い長期の固定金利は、繰上げ返済したときに違約金が発生することが多いです。途中売却の可能性がある収益物件については、違約金発生のリスクを避け、変動金利もしくは 5 年以下の固定金利を選択した方が賢明といえます。

参考

節税目的で取得した不動産の相続税評価額が否認された事例

＜事例の概要＞

被相続人は、相続開始の約3年前に、不動産を約13.8億円で購入しましたが、約3.3億円の相続税評価額により相続税の申告書を提出しました。これに対し、租税回避があるとして否認した事例があります(注)。

（注）　東京地裁令和元年8月27日の判断は、控訴審（東京高裁令和2年6月24日判決）でも維持され、現在上告中です。

＜主な事実関係＞

平成20年8月　被相続人は次男の長男である孫と養子縁組

平成21年1月　銀行借入れにより甲不動産を約8.3億円で取得

平成21年12月　銀行借入れにより乙不動産を約5.5億円で取得

平成24年6月　相続開始

平成25年3月　乙不動産を約5.1億円で売却

平成28年4月　税務署から更正処分等を受ける

平成28年7月　更正処分等に不服があるとして審査請求

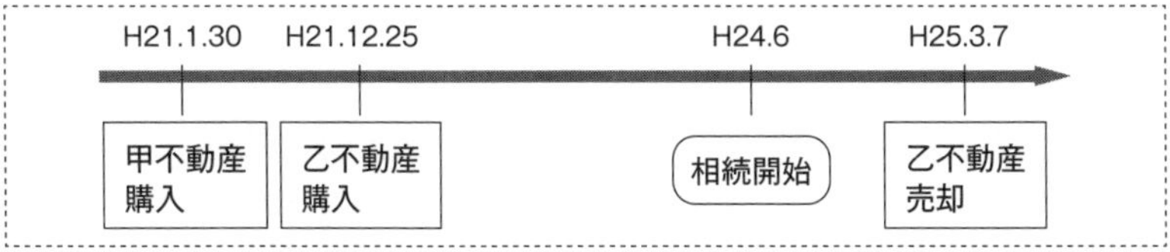

購入の際にはそれぞれ、銀行や配偶者から借入れを行い、不動産の購入を行った行為は、相続対策を目的としているということは、銀行からの借入れの経緯や稟議書等からも明らかであると認められています。

＜不動産の評価＞

	甲不動産	乙不動産	合計
通達評価額（路線価）	約 2 億円	約 1.3 億円	約 3.3 億円
取得価額	約 8.3 億円	約 5.5 億円	約 13.8 億円
鑑定評価	約 7.5 億円	約 5.2 億円	約 12.7 億円

各通達評価額は、それぞれ、各鑑定評価額の約 4 分の 1（甲不動産につき約 26.53％、乙不動産につき約 25.75％）の額にとどまっています。そして、実際に被相続人又は原告（相続人）が各不動産を売買した際の価格をみると、各通達評価額からの乖離の程度は、各鑑定評価額よりもさらに大きいもの又は同程度でした。

＜否認のポイント＞

財産評価基本通達 6 項では、評価通達の定めによって評価することが著しく不適当と認められる財産の価額は、国税庁長官の指示を受けて評価するとしています。

今回、財産評価基本通達 6 項が適用されたポイントとして、以下の 4 つが挙げられます。

① 相続直前の対策……90 歳、91 歳の時に不動産を購入
② 短期の不動産売却……相続開始からの 9 か月後に不動産を売却
③ 銀行からの融資目的……貸出稟議書等に相続対策と記載
④ 取得価額との乖離……相続税評価額と時価の乖離が約 4 倍

第５章

社団・財団の活用

社団・財団とは

従来から相続税・事業承継対策として社団法人や財団法人が利用されることがありました。これは、社団法人や財団法人の設立が容易であり、また持分がないという特徴に起因するものであったと考えられます。

また、平成20年12月に施行された公益法人制度改革関連三法によって、従来の主務官庁による設立許可が不要となり、公益性の有無にかかわらず、一般社団法人や一般財団法人の設立が可能となったこともこれらを助長したものと思われます。

上述のとおり、一般社団法人や一般財団法人の出資者には持分がありません。

そのため、寄附を行った財産は相続財産とはならず、寄附後に当該財産の価値が増加したり、その運用によって金銭的価値を稼得したとしても、こちらも相続財産とはなりません。

なお、寄附をした者には相続税はかかりませんが、寄附を受けた一般社団法人や一般財団法人に対して相続税がかかるケースがあります。

❶ 一般社団法人と一般財団法人の概要

一般社団法人とは、一定の目的の下に集まった人の集合体に法人格を付与した組織形態であり、「一般社団法人及び一般財団法人に関する法律」（以下、「一般法人法」といいます）に基づいて設立された法人です。

なお、一般社団法人には、資本金、出資者、株式が存在しない点、事業目的に制限がない点が特徴です（**図表5-1**）。

一般財団法人とは、設立者に寄贈された財産に法人格を付与した組織形態であり、一般法人法に基づいて設立された法人です。

■図表 5-1　一般社団法人のイメージ

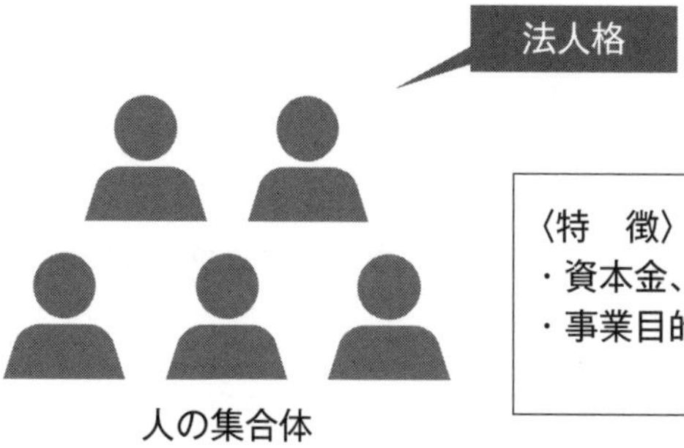

〈特　徴〉
・資本金、出資者、株式が存在しない
・事業目的に制限がない
など

＜一般社団法人の設立と機関設計＞

設立	2 名以上の社員
機関設計	必置……理事（1 人以上）／社員総会 任意……理事会（3 人以上）／監事／会計監査人

一般財団法人は、一般社団法人と同様に、資本金、出資者、株式が存在しない特徴があります。

しかし、法人格が与えられているのは、財産自体であり、構成員はその財産を設立者の意思に基づいて管理を担います。

また、評議員と理事が意思決定を担いますが、自由な意思決定が行えるわけではなく、あくまでも設立者の目的に添った意思決定が行えるにすぎません。

したがって、設立者の意思を実現するため、財団の目的と評議員の選任方法の変更は原則として行えないことになっています（図表 5-2）。

■図表 5-2　一般財団法人のイメージ

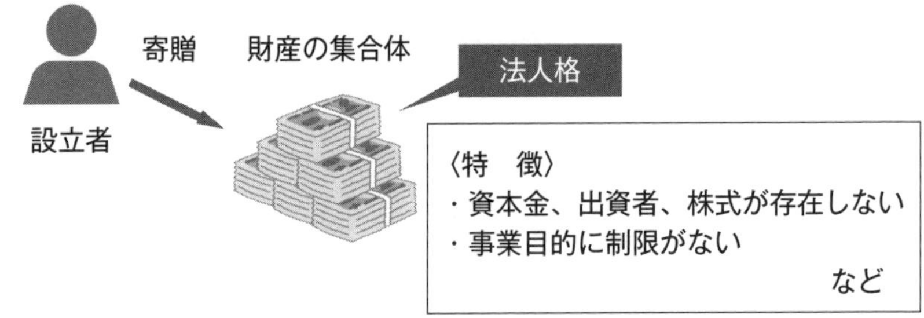

＜一般財団法人の設立と機関設計＞

設立	300 万円以上の財産の拠出
機関設計	必置……評議員（3 人以上）／理事（3 人以上）／監事／評議員会／理事会 任意……会計監査人

❷　公益法人の概要

公益目的事業を行う一般社団法人又は一般財団法人が行政庁へ公益認定の申請を行った場合に、公益認定の申請をした一般社団法人等が公益認定基準に適合すると認めるときは、行政庁による公益認定により、公益社団法人又は公益財団法人になることができます。

❸　事業承継との関係

一般社団法人や一般財団法人を事業承継に活用するには、会社経営の安定と株式の移転コストを抑えてスムーズな承継を行うといった２つの面から考えていく必要があります。

前者については、例えば、経営者が株式を信託する際の受託者となるようなケースが考えられ、後者については非営利型法人・公益法人を目指すといったケースが考えられます。

一般社団法人等に株式が信託されている場合は、遺言で後継者に株式を遺贈する場合に比較して時間がかからず、また、個人が受託者になるのに比較して永続性があるという特徴があります。

❹　一般社団法人等に対する課税

(1)　一般社団法人等に対する法人税の課税関係

一般社団法人は、株式会社と同様に全所得課税（非営利型・公益型以外の一般社団法人）が基本ですが、特定の者に利益を与えないなど、非営利性が徹底されている場合や、同窓会などの受け皿として共益的な活動を目的としている場合（非営利型一般社団法人）には、公益法人と同様、「34 種」の収益事業のみを課税範囲とすることができます。

■図表 5-3　課税関係のイメージ

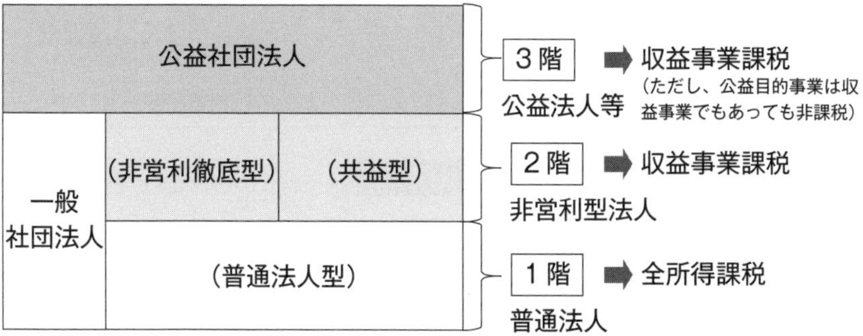

また、一般社団法人の解散時の残余財産については、定款で設立者や社員と定めることはできませんが、定款に定めておかなければ、解散時の社員総会によることになりますので、設立者や社員に帰属させることが可能です。

(2) 一般社団法人等に対する相続税の課税関係

一般社団／財団法人の「資本金、出資者、株式が存在しない」という特徴によって、法人が所有する財産は、持分が存在しないこととなり、相続税の対象となる財産から切り離すことができます。

また、資本金や株式が存在しないことで、稼得した留保利益も社員や設立者に帰属せず、相続税の対象外になります。

こうした特徴から、一般社団／財団法人を活用すれば、非課税で資産を相続させることができるとされてきました（**図表 5-4**）。

■図表 5-4　株式会社と一般社団法人の比較

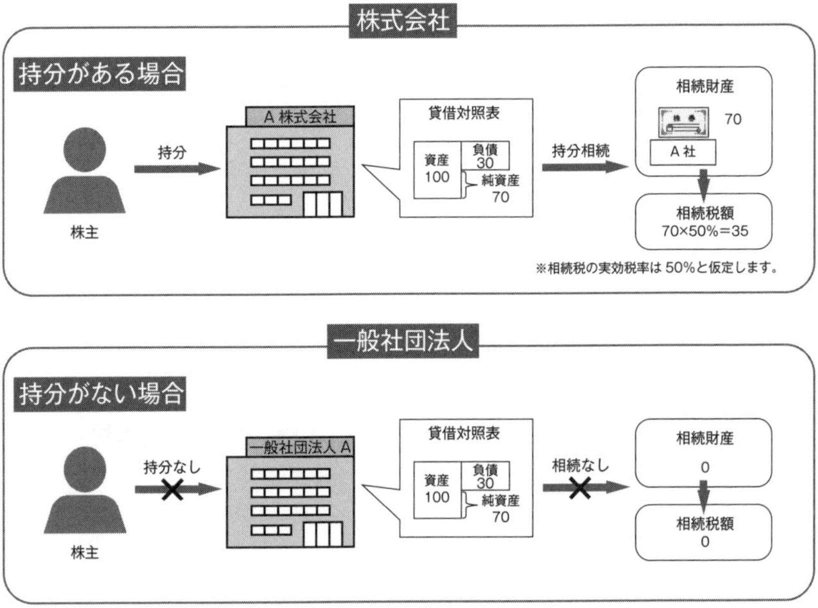

しかし、平成 30 年度税制改正により、一般社団法人等（公益社団法人等、非営利型法人その他一定の法人は除きます）に財産を移転することによる課税逃れを防止するため、一般社団法人等に対し、相続税が課税される場合があります。詳しくは 198 頁を参照してください。

❺ 株式を寄附した場合の課税関係

(1) 課税関係の概要

個人から法人へ財産の贈与又は遺贈（以下、「贈与等」といいます）があった場合には、その時における価額（時価）により、これらの財産の譲渡があったものとみなされて、贈与等を行った個人に対して所得税が課税されることとなっています。

しかし、寄附先が公益社団法人、公益財団法人、非営利型法人の場合には、国税庁長官の承認を受けることによって、寄附者側は譲渡所得税が非課税となり、受贈者側も収益事業に該当しないことから法人税等が課税されないこととなります。

反対に、寄附先が普通法人（営利型法人）の場合には、「国等に寄附をした場合の譲渡所得の非課税」の適用を受けられないことから、寄附者側にはみなし譲渡課税が行われ、受贈者側は全所得課税であるため、法人税等が課税されることとなります。

(2) 事例による課税関係の確認

Q　私は同族会社の代表取締役ですが、事業を行う上で一般社団法人に株式を移転する方法があると聞きました。これは、どのようなことでしょうか。

また、それによって生じる課税関係についても教えてください。

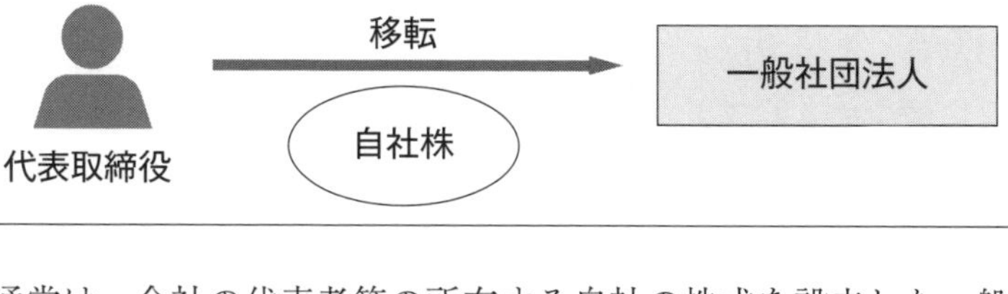

A　通常は、会社の代表者等の所有する自社の株式を設立した一般社団法人に贈与することになります。

以下、それらの内容と課税関係についてご説明します。

①　一般社団法人への移転

会社の代表者等の所有する株式等の財産を、社団法人又は財団法人に贈与や譲渡により移転した場合、その段階で一度課税は発生（下記課税関係参照）するものの、社団法人や財団法人には持分がないため、その後、財産を移転した人に相続が発生しても相続税が課税されません。

財産を移転した人が、社団や財団を所有していたとしても、（会社の株式を所有していたのと同様と考えて）相続税の対象にはなりません。

ただし、平成30年度の税制改正によりかなりの割合で課税されるケースがあると思われますので、注意が必要です。

そのため、一般社団法人を設立し、代表理事に後継者である子が就任することなどにより、一般社団法人を通じて自社を支配し続けることが可能になります。

つまり、一般社団法人に移転された株式については、次世代への承継を（次次世代の承継も）、相続税の課税を受けずにできることになります。

上述した持分がないという点では、一般財団法人でもよいのですが、役員の要件が厳しく、通常は一般社団法人が利用されることが多いと思われます。

公益法人や非営利型の法人（社団・財団）はさらに要件が厳しくなります。

②　財産の移転を受ける一般社団法人への課税

一般社団法人が財産の贈与を受けた場合、受贈益として法人税の対象となります。

その贈与（又は遺贈）により贈与等をした者の親族等の贈与税の負担が不当に減少する結果となると認められる場合には、贈与を受けた一般社団法人（持分の定めのない法人）を個人とみなして贈与税（遺贈の場合は相続税）が課されます（法人税が課税される場合はその額を控除します）。

(イ) 不当に減少すると判断されるケース（次の要件を1つでも満たさない場合）（第1段階での選別）

ⓐ 定款等において、役員等のうち、親族等及びこれらと特殊の関係のある者の数の役員等に占める割合は、いずれも3分の1以下とする旨の定めがあること
ⓑ 財産の贈与者、法人の設立者、社員若しくは役員等又はこれらの者の親族等に対し、特別な利益を与えていないこと
ⓒ 定款等において、解散時の残余財産の帰属先が国や公益法人に帰属する旨の定めがあること
ⓓ 贈与又は遺贈前の3年以内に国税等について重加算税を課されたことがないこと

上記の不当に減少すると判断されなかった場合で、かつ、下記の不当な減少とならない要件を満たした場合、贈与税（遺贈の場合は相続税）の課税はありません（要件は重複するものがあります）。

(ロ) 不当な減少とならない要件（すべてを満たすこと）（第2段階での選別）

ⓐ 運営組織が適正であること
ⓑ 定款等において、役員等のうち、親族等及びこれらと特殊の関係のある者の数の役員等に占める割合は、いずれも3分の1以下とする旨の定めがあること
ⓒ 財産の贈与者、法人の設立者、社員若しくは役員等又はこれらの者の親族等に対し、特別な利益を与えていないこと
ⓓ 定款等において、解散時の残余財産の帰属先が国や公益法人に帰属する旨の定めがあること
ⓔ 法令を遵守していること

③　財産の移転をした個人への課税

個人が財産を一般社団法人に贈与した場合、その財産が譲渡所得の基因となる財産（株式や不動産等）のときは、贈与した時の時価で一般社団法人に譲渡したものとして譲渡所得税が課税されます（住民税も含め利益の20.315％）。

なお、贈与を受けた法人が国税庁長官の承認を受けた公益法人等の場合は、上記の譲渡所得税が課税されない（非課税）ことになります。

贈与された財産が公益目的事業に直接利用（株式の場合は、配当金が公益目的事業に利用されること）される前に要件を満たさないとして国税庁長官の承認が取り消された場合は、贈与者（個人）に譲渡所得税が課税されます。贈与された財産が公益目的事業に直接利用された後に要件を満たさないとして国税庁長官の承認が取り消された場合は、贈与を受けた法人に対して譲渡所得税が課税されます（個人とみなして課税）。

相談事例 14

配当のない非上場株式の寄附

私はある美術協会の会長をしていますが、その活動のために、私が50年前に設立した会社が所有している歴史的建造物をその協会に賃貸しています。

私も80歳を迎えることになり、相続を考え始めたところですが、私には子供もなく、すべての財産は、いずれこの団体に寄附をしようと考えています。

この美術協会は、「協会」と名前が付いているものの、「人格のない社団」と呼ばれるもので、全国の作家の集まる展覧会の主催や、若手の作家の育成、海外の作家との交流など幅広い活動をしています。

私としては、この活動と歴史的建造物を協会のメモリアルとして、後世まで残したいと考えています。

公益法人に私の財産の寄附をすれば税金がかからないと聞いたので、公益法人を作りたいのですが、いかがでしょうか。

実務の最適解

❶　現状の把握

財産の承継対策に当たり、基本情報として、家族構成及び財産構成を確認していきます。

■図表 5-5　家族構成

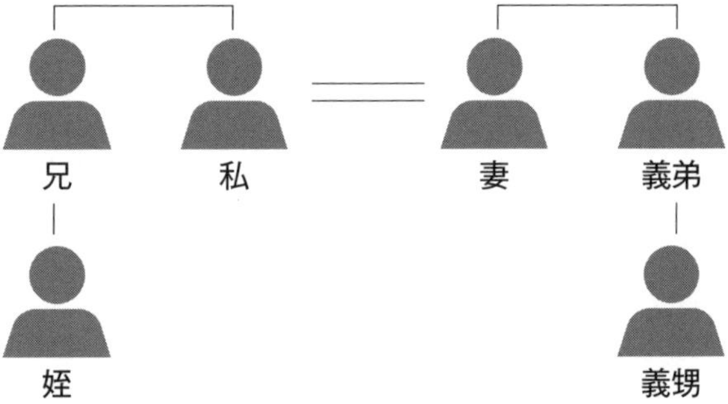

■図表 5-6　財産構成

＜相談者の財産＞

非上場株式	7,500 万円（100%所有）
預金	2,500 万円
計	1 億円

＜妻の財産＞

預金	1,000 万円
計	1,000 万円

＜非上場株式の評価＞

資産			負債		
科目	時価	簿価	科目	時価	簿価
現金	2,275 万円	2,275 万円			
土地	7,000 万円	500 万円			
建物	1,000 万円	0 円			
計	1 億 275 万円	2,775 万円		0 円	0 円

なお、相談者が所有している会社は、今まで配当したことはありません。

❷ 公益法人に対する寄附の課税関係

公益法人には、公益社団法人及び公益財団法人のほか、民法の特別法により設立された学校法人、社会福祉法人などが含まれます。

(1) 寄附をした個人に対する課税

公益法人に対して、生前又は遺贈により株式や土地・建物を寄附した場合、原則として時価で譲渡したものとみなして、含み益（譲渡所得）に対して、寄附をした個人に所得税が発生します。

ただし、国税庁長官の承認を受けた場合は、その所得税が非課税となります。

■図表 5-7　寄附者（個人）に対する課税

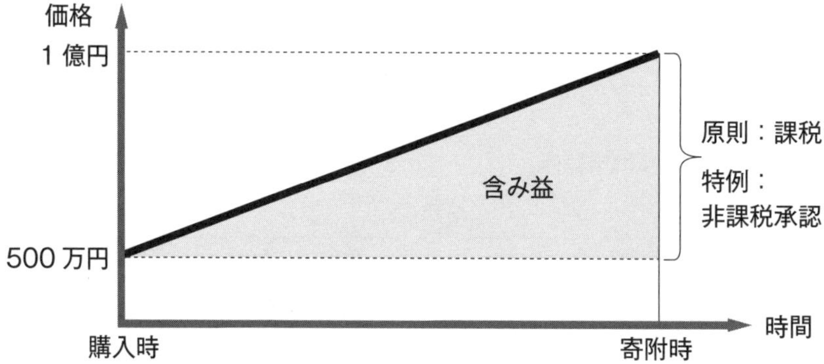

(2) 寄附を受けた公益法人に対する課税

寄附を受けた公益法人には、原則として法人税の課税は発生しませんが、その寄附が贈与者又は遺贈者の親族の贈与税又は相続税の負担を不当に減少させる結果となるときは、贈与税又は相続税の関税関係が発生します。

❸　非上場株式を寄附した場合の課税関係

非上場株式を公益法人に寄附した場合、国税庁長官の承認を受けることにより、譲渡所得が非課税となります。

譲渡所得が非課税となるための承認には、**図表 5-8** に掲げる要件を満たしているかどうかの審査を受けることになります。

■図表 5-8　非課税承認の要件

要　件	内　容
公益増進	寄附が公益の増進に著しく寄与すること
事業供用	寄附財産を、寄附日から２年を経過する日までに、公益目的事業の用に直接供され、又は供される見込みであること
不当減少	寄附により、寄附をした人の所得税又は寄附をした人の親族等の相続税や贈与税の負担を不当に減少させる結果とならないこと

寄附財産は、寄附日から２年以内に公益目的事業に供用しなければなりません。

■図表 5-9　事業供用要件

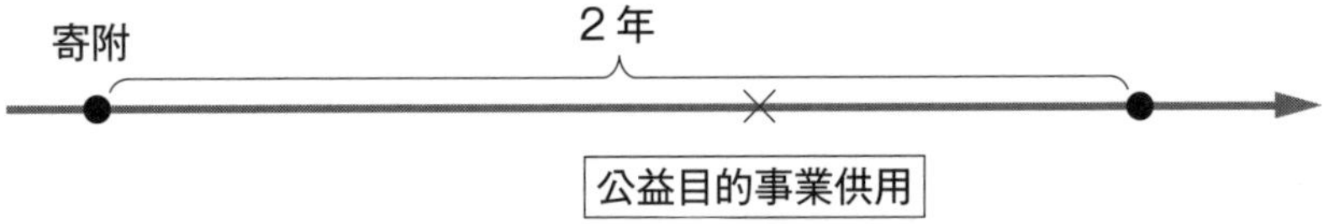

今回の寄附財産は、歴史的建造物を所有している非上場株式ですが、株式の場合は、毎年の配当金が公益目的の事業の用に供されているかどうかで判定します。

しかし、その非上場会社は、無配であり今後も継続的かつ安定的な配当の支払いが困難とのことなので、この事業供用要件を満たすことができないと考えられます。

❹ 代替案の検討

寄附財産の事業供用要件を満たすことが困難な状況のため、代替案を検討するために、会社の状況を確認しました。

- 設立後50期を迎える
- 相談者と妻は、会社の役員（最終報酬月額40万円）
- 役員退職給与規定における功績倍率　2〜3倍
- 会社の所有する歴史的建造物を有効活用できれば、会社を清算してもよい。

このため、役員である2人に退職金を支給した上で、会社を清算する方向で考えました。

その後、一般財団法人の設立後、歴史的建造物を寄附し、現在の美術協会の活動をしつつ、事業内容に応じて公益認定を目指す、という流れにしました。

■図表5-10　代替案の流れ

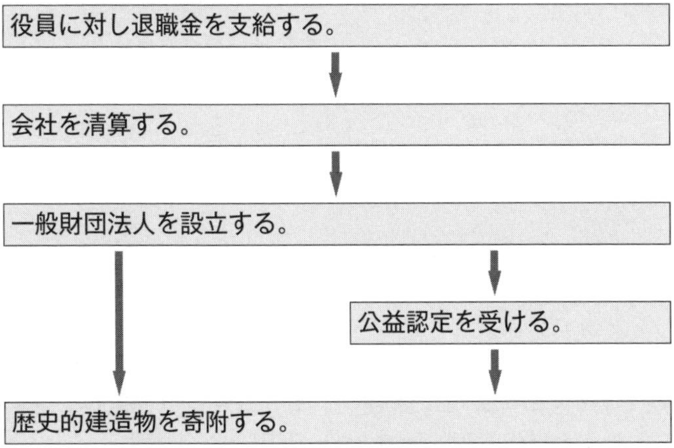

(1)　役員への退職金の支給時の課税関係

会社は、2人の役員に対し、退職金を5,000万円（適正額とします）

ずつ支給します。

なお、退職金の原資は、土地・建物を現物支給し、不足部分を現金で支払います。

① 退職所得に対する所得税及び住民税の計算

(イ) 退職所得の計算

(5,000 万円 − 2,900 万円(注)) × 1/2 = 1,050 万円

(注) 退職所得控除額

800 万円 + {70 万円 × (50 年 − 20 年)} = 2,900 万円

(ロ) 退職所得に対する所得税の計算

1,050 万円 × 33% − 153.6 万円 = 192.9 万円

(ハ) 退職所得に対する住民税の計算

1,050 万円 × 10% = 105 万円

(ニ) 源泉税

(ロ)+(ハ)= 297.9 万円（約 300 万円）

② 退職金支給時の会社の仕訳（2 人分）

役員退職金の支給時の会社の仕訳は、下記のとおりです。

（借）	役員退職金	1 億円	（貸）	土地	500 万円
				源泉税	600 万円
				現金	1,400 万円
				売却益	7,500 万円

この退職金の現物支給の結果、法人の課税所得は▲ 2,500 万円となります。

(2) 寄附時の課税関係

① 寄附者に対する所得税の課税

退職金の現物支給を受けた役員の土地・建物の取得費は、支給時の時価である土地が 7,000 万円、建物 1,000 万円となります。

寄附時の土地と建物の時価が 8,000 万円とすると、時価と取得費が同額のため、所得税の課税関係は発生しません。

②　寄附を受けた一般財団法人に対する課税

寄附を受けた一般財団法人は、無償で財産を取得するため、受贈益が発生します。

（借）	土　　地	7,000 万円	（貸）	受 贈 益	8,000 万円
	建　　物	1,000 万円			

一般財団法人が営利型の場合は、この受贈益に対し、法人税の課税が発生します。このため、法人税相当の現金も土地・建物と一緒に寄附することとしました。

なお、一般財団法人が、公益認定を受けた後に寄附を受け入れた場合は、寄附の受入れによる利益は、非課税となります。

また、その寄附により、寄附者の親族その他これらの者と特別の関係のある者の相続税又は贈与税の負担が、不当に減少する結果となったときは、その法人を個人とみなして贈与税又は相続税が発生することに注意が必要です。

さらに、運営組織の適正化、特別な利益供与がないこと、残余財産の帰属先、法令順守などの要件を満たせば、「不当減少」と判断されません。

相談事例 15

一般社団法人に有償で自社株承継

父親から引き継いだ甲社は、設立して60年が過ぎ、業績も好調で順風満帆ですが、私の悩みは、親族内に事業を承継させる人がいないことです。

会社にはある程度の内部留保もあり、体力も付いてきていますが、株価も業績に比例して高くなることを予想しています。

この会社を、M&Aで第三者に売却する選択肢はありませんので、その時代ごとの会社の役員にこの事業を承継させたいと考えています。

私が父親から会社の株式を相続したときに、相続税の納税に大変な思いをしたことがあり、会社を承継する役員たちには相続税の負担を気にすることなく、事業に没頭してほしいと考えています。

なお、会社の役員構成は、会長である私、社長のほか役員が２名と監査役がいます。

何か、良い方法はないでしょうか。

実務の最適解

「株式会社」は、持分のある法人のため、その持分には資産性があり、相続の対象となります。

一方で、持分のない法人として、「一般社団法人」と「一般財団法人」があり、理事などに相続が発生しても、原則として相続の対象から除かれます。

ここでは、持分のない法人である一般社団法人に自社株を承継させる方法を検討します。

❶ 一般社団法人の機関設計と設立

一般社団法人は、「人」の集合体であり、構成員の意思が尊重され、定款目的は、構成員によっていつでも変更可能です。

「社員」は、一般社団法人の構成員をいい、設立時には2名以上必要となります。

社員が1人も存在しなくなると、社団性を欠くことになり、解散しますので、相続などによる予期できない事象に備えて、法人を社員に加えるなどの検討が必要です。

一般社団法人の重要事項は、社員総会で決議され、議決権を1人1個持ちます。

「理事」は、社員総会で社員によって選任され、定款や社員総会の決議を順守して業務を執行します。

理事会を設置しない場合は1名以上、理事会を設置する場合は3名以上必要になり、理事会では、理事の中から法人の代表者として、代表理事を選びます。

本相談事例では、**図表 5-11** の機関設計としました。

設立に当たっては、**図表 5-12** の事項を決めていきます。

■図表 5-11　機関設計

役　職	業務内容	構　成
社員	重要事項の決定	会長 会社
理事	業務執行	社長（代表理事） 役員 A 役員 B
監事	理事の監督者	監査役 C

❷　会長所有の自社株の一般社団法人への移転

会長所有の自社株を、設立した一般社団法人へ、時価で譲渡します。

この結果、会長から一般社団法人へ移転した自社株は、相続における遺産分割など民法上の財産の対象から分離されます。

また、譲渡時の価格で会長の財産が固定しますので、その後の自社株の上昇は、会長の財産に影響を与えなくなります（図表 5-13）。

その後、会長が勇退した後は、社内後継者が一般社団法人の機関設計を検討していきます（図表 5-14）。

さらに、一般社団法人が自社株を買い取る際の原資の調達は、例えば、次のような方法が考えられます。

○譲渡代金の未払いを分割返済
○関係会社からの融資
○金融機関からの融資

なお、金融機関から買取資金の融資を受ける場合は、一般社団法人への直接の融資ができない場合もあります。

その場合は、一般社団法人が 100％出資する資産管理会社を設立し、その資産管理会社が金融機関からの融資により会長から自社株を買い取る方法も考えられます（図表 5-15）。

■図表 5-12　設立に必要な項目

項　目	注意事項
名　　称	同一事務所所在地に同一名称の法人設立はできない
主たる所在地	
目的（趣旨）	
事業内容	事業は複数可。将来予定している事業も可
公告の方法	下記のいずれか 官報、日刊新聞、電子公告、主たる事務所の掲示場に掲示
理事会	理事３名以上での構成が必要
理事	氏名、住所、生年月日
監事	氏名
理事の任期	原則２年
監事の任期	原則４年
事業年度	
設立時社員	氏名、住所
非営利型法人の有無（注）	下記のいずれか ○非営利性が徹底された法人➡事業により利益を得ること、得た利益を分配することを目的としない法人 ○共益的活動を目的とする法人➡会員からの会費により会員共通の利益を図るための事業を行う法人
設立希望日	

（注）　非営利型法人の要件

①　剰余金の分配を行わないことを定款に定めること

②　解散した時に残余財産を国等の公益的団体に贈与することを定款に定めること

③　上記①、②の定款の定めに違反する行為を行わないこと

④　各理事について理事とその理事の親族等である理事の合計数が、理事の総数の３分の１以下であること

■図表 5-13　一般社団法人への自社株の譲渡

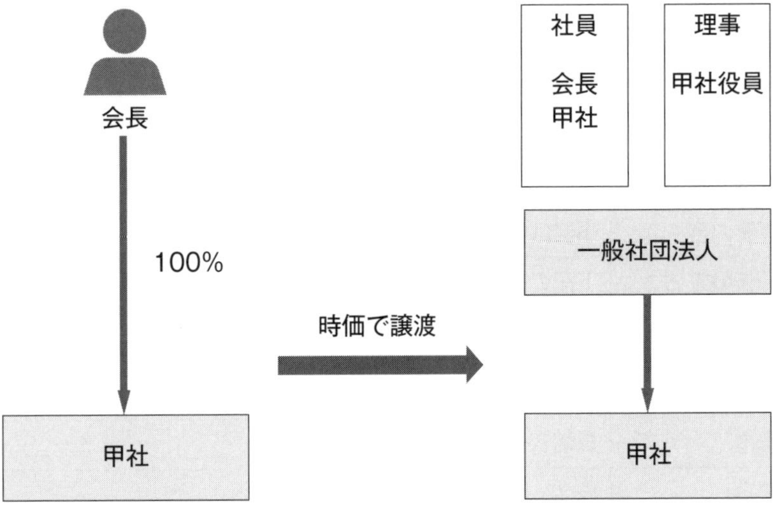

■図表 5-14　会長勇退後の会社の運営

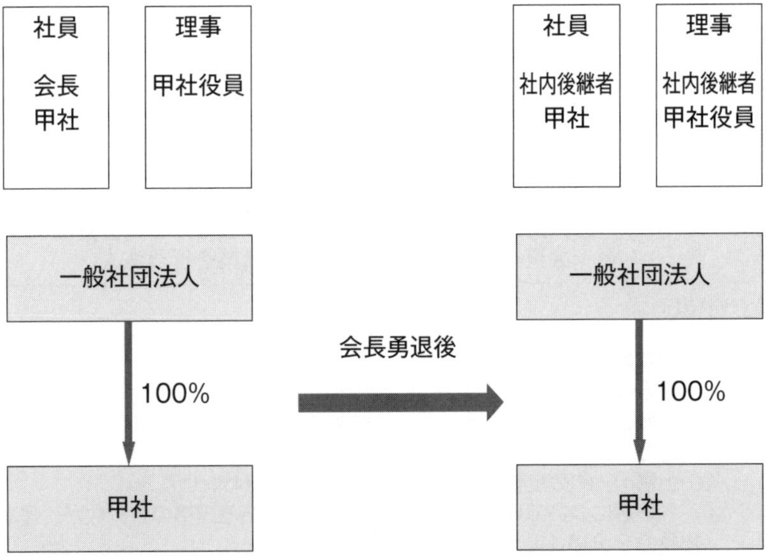

■図表 5-15　買受先による甲社の株主構成

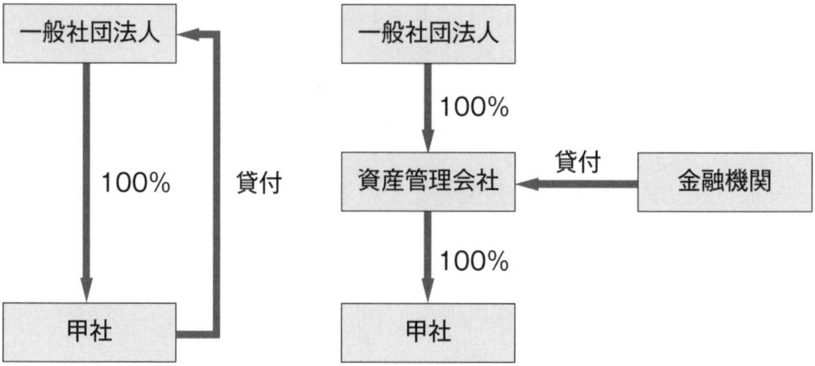

(1)　一般社団法人への譲渡価額

一般社団法人への譲渡は、個人から法人への譲渡のため、所得税法上の時価となります。

この時価とは、下記の条件の下に、財産評価基本通達による評価額となります。

○譲渡者が「同族株主」に該当するかどうかは、譲渡直前の議決権数で判定する。
○譲渡者が譲渡直前に「中心的な同族株主」に該当する場合は「小会社」として評価する。
<算　式>
類似業種比準価額× 0.50 ＋純資産価額× 0.50
○評価対象会社が土地又は上場有価証券を所有しているときは、譲渡時の時価で評価する。
○１株当たりの純資産価額の計算では、評価差額に対する法人税を控除しない。

なお、上記により類似業種比準価額を計算するときは、「しんしゃく割合」は、評価会社の会社規模に応じた割合とします。

＜比準価額の計算＞

類似業種の株価×比準割合×しんしゃく割合[注]＝比準価額

（注） 大会社 0.7、中会社 0.6、小会社 0.5

(2) 甲社からの配当金の取扱い（営利型法人の場合）

一般社団法人が、甲社から配当を受け取った場合、その配当金は、持株比率に応じて、受取配当等の益金不算入として課税所得から控除します。

■図表 5-16 持株比率と課税関係

区　分	持株比率	益金不算入割合	
完全子法人株式等	100%	100%	計算期間中継続して 100%保有
関連法人株式等	1／3 超 100%未満	100%－負債利子額	計算期間中継続して 1／3 超保有
その他の株式等	5%超 1／3 以下	50%	
被支配目的株式等	5%以下	20%	支払基準日に 5%以下保有

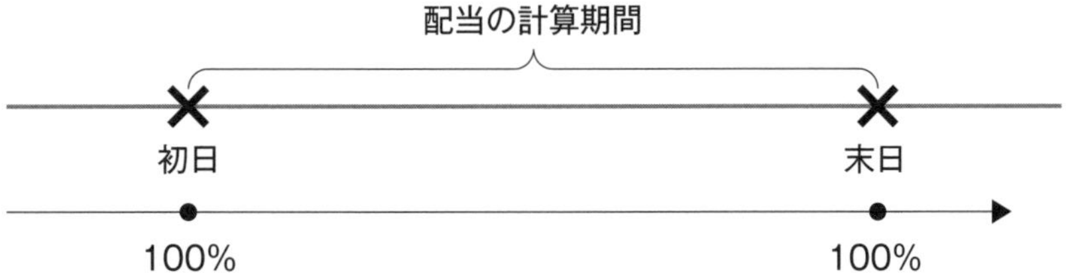

❸ 特定一般社団法人等に対する相続税の課税

特定一般社団法人等の理事（相続開始前 5 年以内に特定一般社団法人等の理事であった者を含みます）が死亡した場合は、図表 5-17 に掲げる算式で計算した金額を一般社団法人が遺贈により取得したものとみなして、相続税が課税されます（図表 5-17、図表 5-18）。

■図表 5-17　相続発生時の一般社団法人等の貸借対照表

項目	評価額	項目	評価額
財産	相続税評価額	債務 借入金 未払公租公課 未払退職金 基金	相続時の現況
		純資産額 × $\frac{1}{\text{同族理事（被相続人を含む）の数}}$	

（注 1）一般社団法人等は、被相続人の一親等の血族等及び配偶者に該当しないため、相続税額の計算上、「相続税額の 2 割加算」の対象となります。

（注 2）すでに贈与等により贈与税等が課税されている場合は、その贈与税等は相続税額から控除します。

■図表 5-18　課税関係フローチャート

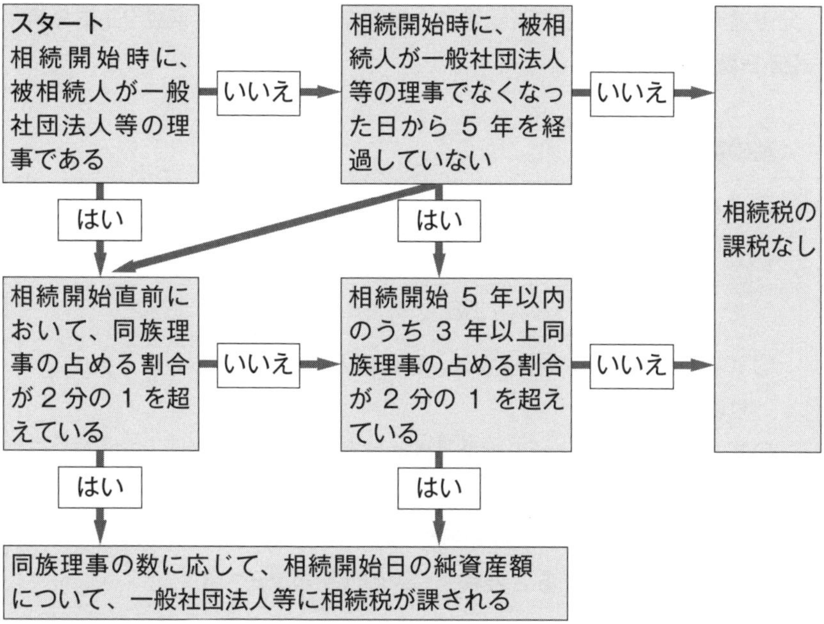

なお、財務省は、一般社団法人等を利用して相続税等の負担を回避する動きを問題視しているため、今後、さらなる課税強化も予想されますので、税制改正の動向にはご注意ください。

参考

同一の者とみなされるリスク

特定一般社団法人等に対する相続税の課税は、支配力の承継を通じた実質的な財産移転に着目しています。

仮に、会長に相続が発生し、社内後継者が一般社団法人等を運営していったとしても、その社内後継者が会長の同族関係者と「同一の者」との認定を受けた場合は、別の課税関係が発生する可能性があることに留意してください。

下記では、創業株主グループが、相続により取得した取引相場のない株式は、「同族株主以外の株主が取得した株式」に該当しないとして、配当還元方式での評価を否認された事例を紹介します（平成 23 年 9 月 28 日裁決）。

＜基礎事実＞

○J 社（評価対象会社）の株主は、下記のとおり

創業家一族	K 社	その他
14.91%	7.88%	77.21%

○K 社が所有する J 社株式は、被相続人の別会社からの借入金により購入

○K 社の株主は、J 社の役員又は従業員

○J 社は「同族株主のいない会社」に該当

○創業家（被相続人）一族の持株比率（議決権）は、15%未満

➡被相続人の所有する J 社株式の評価は配当還元方式

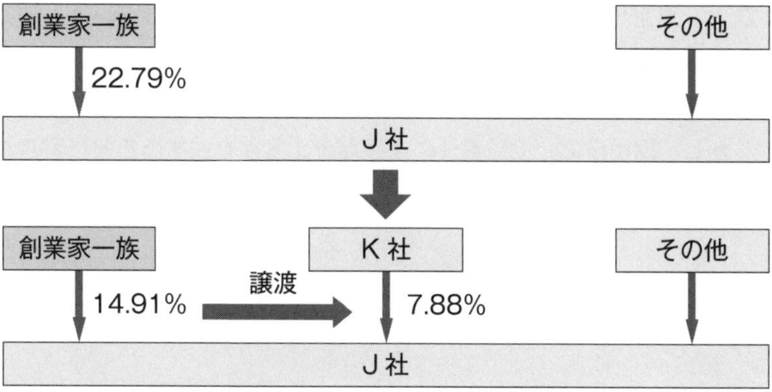

<結　　論>

K社の意思決定は、創業家一族の意思決定に委ねられているため、K社の株主総会における議決権の行使も、J社の創業家一族の意思と同一内容の議決権を行使することに同意していたと判断されます。

このため、創業家一族がK社を実質的に支配していると考えられ、K社は特殊関係にある法人として創業家一族の同族関係者に該当します。

そうすると、表面上、創業家一族は議決権割合が15%未満の株主グループですが、実質は、K社を含め15%以上の株主グループに属するため、配当還元方式ではなく原則的評価方式が適用されることとなりました。

<table>
<tr><th>区分</th><th colspan="4">株主の態様</th><th>評価方法</th></tr>
<tr><td rowspan="5">同族株主のいない会社</td><td rowspan="4">議決権割合の合計が15%以上の株主グループに属する株主</td><td colspan="3">取得後の議決権割合が5%以上の株主</td><td rowspan="3">原則的評価</td></tr>
<tr><td rowspan="3">取得後の議決権割合が5%未満の株主</td><td colspan="2">中心的な株主がいない場合</td></tr>
<tr><td rowspan="2">中心的株主がいる場合</td><td>役員である株主又は役員となる株主</td></tr>
<tr><td>その他の株主</td><td rowspan="2">配当還元評価</td></tr>
<tr><td colspan="4">議決権割合の合計が15%未満の株主グループに属する株主</td></tr>
</table>

なお、東京地裁では、「K 社が、J 社に対する議決権について、創業家一族の意思と同一の内容の議決権を行使することに同意していたとは認められない」として、課税庁の主張を斥けました。

しかし、課税庁に、上記裁決のような考え方が存在することに留意してください。

第６章

民事信託の活用

民事信託とは

信託とは、財産を所有する者が財産を人（又は会社）に預けて、預ける目的に従って管理してもらうことをいいます。ここで、財産を預ける人を委託者、財産を預かる人を受託者、預けられた財産から得られる利益を得る人を受益者といいます。

受託者は委託者の設定した信託の目的などに基づき、受益者の利益のために信託財産の管理・運用・処分などを行うという制度です。

なお、信託財産はその所有権が委託者から受託者に移転し、受託者の名義となります。

■図表 6-1　信託のイメージ

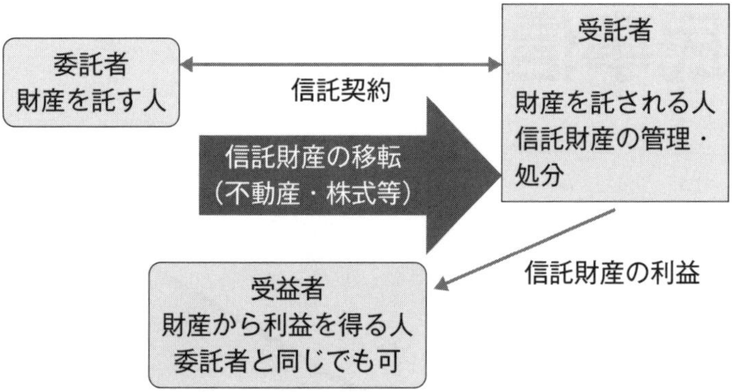

なお、信託契約によって受託者が利益を得るものを「商業信託」、受託者が利益を得ないものを「民事信託」といいます。詳しくは、後述「用語の解説」を参照してください。

❶ 民事信託の概要

民事信託は、前述のとおり受託者が営利を目的とせず、家族のために財産の管理・承継を行う信託です。

民事信託は主に遺言の代わりとして活用されることが多いのですが(「遺言代用信託」と呼ばれます)、遺言との相違は現経営者が遺言として遺したい内容について、契約を締結した時点から効力が生じる点です。

遺言の場合は、遺言の執行や遺言に記載のない財産について遺産分割協議の成立が必要ですが、それらを待たずに、相続発生後速やかに後継者に事業承継できる点も大きな違いです。

後継ぎ遺贈型受益者連続信託のように、遺言では指定できない先の世代の事業承継の方法を生前に決めておくことができるところも遺言と違うところです。

また、1つの例ですが、現経営者（委託者）が生前に、所有する自社株を対象に信託を設定し、信託契約において自らを受益者（当初受益者）とし、その後、経営者（委託者）死亡時に後継者が受益権を取得する旨を定めることができます（後述の相談事例参照)[(注)]。

(注) 経営者死亡後、後継者が受益者となります。後継者が取得する受益権は相続税の対象となります。

＜民事信託の特徴＞

○委託者と受益者の契約を自由に設定可能（効力発生の条件を付けることも可)
○委託者と受益者が同じでも可（自益信託)
○受益者だけでなく次の受益者を設定することも可能

参考

用語の解説

① 商事信託

商事信託とは信託銀行や信託会社などが受託者となり、営利目的で行う信託をいいます。信託法とは別の「信託業法」などで監督されるため、受託者が不正を行うリスクは非常に低いと考えられます。

なお、信託報酬等のコストがかかり、一定の財産の信託が行えないといった使い難さもあります。また、一定額以上の財産を信託する必要があり、財産が少額の場合には信託ができない場合もあります。

② 民事信託

民事信託は家族や親族などが受託者となり、営利目的で行わない信託を指し「家族信託」ともいわれています。商事信託と比較して信託報酬も低いため、通常、コストは低くなります。金銭のほか、不動産や自社株式などの財産も信託でき、財産の規模も問わないため、信託の範囲が広くなっています。

なお、受託者の財産管理などの負担が大きくなる場合があることや、受託者が不正を行う可能性を否定できないことから、商事信託よりもリスクは高くなると考えられます。

③ 自益信託

自益信託では、委託者自らが受益者となり受託者から利益を受けることになります。この場合、基本的に課税関係は生じません。

④ 他益信託

他益信託では委託者が受託者に財産を信託し、受託者は信託された財産の管理・運用などを行い、そこから生じた利益は委託者とは別の受益者が受け取ることになります。この場合、基本的に受益者は委託者から財産の贈与を受けたものとみなされ贈与税が課税されます。

❷ 民事信託の留意点

自益信託・他益信託の違いや信託契約の内容によって、相続税・贈与税・所得税などの課税関係が決まるため、事前にどのような税負担がいつの時点で発生するのかを確認しておく必要があります（課税上の取扱いが明確でないものもあります）。

また、遺留分について侵害していないかどうかについても確認が必要です。

なお、株式を信託した場合、非上場株式等の納税猶予の制度は適用できません（受益権は同制度の対象となっていません）ので、併せて留意してください。

❸ 事業承継と民事信託の関係

事業承継の場面では、自社株を経営者から迅速に後継者に引き継ぐ必要があります。この自社株を迅速に引き継ぐという点が事業承継の問題の１つとなります。

例えば、後継者以外に相続人がいる場合、自社株は後継者以外の相続人にも分割されてしまう可能性があり、議決権が分散してしまうというケースがあります。このようなケースが起こると後継者の会社経営に弊害が生じる可能性も生じます。また、後継者以外の相続人の遺留分の問題が発生する場合もあります。

これらのリスクを回避する方法の１つが民事信託です。

以下、基本的な活用例を通じて解説します。

(1) 遺言代用信託を利用した自益信託

経営者（委託者）が自社株に対して信託を設定し、経営者自身が受益者となります（自益信託）。そして、経営者が亡くなった場合には後継者が受益権を取得することを定めた信託契約を行います。

■図表 6-2　遺言代用信託のイメージ

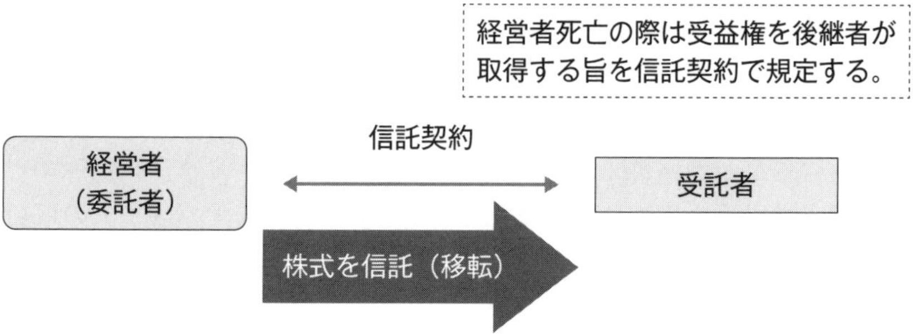

（注）　受益者は経営者

上記のスキームでは、生前は経営者が経営権を維持し、経営者の死後には後継者が経営権を取得することができます。また、相続開始と同時に後継者は経営権を取得することができますので、経営の空白期間を回避することができます（遺言の場合は手続に一定期間を要します）。

また、仮に経営者が事故や病気によって意思能力や判断能力を失うような事態になってしまった場合に効力を発生させることを条件にすることも可能です。この条件を設定しておくことで、万が一の場合、受益権を後継者が取得することができます。

＜自益信託の課税関係＞

委託者（上記の例では経営者）から受託者に財産の移転があった場合、譲渡となりますが、課税上は受託者に譲渡されたものとはされず、受益者に譲渡されたものとみなします。そのため、受託者に課税関係は生じません。

また、自益信託の場合には委託者と受益者が同一のため、財産の移転があったとはみなされず、信託行為があった場合でも委託者に譲渡所得が課税されることはありません。

なお、信託開始時は委託者と受益者が同一であっても、委託者の相続開始時に受益者が後継者になるというような信託契約の場合は、相続時に受益者となった後継者は委託者から信託受益権の遺贈を受けたものとして相続税の課税がされます。

(2) 他益信託を利用した事業承継

他益信託とは、委託者以外の第三者が受託者となる信託をいいます。

経営者が委託者、第三者が受託者となり、信託契約によって後継者を受益者に設定します。

■図表 6-3　他益信託のイメージ

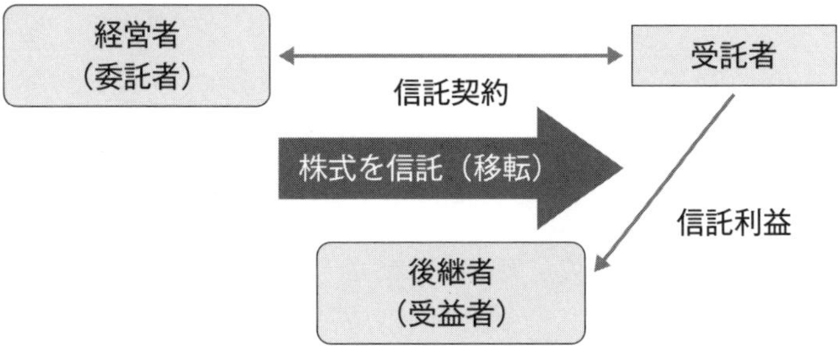

上記の例は、後継者が受益権の取得するスキームです。ここで、株式には、配当や残余財産を受ける権利となる「財産権（収益受益権）」と会社の経営に関する「議決権（経営権）」の2つの権利があり、議決権（経営権）は経営者がそのまま維持し、財産権部分を後継者に取得させることができます。これにより経営者は経営権を引き続き行使することができるのです。

また、後継者に議決権（経営権）、非後継者に財産権（収益受益権）を取得させるということも可能です（遺留分対策にもなります）。

（注）上述したスキームについての詳細は中小企業庁のホームページを参照ください。

＜他益信託の課税関係＞

委託者（上記の例では経営者）から受託者に財産の移転があった場合、譲渡となりますが、課税上は、受託者に譲渡されたものとはされず、受益者に譲渡されたものとみなします。そのため、受託者に課税関係は生じません。

また、自益信託の場合には委託者と受益者が同一のため、財産の移転があったとはみなされず、信託行為があった場合でも委託者に譲渡所得が課税されることはありませんでしたが、他益信託の場合、委託者と受益者（上記の例では後継者）が異なるため、信託行為が発生した時点で委託者から受益者への信託受益権が贈与されたものとみなされ、贈与税が課税されます。その後に受益者が得る収益には、所得税が課税されます。

相談事例 16

認知症による議決権行使リスクへの対応

私の会社の株主は、父親が55%、従業員が15%、取引先や設立当初に発起人をお願いした方々が30%です。

父親は会長として週に1回程度会社に来ていますが、現在は私が社長として会社を取り仕切っています。

父親は85歳でまだまだ元気ですが、「認知症」になってしまったときの財産管理に関するリスクを最近考え始めたようです。

父親の主な財産は、自社株と会社に貸し付けている不動産です。

万一父親が「認知症」になってしまった場合、どのようなリスクがあるのか、教えていただけますか。

また、何か対応策はあるものでしょうか。

実務の最適解

❶ 認知症になった場合のリスク

「認知症」になってしまい、判断能力に問題が出てくると、その人が

■図表 6-4　現状の株主構成

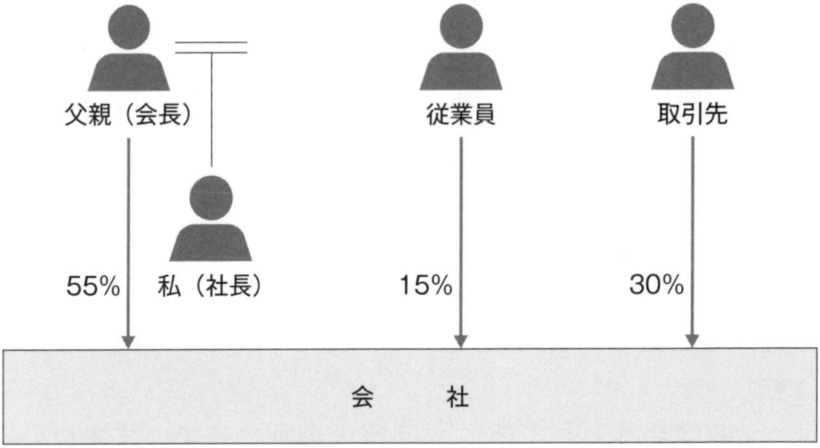

行った法律行為は、無効になってしまいます。

例えば、預金を引き出したいと考えても、金融機関から「本人確認」を求められますが、「判断能力に問題あり」と判断されてしまうと、凍結されて成年後見人を選任しない限り手続ができません。

会社の株主になっている場合は、株主総会を開催しても、決算承認や役員改選などの決議ができなくなります。

また、会社に貸し付けている不動産については、大規模な修繕をする場合や賃貸借契約書を更新する場合、会社に不動産を売却したい場合など、契約という必要な法律行為ができなくなってしまいます。

❷　民事信託の活用

上記のような課題に対応するためには、後見制度や民事信託を活用することが考えられます。

後見制度を活用する場合は、会長が、信頼できる人と任意後見契約を締結して、意思能力が低下したときに備えることとなります。

ここでは、会長と社長との間の契約で手続が完了する民事信託の活用方法を説明します。

(1) 信託スキームの設計

民事信託契約を締結する際の当事者である委託者、受託者、受益者、信託財産を検討します。

■図表 6-5　設定時の信託設計

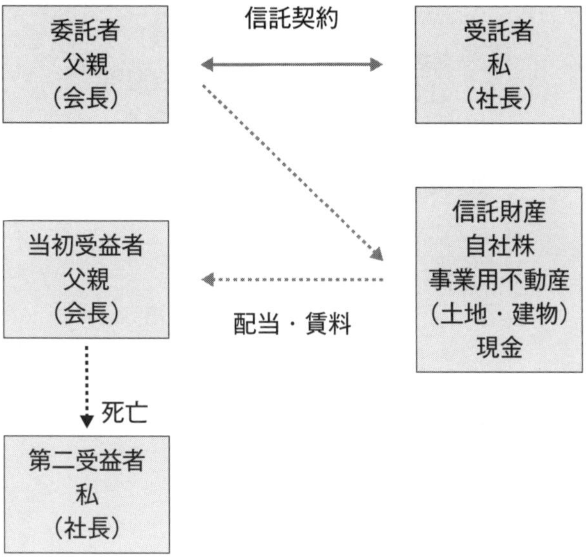

(2) 信託スキームによる課題の具体的な解決

① 財産管理について

自社株、会社に賃貸している事業用不動産、維持管理に必要な現金が信託されたことにより、会長が認知症等になった場合でも円滑な管理、必要に応じた処分等が可能となりました。

会長は、民事信託の契約を締結した後3年後に、転倒によるケガで入院することになり、その後老人ホームに入居せざるを得ない状況になってしまいました。

老人ホームへの入居金が必要となりましたが、受託者である社長が、社長の資産管理会社に自社株を、事業会社に事業用の建物を売却して資金を捻出しました。

その結果として、判断能力の問題の発生しつつあった会長でしたが、老人ホームでの生活資金の確保と会社の事業承継を同時に完了させることができました。

■図表6-6　委託者の状況の変化による信託財産の管理・運用・処分

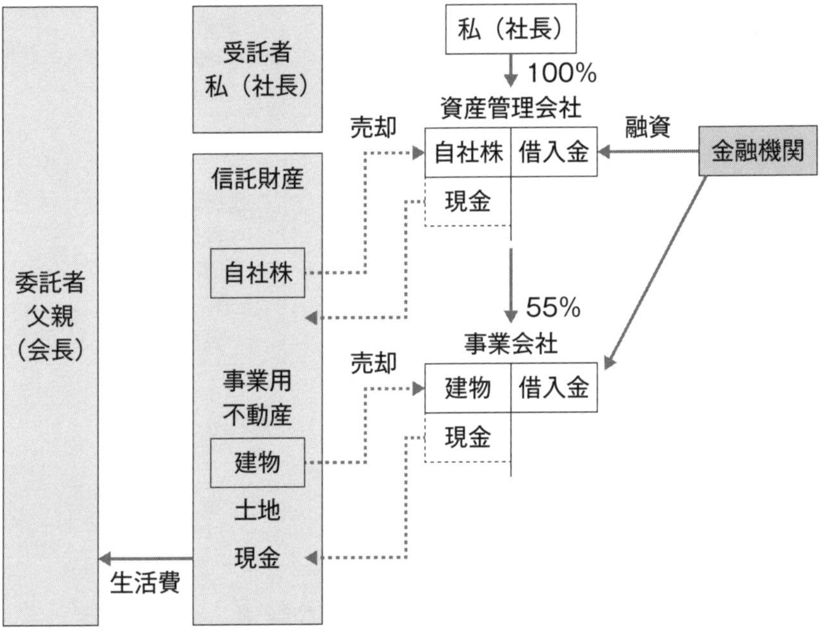

この結果、株式と建物の売却代金が会長の手元に残り、今後の生活費を受託者である社長より会長に払い出すことができました。

また、建物が会社名義になったため、土地を会長から賃借することになります。

この際、受託者である社長と会社の間で土地の賃貸借契約を締結するとともに、借地権についての課税関係が発生しないように、「土地の無償返還届出書」を受託者である社長と会社の連名で税務署へ提出します。

なお、土地の評価額は、自用地評価額の80%となります（図表6-7）。

■図表 6-7　事業用不動産の権利関係の推移

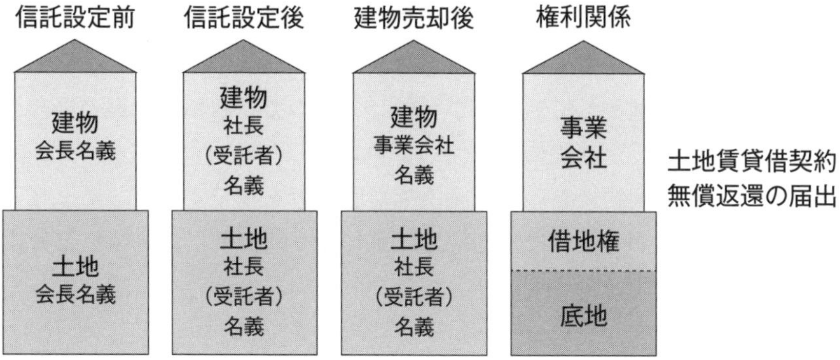

参考

会長に相続が発生した場合の相続税の特例

土地を賃借している会社は、建物を工場と事務所として使用しているため、土地を相続した者は、会長の相続税の計算上、「特定同族会社事業用宅地等」として 400m^2 までの土地については、相続税評価額を 80%減額することができます。

<イメージ>

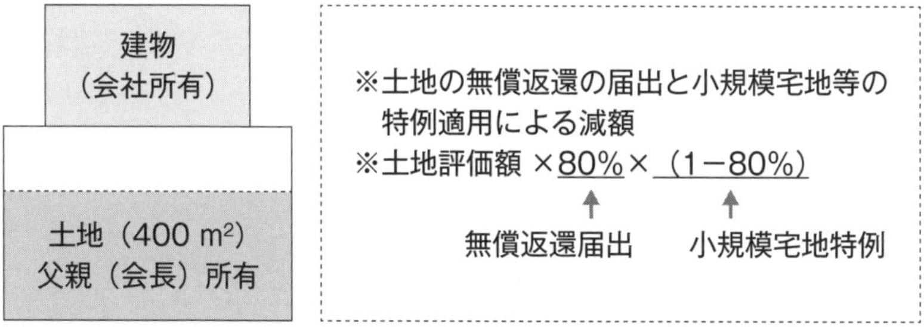

<特例の要件>

・相続開始の直前に被相続人及び被相続人の親族等が会社の発行済株式総数の 50%超を所有していること
・相続税の申告期限において、相続した者がその会社の役員であること
・その宅地等を相続税の申告期限まで所有していること

② 議決権について

自社株を信託した場合、株式の名義は、委託者である会長から受託者である社長に変更になります。

議決権は、原則として名義人が行使しますので、本相談事例の場合、株主総会では社長が議決権を行使します。

ただし、信託契約において、議決権指図権者を指定することにより、議決権指図権者が受託者に指図することにより間接的に議決権を行使することも可能です。

■図表 6-8　自社株を信託した場合の議決権行使の流れ

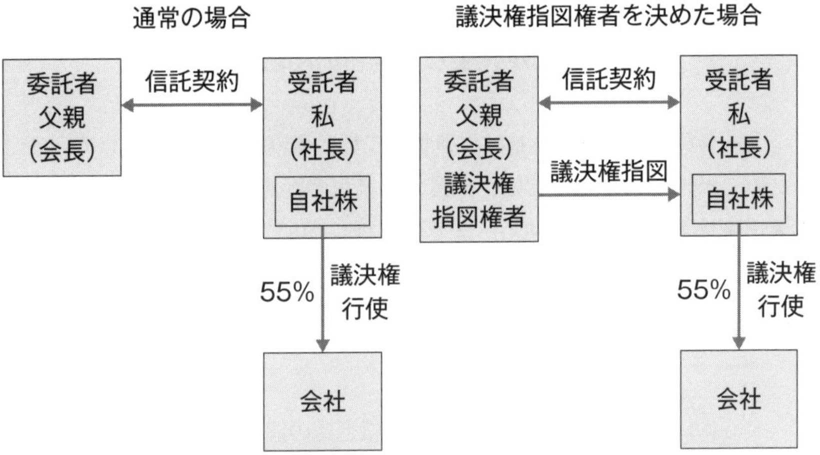

(3)　信託譲渡をする際の注意点

自社株と不動産を信託する際の注意点は、下記のとおりです。

①　自社株の場合

非上場会社では、譲渡制限株式といって、定款に株式を譲渡する場合に会社の承認を受けなければならない旨の定めのあることがあります。

このような株式譲渡制限会社の場合は、委託者である会長は会社に対して、社長に信託譲渡する旨の「株式の譲渡承認請求」をする必要があります。

会社は、取締役会設置会社の場合には取締役会で、取締役会非設置会社の場合には株主総会で、譲渡の承認又は不承認を決定し、株主に譲渡承認請求があった日から2週間以内に通知しなければなりません。

2週間以内に通知しなかった場合は、会社は譲渡を承認したものとみなされます。

② 不動産の場合

不動産を委託者から受託者に信託譲渡した場合、不動産取得税は発生しませんが、登録免許税が発生します。

信託効力発生時、信託期間中、信託終了時における登録免許税と不動産取得税の取扱いは**図表6-9**のとおりです。

■図表6-9 信託に関する移転コスト

	信託設定時（所有権移転）	信託期間中（受益者変更）	信託終了時（受益者連続型信託の場合）
登録免許税	0.4% (注1)	不動産1個当たり1,000円	0.4% (注2)
不動産取得税	非課税	非課税	非課税

(注1) 令和5年3月31日までは、土地の所有権の信託の場合は、固定資産評価額の0.3%に軽減されます。
(注2) 信託を終了して財産を承継する者が、下記の要件を満たしていれば、登録免許税は0.4%、不動産取得税は非課税となります。
① 登録免許税
・信託効力発生時の委託者の相続人であること
・委託者のみが元本の受益者であること（受益者であること、委託者の地位を承継していること）
② 不動産取得税
・信託効力発生時の委託者から相続すること
・委託者のみが元本の受益者であること

委託者の死亡により信託が終了する遺言代用信託の場合は、課税庁の判断により、登録免許税が2.0%、不動産取得税が課税されるケースも想定されます。

(4) 後見制度、民事信託のメリット・デメリット

「認知症」となり判断能力に問題が発生した際の解決策として、後見制度又は民事信託の活用を検討します。

ここでは、それぞれのメリット・デメリットをご紹介します。

① 後見制度とは

後見制度には、判断能力に問題が発生した後に本人や親族が家庭裁判所に申し立てて、裁判所が成年後見人等を選任する成年後見制度と判断能力のあるうちに任意後見人を決めて契約を結ぶ任意後見制度があります。

成年後見制度と任意後見制度の手続と特徴は、**図表 6-10** にまとめました。

■図表 6-10　成年後見制度と任意後見制度の特徴

	成年後見制度	任意後見制度
手続	親族等による家庭裁判所への申立て	任意後見契約の締結と登記
メリット	・判断能力に問題が発生した後でも、選任が可能である。	・「誰に」、「何を依頼するか」を自分の意思で決めることができる。
デメリット	・成年後見人は、家庭裁判所が決めるため、親族は選ぶことができない。 ・成年後見人は、本人（被後見人）の財産を守ることが目的のため、相続税対策や資産運用等は、裁判所との相談による慎重な判断が求められる。 ・居住用不動産の売却等は家庭裁判所の許可が必要となる。 ・成年後見人の費用は、家庭裁判所が決定する。	・任意後見契約に記載していないことはできない。 ・任意後見監督人の費用が発生する。 ・法定後見人にはある取消権がない（本人がしてしまった契約等の法律行為を取り消せない）。

②　民事信託と後見制度の比較

民事信託と後見制度のそれぞれのメリットとデメリットを比較します。

それぞれの得意分野を有効に活用するため、財産管理は民事信託、身上監護は任意後見制度を併用するのが望ましいでしょう。

本相談事例では、「株式についての議決権の行使、管理・処分」や「会社へ賃貸している不動産の管理・処分」が含まれているため、後見制度を利用すると家庭裁判所や後見監督人の判断が必要になり、本人の意向にそぐわない結論が出ることも想定されます。

このため、信託契約により信託の目的に従った財産の管理・処分が可能な民事信託を適用しました。

■図表 6-11　民事信託と成年後見制度の特徴

	民事信託	成年後見制度
メリット	・委託者の判断能力に左右されずに財産管理ができる。	・任意後見人は身上監護（医療、介護等の手続）を代行できる。
デメリット	・信託財産としての不動産の損失と信託外の不動産の利益を通算できない。 ・財産管理に限定される。	・成年後見人又は任意後見監督人の費用が発生する。 ・本人の財産の相続対策や資産運用は、困難。

相談事例 17

退職後の会長の財産管理

私の父親が所有している資産は、会社からの退職金が約３億円、自社株を私が設立した持株会社へ売却したときの売却代金が約２億円、預金が２億円、趣味で運用している有価証券が２億円、自宅が１億円、会社が使用している土地が２億円です。

会社は、長い間無借金経営をしていますが、この度設備投資を検討しています。

私の家族は、80歳を迎える父親、母親と私、そして海外に住んでいる姉がいます。

事前に何か対応しておいた方がよいことはありますか。

■図表6-12　家族構成

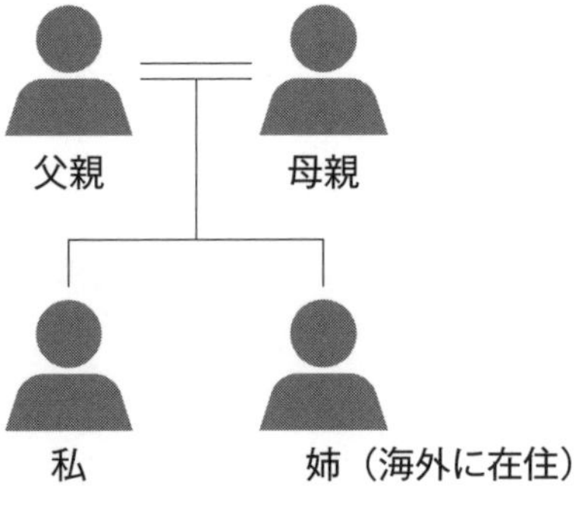

実務の最適解

❶ 所有財産からみた２つのリスク

１つ目のリスクは、「会社は、この度設備投資を検討しています」というキーワードと「80歳」を迎える父親の年齢です。

会社の設備投資に当たり、会社が父親から、資金を借り入れる場面も想定されます。

このような場合、契約時に父親が認知症などを患ってしまい、意思能力が欠如すると法律行為ができなくなってしまいます。

２つ目のリスクは、「趣味で所有している有価証券」と「海外に住んでいる姉」という２つのキーワードです。

相続開始時に１億円以上の有価証券を所有している人が亡くなり、相続人が国外居住者の場合、亡くなってから４か月以内（準確定申告期限まで）に遺産分割協議が成立しない限り、亡くなった人の法定相続分相当の有価証券を国外居住者に譲渡したものとみなして、準確定申告で含み益について譲渡所得税を申告する必要があります。この制度を「国外転出時課税」といいます。

❷ 信託スキームによるリスク回避

(1) １つ目の財産管理のリスク

① 信託スキームの設計

認知症などにより、財産管理が難しくなるときに備えて、預金７億円と不動産に関しては、相談者（私）を受託者として信託契約を締結することとしました（図表 6-13）。

■図表6-13　設定時の信託設計

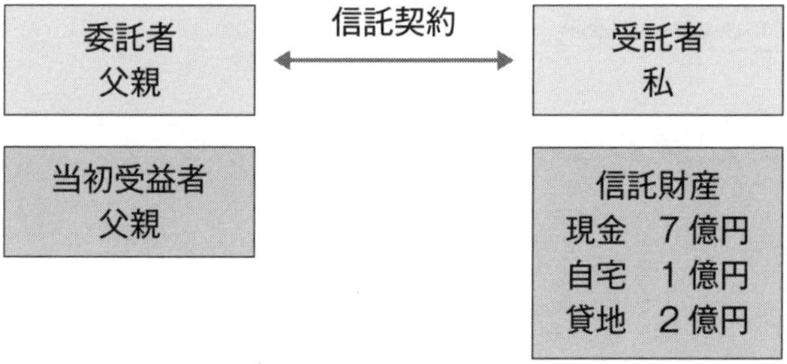

② 会社への資金貸付への対応

信託契約では、受託者の行為は、「信託の目的」に反しないことが必要となります。

事例の信託契約では、次のような信託の目的としました。

> **（目的）**
> **第○条**　本信託は、第○条記載の財産を信託財産として管理運用及び処分を行い、受益者の安定した生活と福祉を確保し、かつ適正な管理運用及び処分を通じて信託財産の次代への円滑な承継を図ることを目的とする。

会社への資金貸付という行為をこの信託の目的に照らし合わせると、「管理運用」に該当することが必要です。

このため、受託者と会社で金銭消費貸借契約を締結する際に、利息を付すことにしました（**図表6-14**）。

なお、利率は、次の割合としました。

> (イ)　他から借り入れて貸し付けた場合……その借入金の利率
> (ロ)　その他の場合……貸付けを行った日の属する年に応じた次の利率
> ○平成30年～令和2年中に貸付けを行ったもの……1.6%
> ○令和3年中に貸付けを行ったもの……1.0%
> 国税庁タックスアンサーNo.2606「金銭を貸し付けたとき」

この利息は、受益者である父親の所得税では、原則として、雑所得として確定申告をする必要があります。

■図表 6-14　信託財産の管理運用

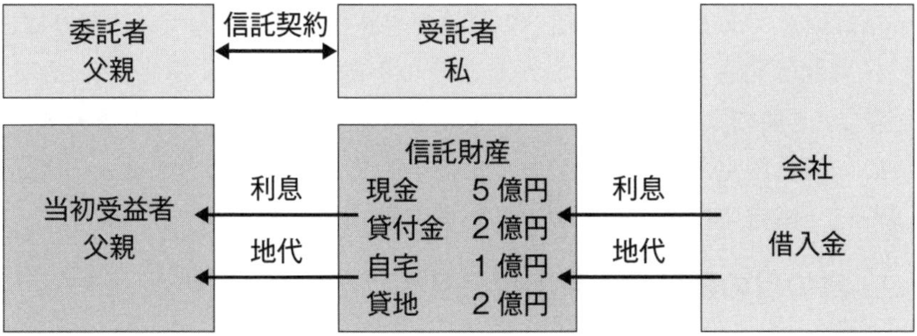

参　考

信託口の口座

民事信託では、受託者は信託財産を受託者の固有財産とは分離して、「分別管理義務」を負います。信託口の口座の名義は、「委託者○○○○、信託口受託者△△△△」などの口座名義となりますが、単に屋号扱いの個人口座とは異なることに注意が必要です。

屋号扱いの個人口座の場合は、差押えを受けた際や、受託者である子に相続が発生した場合に（受託者の相続財産として）、口座が凍結されてしまいます。

信託口の口座を作成できる主な金融機関は、下記のとおりです。

種類	金融機関名
信託銀行	三井住友信託銀行、みずほ信託銀行
ネット銀行	オリックス銀行
地方銀行	京葉銀行、栃木銀行、三十三銀行、北國銀行、山口フィナンシャルグループ、広島銀行
信用金庫	城南信用金庫、西武信用金庫
証券会社	大和証券、東海東京証券、楽天証券

③　不動産への対応

信託財産である自宅や会社への貸地を現状のまま利用している限りは、特に課題は発生しません。しかし、その不動産を処分する場合、「確定測量」が必要になり、隣接地との間で境界を確定しなければなりません。

この境界確定が終わらないと「信託」しても処分ができませんので、事前に「確定測量」をしておくことをお勧めします。

(2)　２つ目の国外転出時課税のリスク

有価証券については、父親が趣味で運用していることから、自身の意思で運用したいという要望に沿うため、信託契約の対象外としました。

また、仮に信託財産としてしまった場合、証券会社の信託口の口座では、特定口座ではなく一般口座での取扱いとなってしまうため、税金の特典を受けられないというデメリットもありました。

ただし、有価証券については、国外転出時課税を回避するため、遺言で取得者を決めておくこととしました。

参　考

国外転出時課税における納税猶予

国外転出時課税とは、相続開始時に１億円以上の有価証券を所有している人が亡くなり、相続人が国外居住者の場合、有価証券等を被相続人が国外居住者に譲渡したものとみなして、準確定申告で含み益について譲渡所得税を申告する制度です。

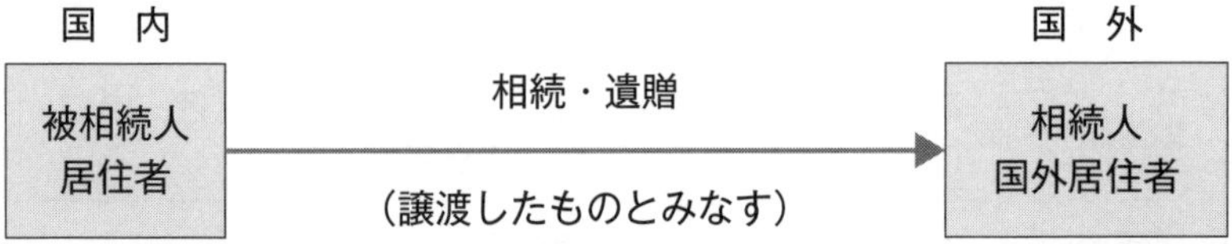

なお、準確定申告で支払った所得税は、相続税の申告で「債務控除」します。

①　有価証券等が１億円以上となるかどうかの判定

有価証券等が１億円以上になるかどうかは、相続開始時に被相続人が所有していた有価証券等で判定します。

また、国外居住者に譲渡したものとみなされた有価証券等の取得費は、相続開始時の価額となります。

図表 6-15 の事例では、被相続人が１株当たり 500 円で出資し、相続開始時の評価額は１万円、相続人が実際に譲渡したときの評価額が１万5,000 円としています。

■図表 6-15　国外転出時課税による含み益の帰属者

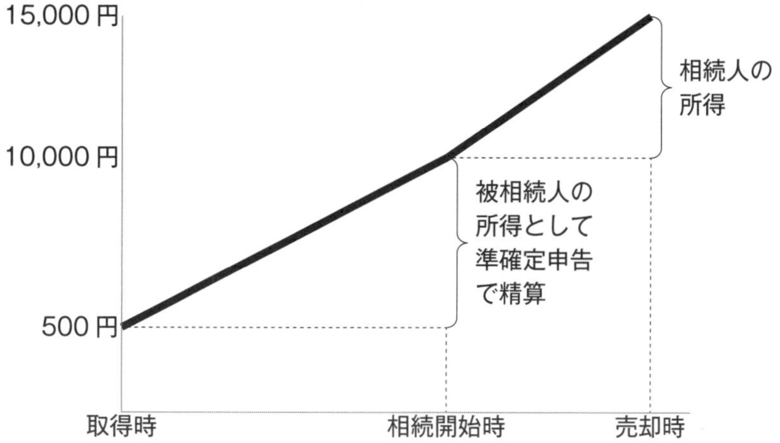

②　準確定申告時に遺産分割が確定していない場合

準確定申告時に遺産分割協議が成立していない場合、国外居住者が法定相続分相当を取得したものとして、国外転出時課税の申告をします。

その後、遺産分割協議が成立し、国外居住者が法定相続分より多く取得したときは、遺産分割協議の成立の日から４か月以内に修正申告をしなければなりません（法定相続分より少ない場合は更正の請求をします）。

③　国外転出時課税の納税資金がない場合

国外転出時課税による所得税の納税資金がない場合は、相続開始の日から５年間の納税猶予の適用を受けることができます（最長10年間の期限延長が可能です）。

納税猶予の適用を受けるための手続は、下記のとおりです。

・準確定申告期限までに納税管理人の届出書の提出 ・準確定申告書に納税猶予の適用を受ける旨と明細書を添付 ・納税猶予の所得税及び利子税に相当する担保を提供 （非上場株式を担保提供する場合は、株券の発行と譲渡制限株式は譲渡可能にする必要があります） ・毎年３月15日までに「継続適用届出書」を提出

④　有価証券等の譲渡価額が、相続開始時より下落した場合

国外転出時課税における相続開始時の譲渡価額より、実際の有価証券等の譲渡価額が下落したときは、その下落した価額で相続開始時に譲渡したものとみなして、譲渡の日から４か月以内に所得税の更正の請求をすることができます。

相談事例 18

後継予定者と実際の後継者が異なった場合

私の祖父（会長）は会社の創業者でしたが、父親（社長）を後継者として事業を承継させていました。

この度、父親が急死したため、相続手続をしようとしていたところ、会社の司法書士より連絡があり、「会社の株式はあなたに相続させる」という家族信託契約を祖父が作成していたとのことでした。

その契約は10年前に作成されたもので、当時私は28歳でした。

私も大学卒業後会社に入っていましたが、その後退職し、今では私の弟が専務として頑張っていて、私は当然弟が引き継ぐものと思っていました（図表6-16）。

会社の株式を弟に相続してもらいたいのですが、どのようにすれば良いでしょうか。

実務の最適解

❶ 受益者連続型信託とは

本相談事例の信託契約は、「受益者連続型信託」といい、自身の財産

■図表 6-16　祖父の考えた後継者と現在の後継者の違い

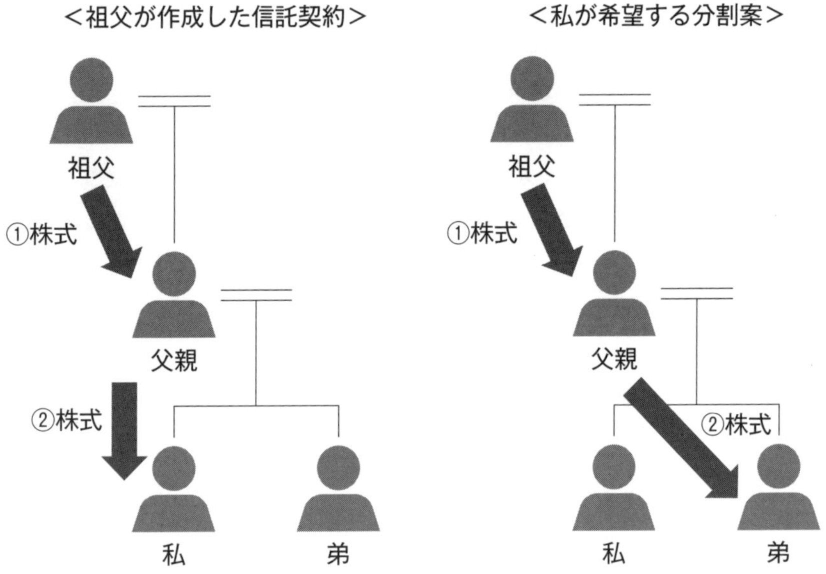

の承継者を数世代先まで決めておくことができます。

「遺言」では、自身の財産を特定の者に引き継がせることはできますが、財産を引き継いだ者の財産の承継者までは指定することができません（**図表 6-17**）。

この受益者連続型信託は、子供のいない人が先祖代々の土地を本家筋に残したいと考えたときに利用するケースが多いようです。

図表 6-18 の家族関係図の場合、「私」の財産は、「妻」に相続させたいと考えており、妻への相続は、遺言で対応可能です。

しかし、その後、妻に相続が発生した場合、妻が私の本家筋に遺贈する内容の遺言を作成しない限り、私の兄又は甥が取得することはできません。

もし、妻が遺言を作成しなければ、私の財産は、妻の相続人が取得することになります。

このようなことを回避し、自身の希望どおりに財産の承継者を決めることができるのが、「受益者連続型信託」です（**図表 6-19**）。

■図表 6-17　受益者連続型信託と遺言の承継先の違い

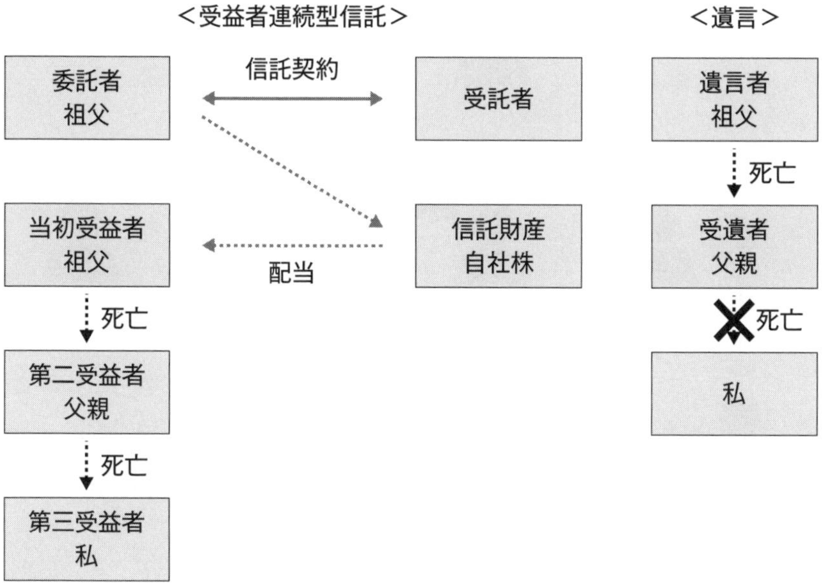

■図表 6-18　遺言（相続）による承継先

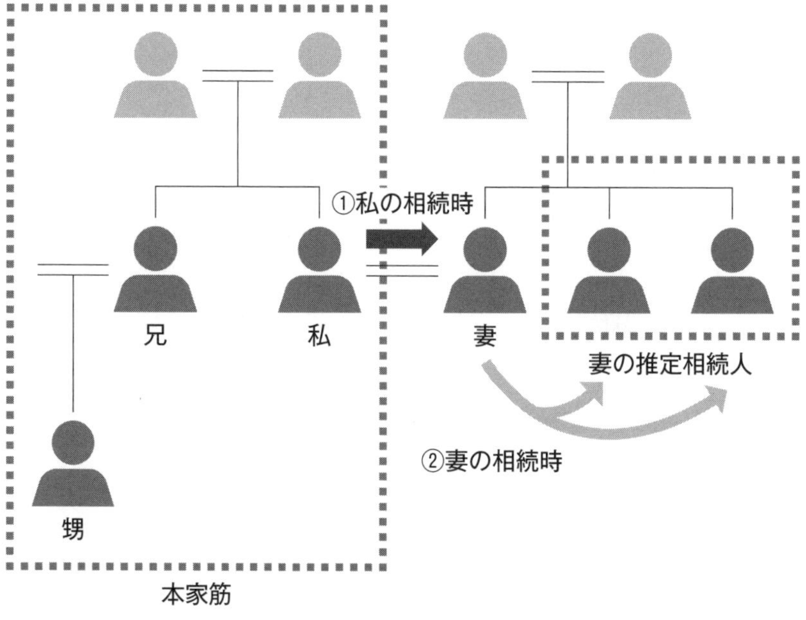

■図表 6-19　受益者連続型信託による承継先

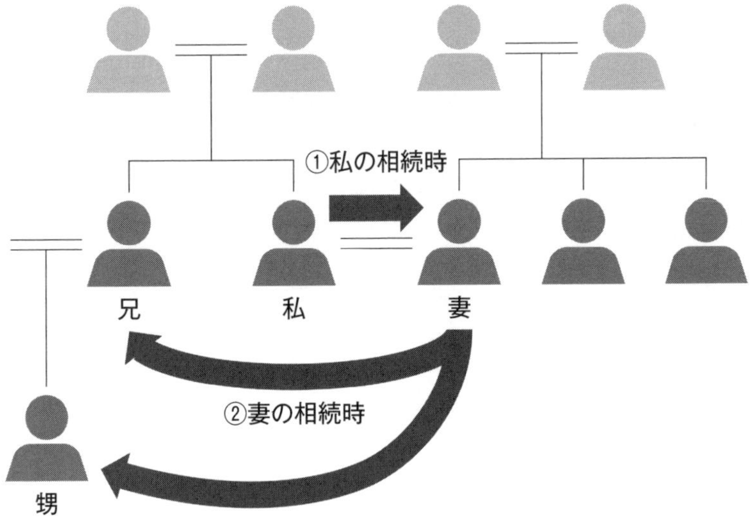

■図表 6-20　受益者連続型信託の期間制限

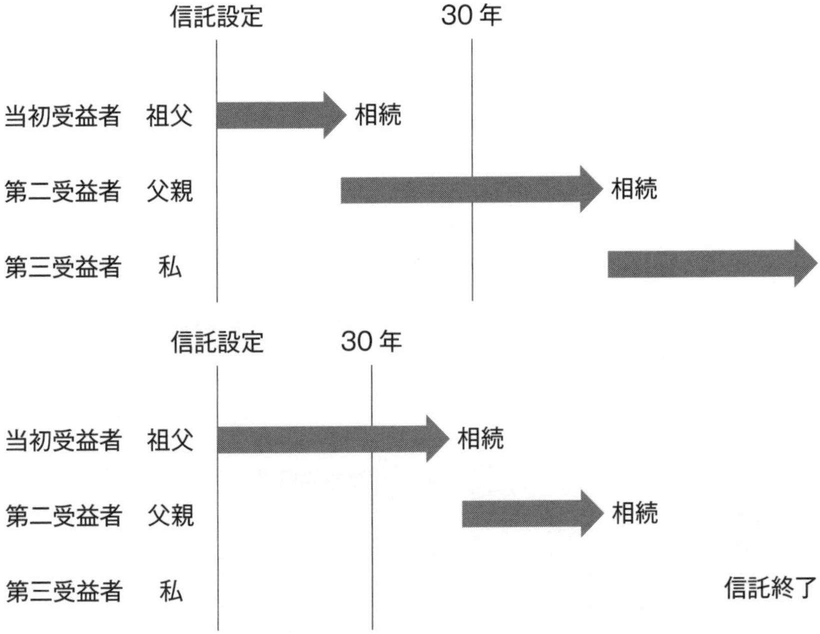

信託契約では、信託設定時から30年を経過した後は、新しい受益権の取得は1回しか認められないため、その取得者が死亡した時点で強制的に信託が終了します。

このため、信託契約期間が長期にわたる場合は、この点に留意する必要があります（図表6-20）。

❷ 信託契約上の承継者と実際の承継者が異なった場合

本相談事例の内容では、会長が現役当時に考えていた社長から相談者（私）への承継プランが、現状にそぐわなくなり、信託契約が実態とかけ離れてしまったことが課題です。

この課題を信託法と税法の観点から検討していきます。

(1) 信託法の観点からの検討

信託契約では、受益者としての指定があると、受益者は特に意思表示をすることなく自動的に受益権を承継します。

しかし、受益者が受益権の承継を否定したいときは、受益権の放棄をすることができ、当初から受益権を有していなかったものとみなされます。

この受益権の放棄には遡及効があり、すでに給付を受けていた利益は信託財産に返還する必要があります（図表6-21）。

上記によると、信託契約で受益者として指定されていても、受益権の放棄は可能であり、放棄があった場合に取得する受益者の指定がなければ、合意により相続人間で帰属者を決めることができると考えられます。

(2) 税法の観点からの検討

① 課税関係での懸念事項

受益者連続型信託において、当初受益者の相続開始により受益権を新

■図表 6-21　受益権放棄の遡及効

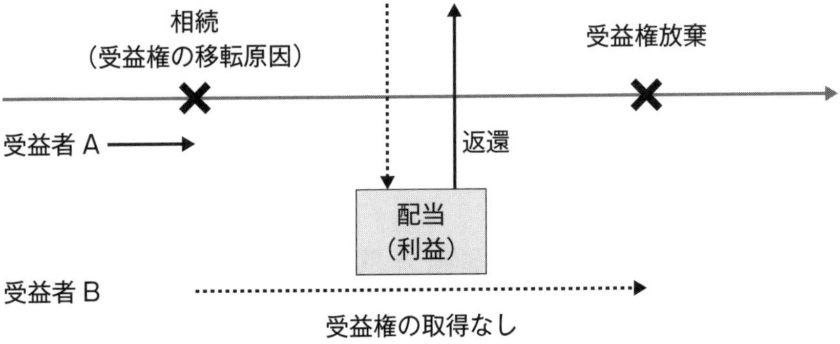

しい受益者（第二次受益権者）が取得したときは、相続（相続人以外であれば遺贈）により財産を取得したものとして、相続税の課税関係が発生します。

しかし、第二次受益権者が受益権を放棄し、その受益権を新たに取得した者がいる場合は、第二次受益権者は特段の意思表示なく自動的に受益権を承継するため、第二次受益権者の放棄により新たに取得した者は、放棄をした第二次受益権者から受益権の贈与があったものとみなして贈与税が発生します。

このような懸念を回避するため、将来の「受益権の放棄」の可能性に備えて、私見ですが、「受益権を取得するためには、受益者となる者の受益の意思表示を必要とする」という停止条件を付した条項を信託契約に付加することは、一考の余地があるものと考えます。

（受益者）

第〇条　本信託の元本及び収益の当初受益者は、委託者とします。

2　当初受益者が死亡した場合、委託者の長男〇〇〇〇（以下第二次受益権者予定者といいます）は、受託者に対して受益の意思表示を行うことにより､後記信託財産目録に定められた信託財産の受益権を取得します。

3　第二次受益権者予定者は、受益権の取得につき、自己が第二次受益権者予定者であることを知った日の翌日から3ヶ月を経過する日までに、受益又は放棄の意思表示を行うものとし、当該期限までに意思表示がなかった場合には、受益の意思表示をしたものとみなします。

4　前項において、第二次受益権者予定者が受益権を放棄した場合は、当初受益者の法定相続人の合意により各法定相続人が取得する受益権を決定するものとし、各法定相続人がいずれも信託法89条に定める受益権者指定権者とします。

(3)　参考とした税務事例

①　相続分の譲渡の課税関係

相続分の譲渡とは、相続が開始してから分割協議の終了までに長期間かかる場合、相続人が自分の相続分を他人に譲渡して、遺産分割協議から外れることをいいます。

(イ)　相続人に譲渡する場合

相続税の申告期限において遺産分割協議が成立していない場合は、いったん相続人全員が法定相続分で取得したものとして相続税を納税します。

その後遺産分割協議が成立したときは、相続人への相続分の譲渡が無償であれば、譲受人に対し遺産分割で取得した財産について、相続税が課税されます。

相続人への相続分の譲渡が有償の場合は、譲渡人に対し譲渡代金について相続税が課税され、譲受人は譲渡代金相当額を取得財産の価額から控除した残額について相続税が課税されます。

(ロ)　相続人以外に譲渡する場合

相続税の申告期限において遺産分割協議が成立していない場合は、第三者に対する相続分の譲渡の有無にかかわらず、いったん相続人全員が法定相続分で取得したものとして相続税を納税します。

その後、遺産分割協議が成立したときは、第三者への相続分の譲渡が無償であれば、譲渡人に対し相続分に相当する相続税が課税され、その後譲受人に対し贈与があったものとして贈与税が発生します。

第三者への相続分の譲渡が有償の場合は、譲渡人が譲受人に対し譲受人が取得した財産を譲渡したものとして譲渡所得税が発生します。

なお、譲受人に対しては原則として課税は発生しませんが、「相続分の譲渡代金」が時価より低額の場合は、贈与税が発生します。

②　停止条件付遺贈の課税関係

停止条件付遺贈とは、その条件が成就するまでは効力が発生しない遺贈をいいます。

条件が成就したときは、その者が遺贈の対象となった財産を相続開始に遡って帰属したものとして取り扱い、条件が成就しなかったときは、相続人に帰属したものとして取り扱います。

このため、相続税の申告期限に条件が成就していないときは、その遺贈の対象となる財産を未分割財産として申告します。

その後、条件が成就したときは、各相続人及び受遺者が、取得財産の増減に従って、更正の請求、期限後申告、修正申告をします。

③　遺産分割の合意解除をした場合の課税関係

民法上は、遺産分割協議が既に成立していても、相続人全員の合意解除をした上で、相続人は改めて遺産分割協議をすることができます。

しかし、相続税では、当初の遺産分割協議により相続人に帰属した財産を、遺産分割協議のやり直しにより再配分した場合は、無性による財産移転であれば、当初の帰属者から新たな取得者に贈与があったものとして贈与税が発生します。

第7章

従業員持株会・
ストックオプション
の活用

従業員持株会・ストックオプションとは

Ⅰ　従業員持株会の活用

従業員持株会とは、会社が役員や従業員に配当などの便益を与えて自社株の取得・保有を推進させる制度で、従業員への福利厚生の一環として導入する企業もあります。

従業員持株会は、民法上の組合として設立されることが一般的です。株主名簿には従業員持株会の理事長の氏名が記載されますが、配当金は組合員である従業員それぞれに配分されます。

通常、従業員持株会は、会社にとっては会社の福利厚生制度の充実、従業員にとっては安定した財産形成に寄与するものと考えられます。

ここで、事業承継の観点から考えると従業員持株会は、経営の安定化につながります（後述の事例参照）。また、企業経営者の持株割合が薄まるため、企業経営者が保有する株式の総額（総評価額）が減少するといった面もあります。

❶　従業員持株会制度の概要

組合員となる従業員は、一般的に、毎月の給与や賞与から天引きした拠出金を、従業員持株会に資金を積み立て、従業員持株会はこの積立金から株式を購入します。

ここで、会社が上場会社の場合は、従業員持株会は、通常、市場から株式を買い付けますが、非上場会社の場合では、会社オーナーからの買受けや第三者割当増資による取得が一般的です。

上述したように、従業員持株会は、民法上の組合として設立されることが一般的ですが、民法上の組合は個人の集合体（法人ではない）のため、各組合員が組合財産（株式等）の持分を有することになります（注）。

（注）配当金は理事長に一括して支払われますが、株式の配当金は各組合員（従業員）に帰属することになり、売却した場合の収入も各組合員（従業員）に帰属します。そのため、各組合員（従業員）に所得税の申告が必要な場合が生じます。

法人でない組合は、組合自体が株式を保有できないため、従業員持株会では株式は組合の理事長（業務執行者）に管理信託され、理事長名義で一括管理されます。

また、理事長に管理信託されている株式の議決権は、組合員となる各従業員の組合持分に応じた指図に基づいて理事長が行使することになります。

なお、従業員持株会の制度を導入するに当たっては、導入の目的を明確にし、その目的に沿う形で、どの範囲の従業員を組合員として参加をさせるのか、どのように株式を取得させるのか、持株会の運営をどうするのか等を事前に検討する必要があります。

❷ 事業承継と従業員持株会との関係

従業員持株会は議決権の行使において通常安定株主となるため会社経営の安定化に寄与することが期待できます。

また、従業員持株会の存在によって、現経営者（オーナー）から後継者に株式を移転する場合の贈与税・相続税の負担が減少するケースもあります。つまり、現経営者（オーナー）の所有する株式の一部が従業員持株会の所有になれば、現経営者（オーナー）の株式数はその分減少し、相続税等の対象となる株式の評価総額（1株当たりの評価額×所有株式数）も減少することになります。

また、第三者割当増資で従業員持株会が株式を取得するようなケースでも、総株数が増えるため、株式の1株当たりの評価額が減少し、同様の効果が生まれます。

（注）従業員持株会が所有する株式は、配当優先株式（無議決権株式）とするケースが多く見られます。

参　考

従業員持株会の導入前後の比較

○前　　提

①　A 社（同族会社）発行済株式総数……100,000 株

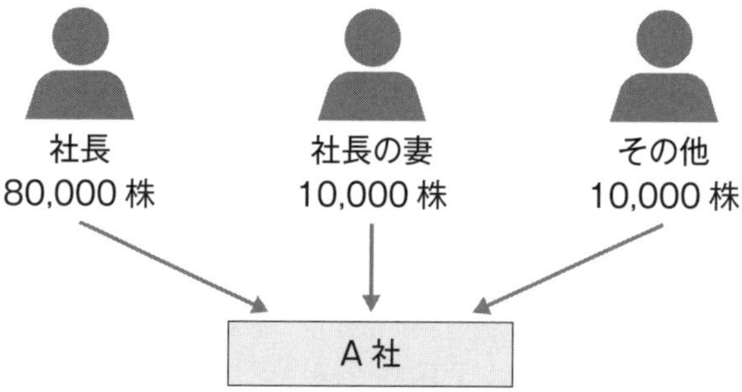

②　現在の A 社の株価（1 株当たり）

・原則評価……5,000 円

・配当還元価額……500 円

○従業員持株会を設立し社長所有株式から 20,000 株を 1 株 500 円で譲渡（配当還元価額を参考としました。他のケースも当然あります）。

（注）譲渡する株式は配当優先株式かつ、無議決権株式に変えて従業員持株会に売却。

①　譲渡前の社長の株価総額

80,000 株× 5,000 円＝ 400,000,000 円

②　譲渡後の社長の株価総額

60,000 株× 5,000 円＝ 300,000,000 円（▲ 100,000,000 円）

（注）相続税率 40％（仮）の場合の所有株式に係る相続税の負担減

（40,000,000 円）。

○ 社長と妻の議決権割合（譲渡に先立ち要検討）

・譲渡前（80,000 株＋ 10,000 株）／100,000 株＝ 90%

・譲渡後（60,000 株＋ 10,000 株）／（100,000 株－ 20,000 株）

＝ 87.5%

無議決権株式（従業員持株会）

（注）株式譲渡後でも社長と妻で３分の２以上（特別決議に必要な持株割合）を確保することが１つの目安です。

❸ その他

(1) 従業員の株式取得資金の準備

従業員は株式取得のため、取得資金の準備が必要ですが、社員の資金負担が過重になる場合があります。そこで会社は株式購入資金の援助を行うことがあります。

＜資金援助の例＞
① 会社が従業員に融資する。
② 会社が持株会に融資し、持株会が組合員に貸し付ける。
③ 購入資金の一部を臨時賞与として支給する。

なお、会社の資金を貸し付ける場合の利率は、実質的に自己株式とされないように、また、給与課税されないように、会社が通常他から借入れを行う場合の平均利率を基にするケースが多いと思われます。

(2) 株式の議決権の行使

株式の議決権は、名義人である理事長が組合員の議決権を一括して行使するように規約に定めます。

ただし、組合員は、その持分に相当する株式の議決権の行使について、指示をすることができます。

それにより、組合員の議決権の行使において不統一となった場合は、その行使を認めることができます。

(3) 従業員持株会からの退会

組合員が退職等の理由により持株会を退会する場合は、持株会規約に定められた価額で持株会が株式を買い取ります。

通常、持株会規約において、退職の際には所有する株式のすべてを持株会へ譲渡すべきものとしておきます。

(注) 株式の買取価額は、例えば配当還元価額方式による評価方法を参考にして、毎期首に理事会において定めるものとしておきます。

Ⅱ ストックオプションの活用

ストックオプションは、役員や従業員等が有利な条件で自社株を取得できる制度です。

一般的には、ストックオプションの活用によって、会社にとっては、優秀な人材の確保に役立ち、組合員のモチベーションアップにつながることが期待できます。一方で役員や従業員等の立場からは、ストックオプションの権利行使により、利益を得られる可能性が生じます。

また、上場を目指している企業の事業承継の場面でもストックオプションが利用されるケースがあります（後述の事例参照）。

❶ ストックオプション制度の概要

(1) ストックオプションの意義

ストックオプションとは、あらかじめ定められた価額（権利行使価額）で一定期間内に自社株を買うことができる権利を付与する制度です。

⑵ ストックオプションのしくみ

① 会社の役員や従業員に対してストックオプションを付与する。
② 会社の役員や従業員が会社に対して権利を行使する。
③ 会社は権利の行使を受け、新株又は自己株式を交付する。
④ 会社の役員や従業員が取得した株式の売却を行うことで、利益を得る。

⑶ ストックオプション（新株予約権）発行の手順

ストックオプションは、おおむね**図表7-1**のような手順で行われます。

■図表7-1　手続の流れ

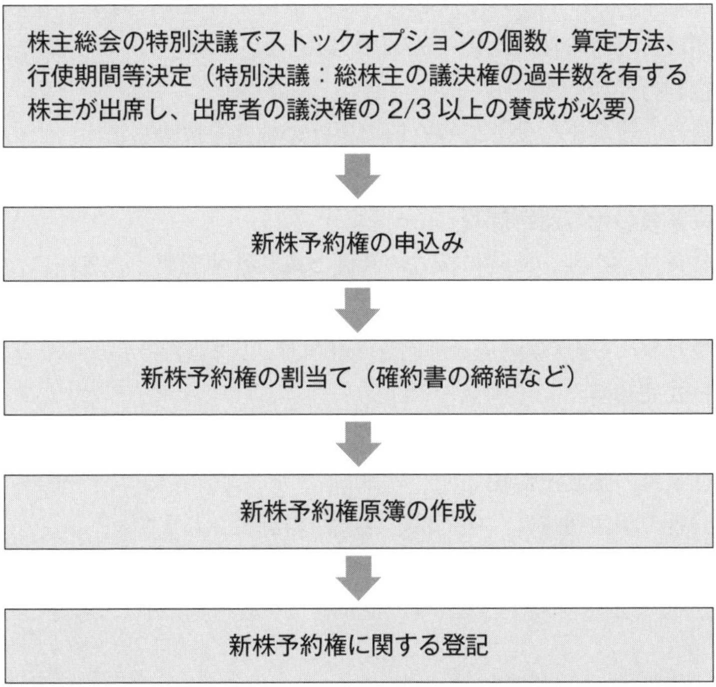

（注） 役員にストックオプションを発行するときは、報酬についての決議が必要となります。

❷ ストックオプション制度の課税関係

⑴ 原　則

ストックオプションの課税関係の原則は、下記のとおりです。

(イ) 給与所得となる部分……権利行使時の株価と権利行使価額との差額は給与所得になります。

(ロ) 譲渡所得となる部分……売却時の価額と権利行使時の株価との差額は譲渡所得となります。

① 権利付与時

権利付与時の甲社の株式の時価は1株500円ですが、ここで、甲社が従業員に1株600円で甲社株式を付与することを約束します（従業員は600円で将来的に甲社の株式を取得する権利を得ます。なお、付与される価額は付与時の株の時価（500円）以上とされます）。

② 権利行使時

役員は、権利を行使して600円で甲社の株式を取得します。この時の株式の時価は2,000円です。

③ 従業員の給与所得課税

従業員は、権利行使時の株式の時価と権利行使価額との差額について給与課税されます。

課税対象……2,000円－600円＝1,400円（1株当たり）

④ 株式売却時

従業員は甲社株式を3,000円で売却します。

⑤ 従業員の譲渡所得税

従業員の譲渡利益については、譲渡所得課税されます。

課税対象……3,000円－2,000円＝1,000円（1株当たり）

(注) 税率20％（国税15％、地方税5％）（復興特別所得税は考慮していません）

⑵　課税の特例

次の要件のすべてを満たすストックオプションについて、役員、従業員がその権利行使により生じた経済的利益（給与所得部分）についての所得税が非課税となっています。

なお、大株主（発行済株式総数の３分の１超所有）及びその特別関係者は特例を適用できません。

⑴　新株予約権等の権利行使は、付与決議の日から２年以内はできないこと。また、10年を超えてもできないこと

⑵　新株予約権等の権利行使価額の年間の合計額が1,200万円を超えないこと

⑶　新株予約権等の１株当たりの権利行使価額は、その付与会社の株式の付与契約の締結時における１株当たりの価額以上であること

⑷　権利行使による株式交付がその交付のために付与決議がされた会社法等の定める事項に反しないで行われるものであること

⑸　これらの株式は、その付与会社と証券会社等との間であらかじめ締結されている株式の保管の委託又は管理等信託に関する取決めに従い、一定の方法により、その証券会社等の営業所等に保管の委託等がされること

⑹　新株予約権等については、譲渡をしてはならないこと。

①　権利付与時

乙社の株式の時価は１株500円ですが、ここで、乙社が従業員に１株600円で乙社株式を付与することを約束します（役員は600円で将来的に乙社の株式を取得する権利を得ます。なお、付与される価額は付与時の株式の時価（500円）以上とされます）。

②　権利行使時

従業員は権利を行使して600円で乙社の株式を取得します。この時の株式の時価は2,000円です。

③　株式売却時

従業員は乙社株式を3,000円で売却します。

④　**従業員の譲渡所得税**

従業員の譲渡利益については譲渡所得課税されます。

課税対象……3,000円－600円＝2,400円

(注) 税率20％（国税15％、地方税5％）（復興特別所得税は考慮していません）

❸　事業承継とストックオプション制度の関係

ストックオプションは、前述のように会社にとっては、優秀な人材の確保に役立つことや、社員のモチベーションアップにつながることが期待でき、主に上場を目指す企業に導入されます。

ここで、事業承継の場面を考えれば、ストックオプションを企業価値が上がる前に後継者（特に親族外の者）に付与することで、将来株価が上昇した時に企業価値の後継者への移転がスムーズに行えることも考えられます。

また、ストックオプションの制度は、企業経営者の持株割合が薄まることから、企業経営者が保有する株式の総額（総評価額）が減少する場合があり、後継者への株式の移転をしやすくする効果もあります。

相談事例 19

従業員持株会のメリットとデメリット

私の会社は、私が株式を100％保有する非上場会社です。
従業員持株会には、経営者、従業員ともにさまざまなメリットがあると聞きましたので、組成を検討しているところです。一方でデメリットもあるようです。
メリット、デメリット等について教えてください。

実務の最適解

❶ 従業員持株会が導入される理由

従業員持株会は、主として上場企業や上場準備企業を中心に、証券会社が牽引し普及してきた制度ですが、近年では上場予定のない非上場企業にあっても従業員持株会制度を積極的に導入する企業が増えています。

その理由として、この制度のメリットである従業員の福利厚生の増進や経営への参画意識の醸成が挙げられます。さらにここ数年では、事業承継の機運が高まっていることもあり、事業承継対策の一環として従業員持株会を導入する企業も増加傾向にあります。

❷ オーナー側からみた従業員持株会のメリット・デメリット

オーナー側のメリットとして、次のようなものがあります。

＜メリット＞

① 従業員の帰属意識の向上
② 株式の社外流出防止
③ オーナーの経営権を確保しつつ、相続財産を圧縮
④ 安定株主の確保

非上場会社の場合、最も大きなメリットは相続税対策です。オーナーは配当還元価額と呼ばれる一般的には低い価格で株式を従業員持株会へ譲渡することができ、オーナーの相続財産の圧縮効果が期待されます。譲渡先も自社の従業員であれば、敵対的な株主でないケースがほとんどであるため、会社経営において有効的な安定株主の確保に繋がるメリットがあります。

一方、デメリットとしては次のようなものがあります。

＜デメリット＞

① 持株会導入時や運営コストの負担
② 従業員への決算情報の開示義務
③ 株主権利の濫用リスク
④ 配当金等の継続

デメリットとしては、証券会社等金融機関に組成を含め事務代行を依頼する場合、規模感にもよりますが、相当なコンサルティング料がかかり、組成後の事務管理代行コストが継続的に生じます。自社内で組成を行う場合でも、専門家の支援を仰ぐことが多いのですが、証券会社等よりは比較的安く組成が可能です。

また、1株でも保有していれば株主には変わりありませんので、決算情報の報告を受ける、かつ、必要に応じ開示請求をする権利があります。保有割合や議決権割合に応じて、行使できる権利や議案の否決も可能となることから、会社経営上重要な議案の否決可能性、役員の選解任

にまで影響を及ぼす可能性もあります。この点は、そもそも会社に敵対的な者に対しては、あらかじめ株式を付与しないなど慎重に対応する必要があります。

■図表7-2　議決権保有割合と株主の権利

（非公開会社、株式会社を前提とする）

議決権保有割合	株主の権利と実行可能な行為	
10分の9以上	特別支配株主の株式等売渡請求	スクイーズアウト
4分の3以上	特殊決議を単独で成立可	属人的株式導入に伴う定款変更、その他
3分の2以上	特別決議を単独で成立可	特定の株主からの自己株式取得
		相続人に対する売渡請求
		累積投票により選任された取締役、監査等委員である取締役、監査役の解任決議
		株式併合　減資　定款変更
		合併、会社分割、株式交換、株式移転
		事業譲渡、事業譲受
		その他
2分の1超	普通決議を単独で成立可	役員の選任又は解任決議（一部除く）
		取締役・監査役の報酬額の決定
		自己株式の取得　剰余金の配当
		準備金の減少　計算書類の承認
		その他
2分の1以上	普通決議を単独で阻止	
3分の1超	特別決議を単独で阻止	
4分の1以上	相互保有株式の議決権停止	
6分の1超	簡易合併の反対権	
10%以上	解散請求権	
3%以上	総会招集請求権　役員解任請求権　検査役選任請求権	
	会計帳簿閲覧請求権	
1%以上	総会検査役選任請求権	
1株以上	株主総会議決権　閲覧謄写請求権	
	株主総会決議取消訴権　株主代表訴訟提起権　取締役の違法行為の差止請求権	

（出典）山田美代子・小田桐史治『オーナー経営者の視点から―「株式分散」問題と集約をめぐる整理・対策ポイント』（清文社、2018）24頁、髙橋美加・笠原武朗・久保大作・久保田安彦『会社法［第2版］』（弘文堂、2018）37頁、134-135頁、東京証券代行株式会社編『詳解　株式実務ガイドブック』（中央経済社、2015）192-193頁を基に筆者作成。

❸　従業員側からみた従業員持株会のメリット・デメリット

従業員側のメリットとして、次のようなものがあります。

<メリット>

①　経営参加意識の向上
②　福利厚生の充実、財産形成支援
③　インセンティブ効果

メリットとして、従業員としての立場だけでなく株主として株主総会に参加することや財務諸表を把握することにより、会社への帰属意識や経営目線で日々の業務に取り組んでもらうなど意識改革の期待ができます。また、非上場企業において上場会社に比べ高配当を出すケースもあり、従業員個人の財産形成に役立ちます。

一方、デメリットとしては次のようなものがあります。

<デメリット>

①　流通性に乏しい資産の取得
②　配当収入のみで収益性が低い
③　倒産の場合、職場と財産を同時に失う可能性

デメリットとしては、出資したものの無配当、少額配当の場合は、従業員にとって保有妙味が薄れ、買戻しの請求を受けることが考えられます。せっかく組成した従業員持株会が機能しなくなってしまう可能性もあります。必ず配当しなければならないわけではありませんが、設計の段階から計画しておく必要はあるでしょう。

これまで、オーナー・経営者、従業員、双方のメリット・デメリットを説明してきましたが、従業員持株会の組成に際して重要なことは、自社にとっての組成目的をはっきりさせ、計画立案段階から専門家を入れ、持続可能な持株会となるよう綿密に準備することです。

一般的に組成目的は持株会のメリットと同義であるため、次のようになります。

・オーナーの相続財産圧縮
・安定株主の確保
・従業員の福利厚生、モチベーション向上

＜参考資料＞

・河口広之ほか「非上場企業における従業員持株会制度の活用」月刊総務 2012 年 12 月号

相談事例20

従業員持株会の活用事例

私の会社の株主は、父親（株式保有割合：25%）、私（15%）、投資育成会社（25%）、役職員（35%）です。

父親（創業者）は社長ですが近く退職予定で、その後は私が２代目社長に就任する予定です。生え抜きの役員・従業員が多く在籍しており、私の代となった場合の経営の安定化に少し不安があります。また、役職員の持株比率が高く、かつ、直接自社株式を保有しています。今後の会社経営において考えられるリスクがあれば教えてください。また、そのリスクに対して何か対策があれば教えてください。

実務の最適解

❶　社長の代替り時の潜在リスク

第一に、会社の重要事案を決議する「株主総会」において、重要決議事項である特別決議が否決される可能性があり、会社経営に支障が出る可能性があります。

第二には、父親の代からの生え抜きの役職員がいるということは、その役職員らが退職する時期もそう遠くないことが予想され、退職に伴う

■図表 7-3　現状の株主構成

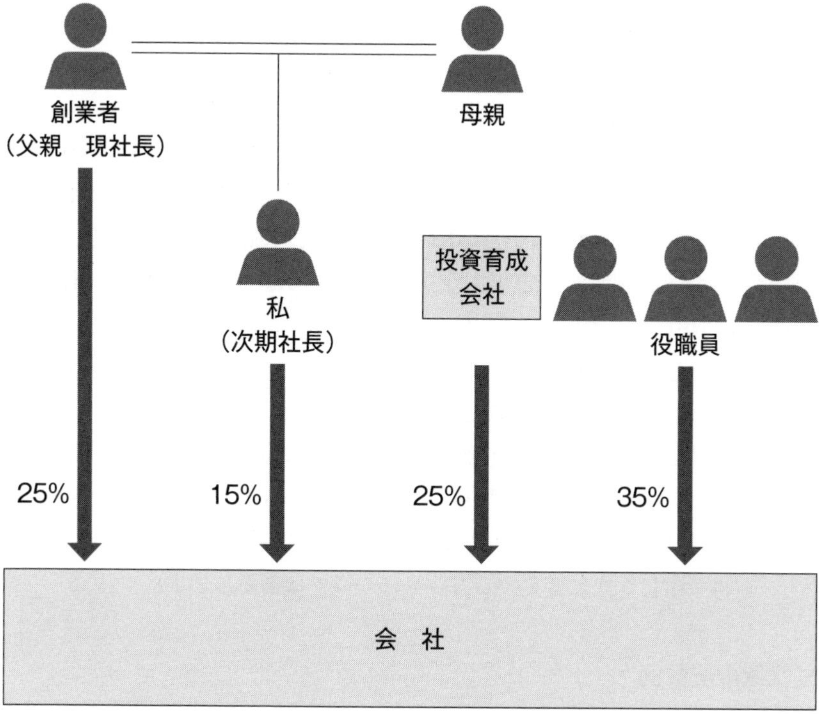

自社株式の買取交渉も、より難航する恐れがあります。

まず前者ですが、これまでは創業者である父親と生え抜きの役職員が苦楽を共にし、双方に強固な信頼関係があるため、株主総会は円滑に進んできたものと思われます。しかし、代替りが起こった段階で、同じような強固な信頼関係が相談者（2 代目社長）と役職員間においてあるとは限りません。したがって、株主でもある役職員を含めた株主総会が従前どおり円滑に進むとは限らないリスクが考えられます。

例えば、定款変更、事業譲渡や組織再編などの特別決議を要する議案の場合、株主総会において株主から一定数以上の承認を得る必要があります。

特別決議の場合、議決権数の 3 分の 2 以上の賛成（承認）が必要です。本相談事例の場合、相談者、父親と投資育成会社を含めたグループで65%と、3分の2（約66.7%）以上には足りません。つまり、約2%以上の賛成を役職員から得なければならない状況となります。最悪の場合では、株主である役職員全員が常に反対に回ると特別決議が承認されない事態に発展するリスクが存在することとなります。

一方、後者については、父親と役職員においては信頼関係があり、父親が社長である間は、退職に伴う自社株式の買取交渉はそれほど心配ないかもしれません。ただ、相談者の代になり、父親の影響力がなくなった場合には、定款等に一定事由が生じた（この場合、退職）際に株式を会社で買取りできる旨の記載(注)が定款にされていないと役職員と直接交渉となるため、非常に不確実なものとなります。時間や費用もかかる場合もあり、会社側にとって想像以上に負担がかかるリスクがあります。

(注) 具体的には、取得条項付株式を発行することを指します。記載例のとおりに定款を変更して取得条項付株式を発行できる会社にした上で、当該株式を発行することになります（具体的手続、普通株式の一部を取得条項付株式に変更する方法等については割愛します）。

＜定款の記載例＞

（発行可能株式総数と種類）
第○条　当会社の発行可能株式総数は、○○○株とする。
2. 当会社の発行可能種類株式総数は次のとおりとする。

普通株式	○○○株
A種類株式（取得条項付株式）	○○○株

（A種類株式の内容）
第○条の○　当会社の発行するA種類株式の内容は次のとおりとする。
1. 当会社はA種類株主が当会社の取締役、監査役又は使用人でなくなった場合には、その有するA種類株式を取得することができる。
2. 当会社は前項により当該株式1株を取得するのと引換えに、その対価として、前項の事由発生時における最終の貸借対照表の純資産額を発行済株式総数で除した額の金銭を交付する。

（出典） 山田美代子・小田桐史治『オーナー経営者の視点から「株式分散」問題と集約をめぐる整理・対策ポイント』230頁（清文社、2018）＜筆者加筆＞

❷ 従業員持株会と種類株式の活用

上記のような潜在リスクに対応するためには、従業員持株会や種類株式を活用することが考えられます。

従業員持株会を活用する場合は、父親が社長として在籍しているうちに、父親から持株会導入の目的や意義を役職員へ説明し、理解してもらうことが重要となります。

ここでは、会社、役職員と持株会との間の契約で手続が完了する従業員持株会の活用方法を説明します。

(1) 従業員持株会の設計

図表 7-4 は、役職員が保有する自社株式の現物を組み入れて従業員持株会を組成する際のイメージです。

■図表 7-4　持株会の組成イメージ

対象株式：当社株式
持株会会員：役職員
出資の方法：現株組入れ（設立時以後は金銭出資）

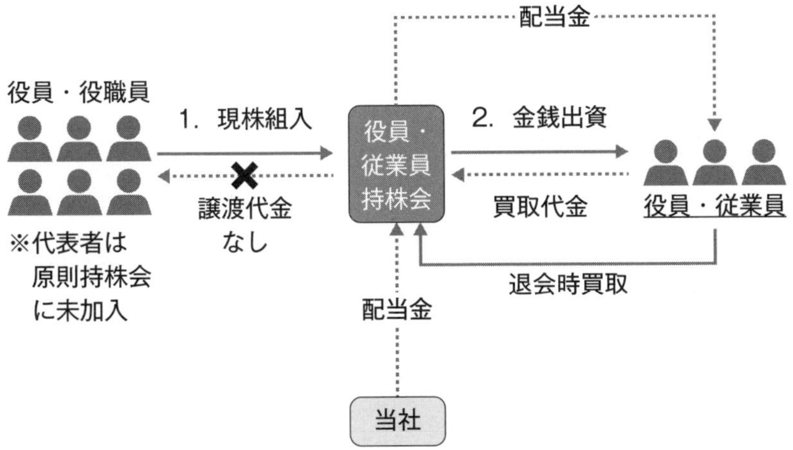

⑵ 持株会組成による課題の具体的な解決

現株組入れにより持株会を組成することにより、役職員の新たな資金拠出なくスムーズに手続を進められます。

ここでポイントになるのが、会社でいう定款に変わる「規約」の中に退職等の事由が発生した場合に持株会に自社株式を払い戻す旨の文言を記載することです。これにより、会員である役職員は、原則当該規約に従わなければならず、社外に株式が流出することを防ぐことが可能となります。

＜従業員持株会の規約例＞

従業員持株会規約

（名称）

第１条　本会は○○○（会社名）従業員持株会（以下、「会」という）と称する。

（会の性格）

第２条　本会は、民法上の組合とする。

（目的）

第３条　本会は○○○株式会社（以下、「会社」という）の株式を取得することを容易ならしめ、もって会員の財産形成に資することを目的とする。

（会員）

第４条　会員は、会社の従業員（以下、「従業員」という）に限り、勤続年数○年以上の者に限られる。

（入会及び退会）

第５条　従業員は、この会に入会し、又は退会することができる。

2　会員が従業員でなくなった場合は、自動的に退会するものとする。

（配当金）

第６条　本会の所有する理事長名義の株式に対する配当金は、会員に現金交付する。

（増資新株式の払込み）

第７条　理事長名義の株式に割り当てられた増資新株式については、会員はこれを払い込むものとする。

（貸付金）
第８条　会及び会社は、会員に対して貸付けの斡旋を行うことができる。
（株式の登録配分）
第９条　第７条により取得した新株式又は無償交付その他の原因により割り当てられた株式は、割当日現在の会員の登録配分株数に応じて登録配分する。
（株式の管理及び名義）
第10条　会員は、前条により自己に登録配分された株式を、理事長に管理させる目的をもって信託するものとする。
2　前項により理事長が受託する株式は、理事長名義に書き換えするものとする。
（議決権の行使）
第11条　理事長名義の株式の議決権は、理事長が行使するものとする。ただし、会員は各自の持分に相当する株式の議決権の行使について、理事長に対し各株主総会ごとに特別の指示を与えることができる。
（持分の一部引出し）
第12条　会員は登録された持分を、理事長の決定価額で本会に譲渡し、その代金を受け取ることができる。ただし、株券での引出しは認めない。
（処分の禁止）
第13条　会員は、登録配分された株式を他に譲渡し、又は担保に供することができない。
（退会の持分返還）
第14条　会員が退会したときは、当該会員に登録配分された株式（小数点第４位以下を切捨て）を現金にて払戻しを受ける。
2　前項の払戻しの株式の評価は、別に定める株式の評価規定により行う。
（役員）
第15条　この会の業務を執行するため、次の役員をおく。
理事　○　名（うち理事長１名）
監事　○　名
2　前項の役員は、会員総会において会員の中から選任し、理事長は、理事の中から互選によって選任する。
3　理事長は、会を代表するものとする。ただし、理事長に事故があるときは、他の理事がこれにかわる。
4　監事は、会の会計を監査し、その結果を定時会員総会に報告するものとする。
（理事会）
第16条　理事長は、毎年○月に定例理事会を招集し、必要あるときは臨時に理事会を招集する。
2　理事会は、理事の過半数の出席によって成立し、その過半数の賛成により議決する。

（会員総会）

第17条　規約の改正その他の重要事項の決議及び役員の選任のため、毎年○月に定時会員総会を開催する。ただし、必要に応じて臨時会員総会を開催することができる。
2　会員総会は、理事長が招集する。
3　会員総会の議決は、出席会員の過半数をもって行う。ただし、会員は、書面をもって議決権の行使を委任することができる。
4　会員は1個の議決権を有する。

（会員への報告）

第18条　理事長は、毎年○月○日から○月○日までを計算期間とした本会の決算報告書を○月○日までに、本会の所在地に公告する。
2　各会員には上記期間内の個人別計算書を作成し送付するものとする。

（通知）

第19条　この会の通知は、原則として社内報又は社内掲示板によって行う。

（会の所在地）

第20条　この会の所在地は東京都千代田区○○番地　○○○株式会社本店内とする。

（事務の委託）

第21条　この会の事務の一部は、○○○株式会社に委託する。

付　則　この規約は、○年○月○日から実施する。

（出典）　大森正嘉・後藤陽子『［改訂版］従業員持株会導入の手引』65～67頁（三菱UFJリサーチ＆コンサルティング）（次頁「覚書」は同57頁）

また、持株会組成とあわせて、役職員の保有する株式を種類株式（議決権制限株式）に変更することも有効です。議決権制限株式へ変更することにより、変更しなかった既存株主（父親、相談者や投資育成会社）は、相対的に議決権割合が上昇し、3分の2以上を大きく上回り（上記ケースでは3者で100％）、株主総会の運用が確実のものとなり、安定した会社経営の実現が可能となります。

❸　従業員持株会組成時と種類株式導入時の留意点

本相談事例で想定している持株会は民法667条を根拠とした民法上の組合です。したがって、民法に準拠する必要があります。民法の詳細は割愛しますが、専門家のアドバイスをもらいながら組成することが重要です。

主には会社側と組合側で覚書等を締結します。組合側は役職員の中から代表者らを選任し（理事長・理事・監事）、持株会の事務運営や議決権の行使のほか配当金に係る事務業務を担います。

＜覚書例＞

覚　書

________株式会社（以下「甲」という）と________従業員持株会（以下「乙」という）とは、下記の諸項目につき相互に遵守するため、本覚書を締結する。

記

1. 甲は、乙に対して、会員に対する通知、報告等のため、社内報等の使用の便宜を与えるものとする。
2. 乙の本来の目的は、その会員の財産形成であり、この目的以外のために乙が利用されることがあってはならない。
3. 本覚書に規定のない事項に関しては、甲乙相互に乙の規約の文言、精神を尊重遵守して処理するものとする。
4. 本覚書に規定されている諸事項は、経済情勢の著しい変動の下においては、甲乙双方協議の結果これを変更することがあり得るものとする。

本覚書の締結を証するために本書2通を作成し、甲乙それぞれ1通を保有する。

年　　月　　日

甲________株式会社
代表取締役____________㊞
乙________従業員持株会
理　事　長____________㊞

会社側は持株会を通じた間接保有となったとはいえ、役職員は引き続き株主には変わりなく、決算内容の報告等従前と同じように丁寧な株主対応が求められます。

種類株式導入に関してですが、新株の発行ではなく既存株式を議決権制限種類株式へ変更する場合は、株主総会における特別決議及び全株主からの同意が必要となります。議決権のあった普通株式から議決権制限株式に変更されるだけではその株主にとってメリットがないため、通常、優先配当を同時に付してメリットも訴求しつつ理解してもらう必要があります。

具体的には、下記の手続が必要となります（山田コンサルティンググループ㈱HP「種類株式発行の手続き」より）。

① 配当優先議決権制限種類株式を発行する旨の定款変更をする特別決議を行い、「種類株式発行会社」とする。

② 一部株主が保有する普通株式を配当優先議決権制限株式に転換することについて、全株主から文書による同意書を入手する。

＜同意書例＞

同意書

私は、このたび貴社より提案のあった下記の定款一部変更（案）について、特段の意義なく、同意します。

記

定款一部変更（案）

現行定款第○条を下記のとおり一部変更する。

現行定款	変更後定款（案）
（発行可能株式総数） **第○条**　当会社の発行可能株式総数は、○○○株とする。	**（発行可能株式総数と種類）** **第○条**　当会社の発行可能株式総数は、○○○株とする。 2. 当会社の発行可能種類株式総数は次のとおりとする。 普通株式　○○○株

	A 種類株式（議決権制限配当優先株式） ○○○株 **（A 種類株式の内容）** 3. A 種類株式は、毎決算期において、普通株式に優先して 1 株につき年○○円の配当を受けるものとする。A 種類株式の種類株主は、株主総会において議決権を行使することができない。

年　　月　　日

株主＿＿＿＿＿＿＿＿＿㊞

○○○株式会社　御中

（出典） 久我祐司『Q&A「定款変更登記」の実務全書』239、250 頁（セルバ出版、2007）＜筆者加筆＞

以上のようなハードルをクリアすることは簡単ではありませんが、創業者である父親が自身で役職員との交渉に臨むことで、比較的容易に進められるケースもあります。

■図表 7-5　導入に向けての進め方

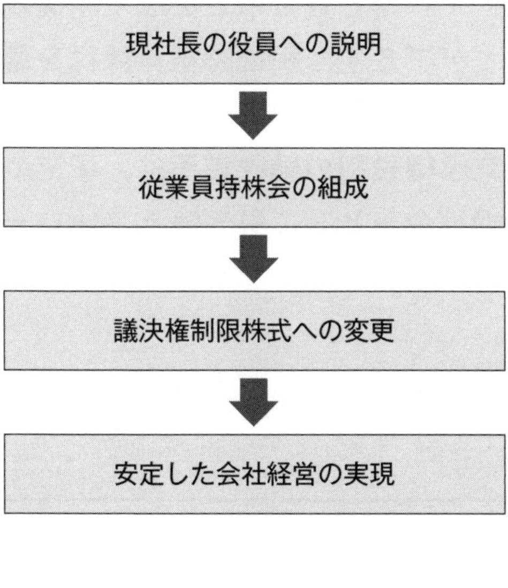

相談事例 21

ストックオプションが有効なケース

私は、父親が創業した会社の経営を最近引き継ぎました。この会社の現在の株主の所有割合（＝議決権割合）は、父親が70％、他の取締役全員で20％、母親が10％です。

私は自分の経験を生かして現在の事業をブラッシュアップし、この会社を上場させるつもりです。そのためには、私も株式を所有する必要があり、シェアも高めたいと考えています。ただ残念ながら、私は多少の預金はあるものの、それほど資金余力がなく、父親から株式を買い取ることができず、相続時精算課税を適用して贈与を受けようとしても贈与税の納税資金がありません。

また、事業承継税制の納税猶予は、事業の遂行上父親には代表取締役会長として引き続きフォローしてもらうこと、また、上場に当たって制限が多いため適用は考えていません。

このような状況でも、私が上場時に株式を所有できる方法はあるでしょうか。

■図表 7-6　現状の株主構成

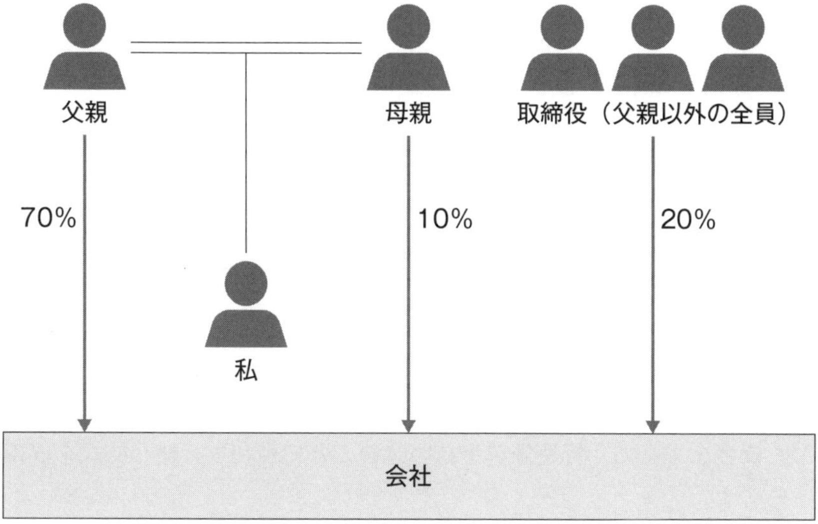

実務の最適解

ストックオプションの付与を受け、上場までに権利行使して、株主となる方法が考えられます。

❶　無償ストックオプションの付与を受けた場合

(1)　課税の概要

本相談事例の相談者（私）は大口株主の親族（特別関係者）に該当することから、税制適格ストックオプションの適用は受けられません。

したがって、仮に株価が１株当たり１万円であるとして、会社が１株当たり行使価額１万円でストックオプションを発行し、相談者が無償で付与を受けた場合、付与を受けた時点においては何も課税はされませんが、権利行使のため１株当たり１万円を払込みして株式を取得した時点で株価が10万円となっていれば、9万円（10万円－1万円）に対して給与課税されます。

⑵　株式を取得するまでの流れ

①　相談者の経営する会社が、行使価額を付与時の株価以上とするストックオプションを発行し、相談者は無償で付与を受けます。

　ストックオプションの付与数は、将来の上場時の売出・公募等を想定して算定することが望ましいです（付与数の考え方は、下記❸参照）。

②　証券取引所の上場審査の承認の蓋然性が高くなった時点で、それまでに貯蓄した自己資金及び可能な場合は事前に銀行融資により調達した資金をもって、行使価額を払い込むことで権利を行使し株式を取得します。

　この時点で時価（おおむねIPO時の発行価額）から払込価額を差し引いた差額は給与とされ、所得税・住民税が課税（総合課税。最高税率であれば55.945％（令和3年現在））されます。

　このうち所得税は給与から源泉徴収されるため、給与から控除しきれない額があれば、会社がいったん立替納税します。

③　一方、会社からすると、この給与課税の対象とされる金額は、取締役に対する定期同額給与以外の給与に該当します。ストックオプションは、発行時点では市場性のない株式を取得する権利であり、事前確定届出給与として事前に届出することも困難であることから、原則として法人税上損金計上できません。

④　取得した株式の一部を上場による売出しで売却し、その売却額から会社が立替納税した額を会社に支払います。

　また、翌年課税される住民税分も手許に残しておくべきでしょう。

　なお、この売却した株式については譲渡所得が課税されますが、すでに給与課税により取得価額がおおむね時価となっている（行使価額＋給与として課税された額＝時価）ことから、実質的には譲渡所得は課税されません（**図表7-7**参照）。

■図表 7-7　無償ストックオプションの課税のイメージ

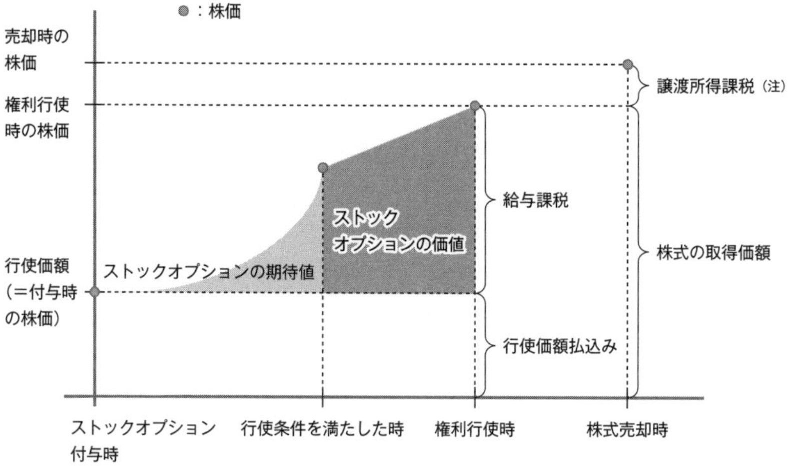

（注）　権利行使直後に売却した場合は、権利行使時の株価＝売却時の株価となるため、譲渡所得課税は生じない。

⑤　以上により、ストックオプションを行使して取得した株式から、納税等（銀行融資により調達した資金で払込みした場合はその返済額も）に必要な資金のために売却した株式を控除した、残りの株式を所有することができます。

参　考

新株予約権の価額

新株予約権（ストックオプション）の価額は、本来無償ではありません。

ストックオプションは、株価上昇の期待がある将来において、現時点での株価等相当額を対価として取得することができる権利であることから、ストックオプション発行時においてもそこには時間的な価値や期待値などがあります。

ストックオプションがなければ、株式を取得するにはその取得時の株価を対価とすることとなります。ストックオプションがあったとしても、権利行使価額が株式取得時の株価と同額以上であれば、権利行使する必要がないため、ストックオプションの価値は０になります。
　しかし、将来のある時点において、ストックオプションの行使価額よりも株価が高くなったとき、ストックオプションを行使することで、行使時の株価より低い行使価額で株式を取得することができます。その可能性等に価値があるのです。
　ただし、非上場企業の株式には市場性がなく、さらにその株式に係るストックオプションの公正価値を算定することは困難であることから、会計及び税法においては、本源的価値（権利付与時に直ちに行使したことで得られる利益相当）により評価されることとされています。
　したがって、権利付与時の行使価額を付与時の時価以上とすることで、ストックオプションは０円と評価されるため、無償で付与されたとしても付与時に課税はされません。

❷　有償ストックオプションを取得した場合

　非上場企業のストックオプションの会計上及び税法上の公正価値の算定は、前記❶参考のとおり困難ですが、類似する上場会社の株価やその値動き等を参考にした方法で金融商品と同様に評価することにより、合理的とされる評価額を算定することが可能です。

(1)　課税の概要

　会社は、ストックオプションをこの合理的な評価額で有償発行し、割り当てられた者はストックオプションを有償で取得します。
　ストックオプションを適正な時価で取得することから、一種の金融商品を取得したものと考えられ、その権利を行使しても、行使時点での課税は生じません。
　したがって、前記❶の無償ストックオプションの場合の行使時における給与課税は発生せず、行使により取得した株式を売却した時点で、譲渡所得として課税されます。

仮に株価が1株当たり1万円であるとして、1株当たりの行使価額を1万円とするストックオプションを、会社が100円で発行しそれを100円で取得した場合、ストックオプションを取得した時点及びストックオプションを行使した時点では何ら課税はありませんが、その行使により取得した株式を譲渡した場合で株価が10万円となっていれば、8万9,900円（10万円－（1万円＋100円））に対して譲渡課税されます。

なお、経営状況の悪化や上場準備を中止したことなどで権利行使しなかった場合や、権利行使の条件が満たされずに行使できなかった場合は、たとえ有償で取得したとしても、ストックオプションの価値はなくなります。上記の場合は、100円を損することになります。

■図表7-8　有償ストックオプションの課税のイメージ

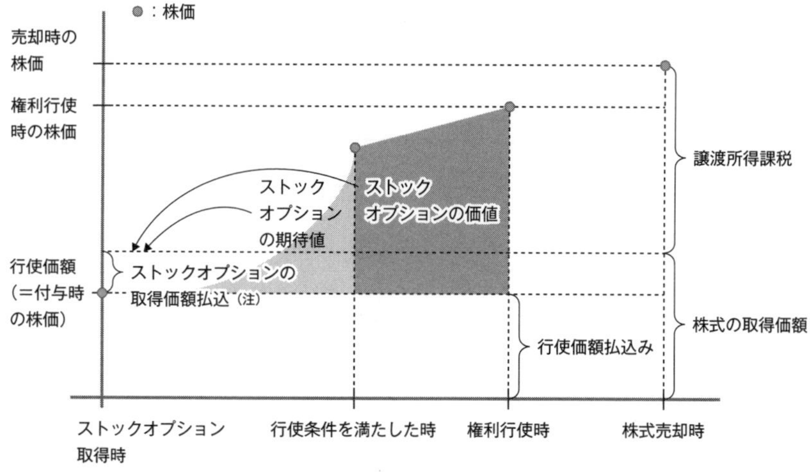

（注）ストックオプションの発行価額（＝付与時の合理的な価値）

(2)　株式を取得するまでの流れ

① 相談者の経営する会社が、行使価額を現在の株価以上とするストックオプションを合理的な価額で有償発行し、相談者はそのストックオ

プションを有償で取得します。

ストックオプションの付与数は、上場時の売出・公募等を想定して算定します（付与数の考え方は、後記❸参照）。

② 証券取引所の上場審査の承認の蓋然性が高くなった時点で、それまでに貯蓄した自己資金及び可能な場合は銀行融資により調達した資金により、行使価額を払い込むことでストックオプションを行使し株式を取得します。

③ 取得した株式の一部を上場による売出で売却すると、譲渡所得（売出価額－（行使価額＋ストックオプションの取得価額））に対し課税されます。

株式の譲渡益に対する課税は20.315％（令和３年現在）となります。

④ 以上により、ストックオプションを行使して取得した株式（銀行融資により調達した資金で払込みした場合は、譲渡所得課税後の手取額が返済資金となるように売却した株式を控除した、残りの株式）を所有することができます。

参考

ストックオプションの評価方法

ストックオプションの主な評価方法として、２項モデル、ブラックショールズモデル、モンテカルロシミュレーションがあります。

行使するための条件（行使期間、業績条件等（所定の期間内に所定の業績をクリアしなければ行使できないなど））を緩めれば、行使できる可能性が高くなるためストックオプションの価値は高くなり、厳しくすれば低くなります。

ストックオプションをできるだけ安く取得するためには、ストックオプションの評価額が低い方がよく、そのためには厳しい行使条件を付すことになりますが、行使できなくなる可能性（ストックオプションの価値がないものとなる可能性）も高くなります。

❸　無償ストックオプションと有償ストックオプションの比較

無償ストックオプションと有償ストックオプションのそれぞれのケースで、手許に残る所有株式数は、**図表7-9**のとおりです。

■図表7-9　無償と有償の場合の所有株式数の違い

前提条件	SO発行時	SO行使・IPO時
時価総額	100,000,000円	5,000,000,000円
発行済株式数	10,000株	25,000株
1株当たり時価	10,000円/株	200,000円/株
ストックオプション　1口＝1株	10,000株相当	
ストックオプションの価値	100円/1株相当	

1. 無償ストックオプションの場合

i	給与	(200,000円/株−	10,000円/株)×10,000株＝	1,900,000,000円	
ii	納税額　最高税率と仮定	1,900,000,000円×	55.95%＝	1,063,050,000円	
iii	行使価額総額	10,000円/株×	10,000株＝	100,000,000円	
iv	納税・返済資金　ii＋iii	1,063,050,000円＋	100,000,000円＝	1,163,050,000円	
v	売出しする株式	1,163,050,000円÷	200,000円/株＝	5,815株	
vi	残りの所有株式数	10,000株−	5,815株＝	4,185株	16.74%

2. 有償ストックオプションの場合
（給与なし）

i	有償ストックオプション	100円/株×	10,000株＝	1,000,000円	
ii	行使価額総額	10,000円/株×	10,000株＝	100,000,000円	
iii	返済資金　i＋ii	1,000,000円＋	100,000,000円＝	101,000,000円	
iv	1株当たりの売却手取り額	200,000円/株−	(200,000円/株−10,000円/株−100円/株)×20.315%＝	161,422円/株	
v	売却価額	101,000,000円÷	161,422円/株＝	626株	
vi	残りの所有株式数	10,000株−	626株＝	9,374株	37.50%

図表のケースにおいて、無償ストックオプションの場合は、権利行使時の給与課税に対する税負担が、有償ストックオプションの行使後に株式譲渡する場合の譲渡課税の税負担に比較し大きいため、最終的な所有株数に差が生じます。

無償ストックオプションと有償ストックオプションのメリットとデメリットをまとめると、**図表7-10**のとおりとなります。

■図表7-10　メリット・デメリット

	無償ストックオプション	有償ストックオプション
メリット	・付与時に払込みが不要 ・行使しなくとも損失はない ・譲渡所得課税は行使時以降の含み益のみに課税 ・ストックオプションの評価額の算定が不要	・行使時に給与課税は生じない ・譲渡所得課税はあるものの給与課税に比べて税負担が軽いケースが多い
デメリット	・行使時に給与課税の負担が生じる	・付与時に金銭等による払込みが必要 ・行使しないと払込みした金額が無駄になる ・ストックオプションの評価額の算定が必要

相談事例 22

従業員持株会・ストックオプション等が有効とならないケース

我が社は、このたび創業 30 年を迎えました。

私が創業し、事業拡大に伴って融資のほかは私の資金で増資してきたことから、株主は私のみで 100%所有しています。従業員の出入りは激しいものの、私の人脈等で経営状況は順調ですので、そろそろ子供に事業承継をと考えています。

子供も事業の承継に前向きですが、コツコツ真面目に働くものの、さらに事業を拡大・成長させようという気持ちはないようです。

事業承継に当たって、従業員持株会や役員・従業員向けの無償ストックオプションという仕組みが有効であると聞いたことがありますが、我が社のケースで導入に効果はあるでしょうか。

実務の最適解

❶　従業員持株会の課題

本相談事例の場合、従業員持株会に当社の株式を所有させることで、創業者である相談者（私）の持分が減少することから、相続財産が減少するとともに相続税も減らすことは可能です。

また、従業員持株会に所有させる株式について、議決権なしの種類株式とすることで、今までどおりの経営を続けることも可能です。

問題は、従業員持株会が、株式買取りのための従業員からの拠出額をどのくらい集めることができ、相談者の相続財産に影響を及ぼすほどの株式数を取得できるかです。

従業員の出入りが激しい会社のようですので、従業員持株会を導入しても、従業員持株会への加入率がきわめて低くなる可能性があります。

従業員持株会に従業員が拠出するつど会社から補助として支給する奨励金を多めに設定し、また、普通株式より配当金を多く受け取ることができる配当優先株にしたとしても、加入者数が少なければ持株会への拠出総額も低くなり、その結果、買取りする株式数が少なくなることが想定されます。

また、従業員持株会の加入者が（退職することで）退会するときは、その者の従業員持株会における持分相当の株式を換金して従業員持株会から返金することになりますが、退会者が多い場合、返金のために株式をいずれ資金化しなければならなくなることから、従業員持株会が株式を所有し続けることが困難となります。

このようなケースの場合、相続税対策としての従業員持株会の有効性は非常に低いものとなります。

❷　役員・従業員向けの無償ストックオプションの課題

ストックオプションは、権利行使時（払込時）における株価より安く株式を取得することができるとの期待がなければ、価値はないと判断されます。

例えば、3年後に現在の株価（1株1,000円）で株式を取得する権利を付与された者が、3年経過後の株価が1株1万円となっていれば、1株1,000円を払い込んで1万円の株式を取得することで9,000円の含み益を得ることができます（**図表 7-11**）。

■図表 7-11　ストックオプションが効果的なケース

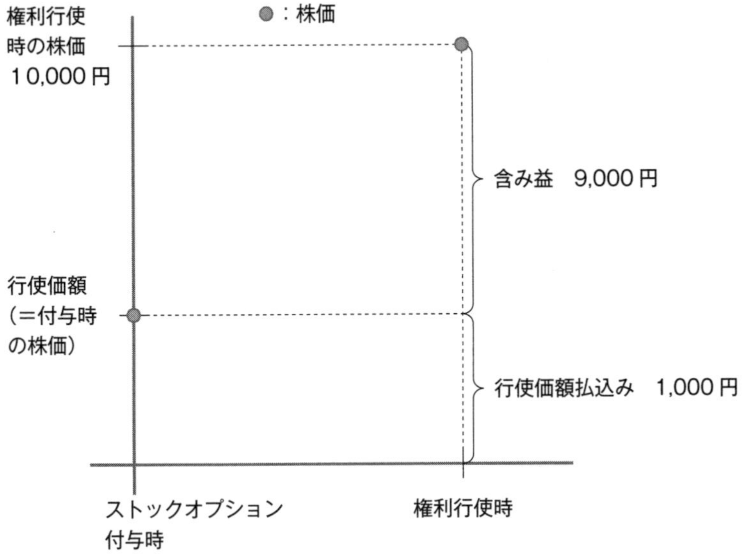

ところが、3 年後にその時点での株価が 1 株 1,000 円以下であれば、権利行使する意味はないため、ストックオプションは行使されず、株式も増えません（増資されません）（**図表 7-12**）。

■図表 7-12　ストックオプションが効果的でないケース

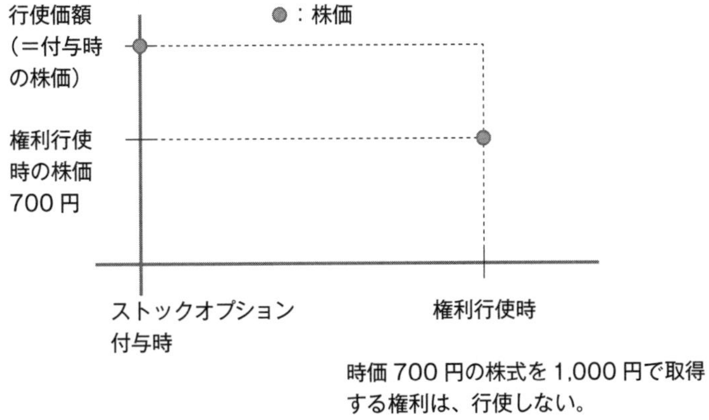

また、証券会社等がストックオプション行使により取得した株式の保管業務を受託等しない限り、税制適格要件は満たせません。

証券会社は上場やM&A等で換金される可能性がない非上場会社の株式の保管業務を受託することは一般的にはないため、会社が株式を上場しない場合は、通常はそのストックオプションは税制適格要件を満たすことができなくなり、役員や従業員は権利行使により株式を取得した時点で、含み益に対し給与課税（総合課税対象。最高税率55.945％（令和3年現在））されます。

役員や従業員からすると、通常の給与から源泉徴収により所得税が差し引かれるため、給与の手取りが少なくなります。

役員や従業員が株式を所有し続けるのであれば、相談者の持分は減少することから、相続財産が減少するとともに相続税も減らすことができます。

ところが、実際には給与の手取額が減額されれば、取得したその株式を売却したいと考えるものですが、非上場株式には市場がないため、株式の売却は非常に困難です。

そこで、会社に自己株式として買い取るよう要求することが考えられますが、その場合、売却した個人はみなし配当課税（総合課税対象）されるため、給与課税と合わせた結果、ほぼ利益が得られないことがあり得ます。

ところで、そもそも権利行使した株式を所有し続けることができないのであれば、創業者である相談者の持分を減らすことはできません。

したがって、事業を拡大・成長させようという気持ちがなければ株式の上場は困難であり、上場を目的としないストックオプションは、相続税対策には有効とはいえません。

ちなみに、非上場企業の役員・従業員向けの無償ストックオプションは、上場に向けてのモチベーションアップや上場を達成したことへの（市場から調達する）賞与的な性格をもつインセンティブ制度であることから、そもそも相続税対策としては不向きです。

❸ ストックオプション行使時と株式売却時の手取額の比較

下記の事例により手取額を比較してみます。

■図表 7-13　ストックオプションの行使による手取額

前提条件	SO 発行時	SO 行使時	自己株式買取り
時価総額	100,000,000 円	1,100,000,000 円	
発行済株式数	100,000 株	110,000 株	10,000 円 / 株
1 株当たり時価	1,000 円 / 株	10,000 円 / 株	
ストックオプション　1 口＝1 株	10,000 株相当		
1 株当たりの資本金等			500 円 / 株

（注）　復興税は省略した。

（1）ストックオプション行使時（株式取得時）

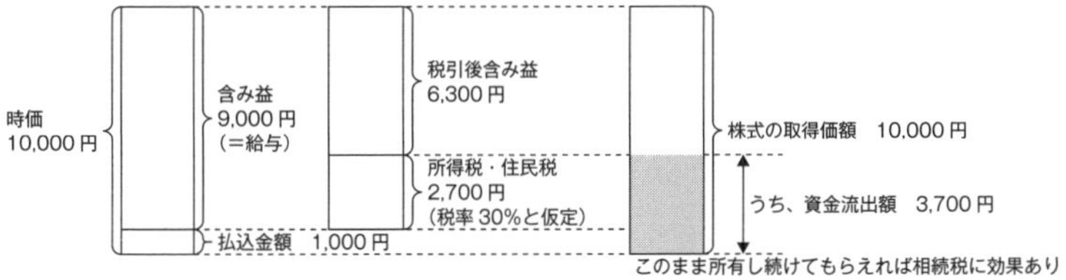

（2）株式売却時

①　発行会社以外の第三者に時価で売却するケース

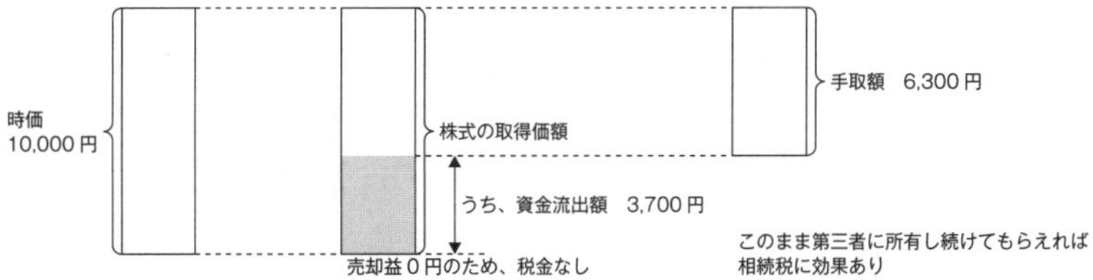

②　発行会社に時価で売却するケース

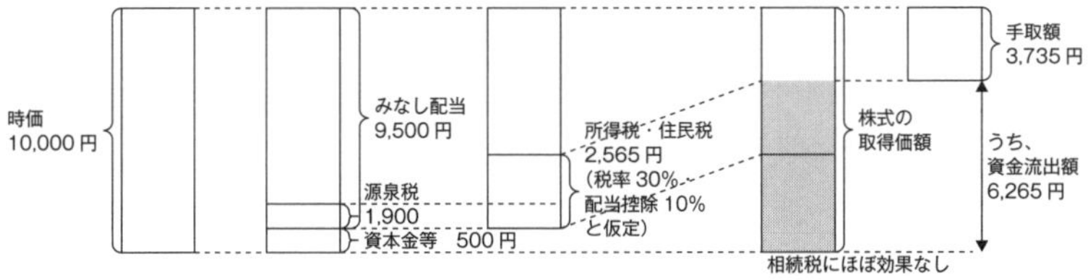

⑴ ストックオプション行使時（株式取得時）

ストックオプションを行使（1株1,000円払込み）することで、1株1万円の株式を取得します。差額の9,000円に対して所得税・住民税が課税されます。税率が30％であれば、2,700円の税負担が生じます。この場合、1万円の株式を取得するために、3,700円（行使価額1,000円＋税負担2,700円）の資金が必要となります。

⑵ 株式売却時

① 発行会社以外の第三者に時価で売却するケース

1万円の株式を1万円で第三者に金銭で売却することができた場合、売却益は0円なので、この時点で税負担は生じません。

売却代金1万円から、取得に当たって流出した資金3,700円を差し引いた6,300円が、実質的な利益となります。

また、売却した第三者がそのまま所有し続けることができれば、相談者の持分は減ったままなので、相続税に効果があります。

② 発行会社に時価で売却するケース

非上場企業である発行会社が自己株式買いする場合、株式の売買と利益の払戻し（みなし配当）の2つの取引からなるものとされます。株式の売買は、法人税上の資本金等を構成する部分を売却したものとされ、利益の払戻しは、法人税上の資本金等以外を構成する部分から配当されたものとされます。

法人税上の資本金等が1株当たり500円であれば、株式の売買による譲渡損9,500円（500円－取得価額1万円）と、みなし配当9,500円（売却価額1万円－資本金等500円）となります。

1万円で取得した株式を1万円で売却すれば、第三者への売却であれば売却益は0円ですが、非上場企業である発行会社自体に売却すれば、株式の譲渡損9,500円とみなし配当9,500円が生じることとなるわけです。非上場企業の株式の譲渡損は非上場企業の株式の譲渡益とのみ通算が可能ですが、なければ切り捨てられます（他の所得との通算はできません)。

みなし配当は配当所得として課税され、10万円を超える場合は総合課税の対象となります。税率30%・配当控除10%であれば、1株当たりの所得税・住民税は2,565円(9,500円×30%×(1－10%))となります。売却代金1万円から、取得に当たって流出した資金3,700円及びみなし配当課税による2,565円を差し引いた3,735円が、実質的な利益となります。

みなし配当の額が1銘柄1回当たり10万円までであれば、総合課税か申告不要かを選択できます。

申告不要を選択した場合、所得税20.42%(令和3年現在)を徴収されるだけで所得税の納税は完了します。

ただし、非上場企業からの配当なので所得税は申告不要であっても住民税は総合課税の対象となります(税率10%・配当控除2.8〜1.4%)。

この場合、売却代金1万円から取得に当たって流出した資金3,700円及び所得税1,939円(9,500円×20.42%)・住民税923円(配当控除2.8%の場合9,500円×10%×(1－2.8%))を差し引いた3,438円が、実質的な利益となります。

■図表7-14　ストックオプションの行使による手取額(税率が高いケース)

(3) 上記(1)及び(2)につき、税率がより高い場合

① ストックオプション行使時(株式取得時)

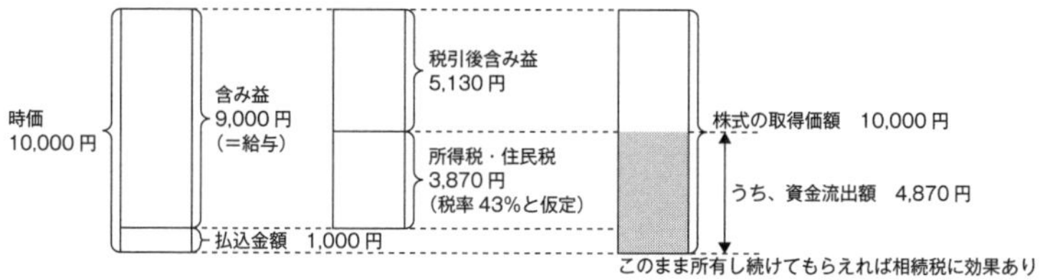

② 発行会社に時価で売却

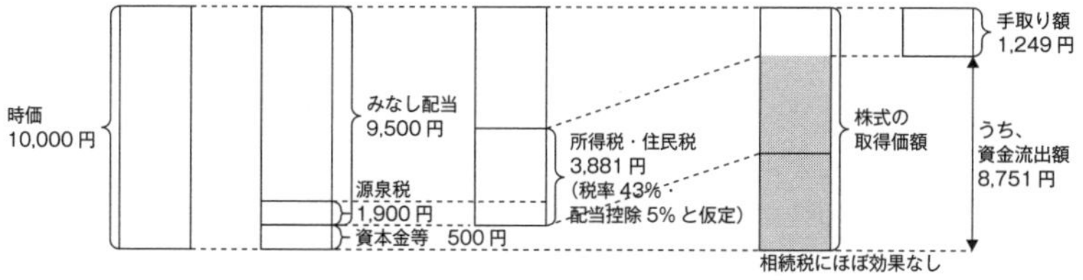

なお、自己株式買いする場合は、いったん役員又は従業員が所有した株式を自社で買い戻すわけですから、結果としてあなたの持分は減らず、相続税の減少にはなりません。

図表 7-13 は、所得税・住民税の税率が30%のケースですが、役員など給与が高額な場合や、不動産賃貸など他の所得があることで、税率43%のケース（**図表 7-14**）になれば、自己株式買いによる実質的な利益は1,249円となります（みなし配当が1銘柄1回当たり10万円超となる場合）。1株当たり1万円の株式を1,000円で取得したものの、7,751円の税負担で、現金化したら1,249円だけという結果になってしまいます。

第８章

遺言の活用

遺言とは

遺言は、自分の大切な財産を、その死後遺族や自分の希望する人に有意義に活用してもらうために行う遺言者の意思表示です。

また、相続や遺産分割をめぐる争いを防止することに有用であると考えられています。

遺言によっても、直接誰かを経営者や役員に強制的に就任させることはできませんが、自分が創業したり、経営に携わってきた会社の経営権（株式、持分など）を相続人や自分が希望する人に、相続させたり、遺贈することはできます。

同時に、経営権に合わせて店舗など事業用の資産を取得させることも可能です。

遺産の大半が自社株や事業用資産の場合などは、事業承継者とならない他の相続人の遺留分には留意する必要があるものの、遺言が作成されない場合に比べてその存在が大きなメリットとなるケースもあります。

❶ 遺言の形式

法律で定められている「遺言」の形式は何種類かありますが、そのうち現実に作成されているものの大半は、「自筆証書遺言」又は「公正証書遺言」です。

署名捺印など法律上要求される様式さえ維持されていれば、どの形式で作成された遺言も法的効力は同じです。

しかし、一般的には遺言内容の確実な実現のためには、公正証書での作成が推奨されます。

公正証書遺言とは、遺言者の嘱託を受けて公証人が作成する遺言ですが、必要書類の収集、立会証人の手配、公証人への手数料の納付などの負担が遺言者にかかります。

これらの負担を軽減したい場合には、遺言者自身が一定の形式どおりに遺言書を自筆し、その後遺言者の申出により法務局（遺言書保管所）が保管する「自筆証書遺言書保管制度」の活用も検討するとよいでしょう。

公正証書遺言と「自筆証書遺言書保管制度」により保管されている自筆証書遺言には、相続開始後の検認が不要であるという長所があります。

■図表 8-1　公正証書遺言と自筆証書遺言のメリット・デメリット

	公正証書遺言	自筆証書遺言
メリット	・公証人が作成するため法律の要件は充足 ・公証役場で保管するため紛失の恐れがない ・検認が不要	・本人が自筆で作成するため費用は不要 ・財産目録はパソコンでの作成も可
デメリット	・費用が発生する	・発見されない可能性あり ・偽造や隠ぺいの可能性あり ・検認の手続が必要 （法務局での保管制度を利用する場合は不要）

❷　遺言でできることとできないこと

遺言の内容は、犯罪を条件とするなど公序良俗に違反する場合は無効となったり、内容が不明確で実現できないといったことはあり得ますが、原則として遺言者が自由に決定できます。

経営権や事業用資産を法定相続人でない人に与えたり、そのために条件を付すことも可能です。

例えば、取締役として事業の継続に携わる代わりに、娘婿に事業用店舗兼居宅を遺贈するような内容にもできます。

また、法的な拘束力はないものの、そのような遺言を作成するに当たって、「付言」として遺言者の意思を記すことも可能です。

❸ 遺言のメリット・デメリット

自筆証書遺言・公正証書遺言にはそれぞれメリット・デメリットはありますが、遺言に共通のメリットとしては、遺言者自身の最終の意思を表しておくことで、相続時のトラブル回避につながるという点が挙げられます。生前に遺言者の意思が変われば何度でも書き直しもできます。デメリットとしては、内容があいまいであると、その解釈をめぐってかえって相続トラブルにつながりかねない、また、遺言書自体が発見されない可能性もあるという点が挙げられます。

❹ 事業承継と遺言

現経営者の財産のほとんどが会社の株式である場合や会社経営に複数の相続人が関わっている場合、相続開始後の争いを回避する上でも遺言は必要と考えられます。

例えば、子供が複数の場合、会社を承継する子供については会社支配に支障がない株式数を相続させる必要があります。ただ、株式を相続しない（若しくは相続する株式数が少ない）子供から不満が出ることもあるため、そのような遺言になった理由や気持ちを遺言に付言事項として残すことも良いと思われます。

また、後継者に経営に必要な株式や資産を相続させようとした場合、他の相続人の最低限の取り分を保障した遺留分を侵害してしまわないよう注意し、ケースによっては、事前の対策を講じることも必要です。

なお、株式の評価額は変動するため、遺言作成時の株価が、遺言者の死亡時には大幅に相違しているということもあります（それにより遺留分の額が相違します）。そのため事業承継において株式を相続させる場合には、生前には遺言を作成した後も株価の動向に気を付け、場合によっては遺言を書き換えることをお勧めします。

参考

遺言書の作成等が必要な場合・有効な場合（国外に相続人がいるケース等）

被相続人が経営者で会社の株式を多量に所有している場合で、遺言書が作成されないまま相続が発生してしまうケースです。

ここで、国外に相続人がいる場合は、上述の会社株式が国外転出時課税（株式についてのキャピタルゲインの清算・譲渡所得課税）の対象となります。

そのため、後継者（国内居住とします）に対して株式を相続させるといったような遺言がないと遺産分割の対象となり、4か月以内に分割がまとまらない場合は、譲渡所得税（被相続人の所得税の準確定申告）の課税がされます。

（注） 仮に相続人3人（子）で1人が国外居住の場合は、株式の3分の1について上記譲渡所得税の対象。

相談事例23

相続人以外の者への事業承継に必要なツール

私は、明治時代から続く鮮魚店・㈱甲商店を経営しています。先代である私の父親（故人）が個人経営から株式会社に法人成りさせ、現在は、私が代表取締役社長で、かつ、唯一の株主となっています。

私のほかに、役員としては私の弟がおり、また、妻及び弟の子が従業員として店を手伝ってくれています。

私は生涯現役で店を続けたいと考えていますが、反面、70歳を過ぎ、体調面の不安もあることから、私の死後の事業承継を考えるようにもなりました。私には、子が２人いますが、２人とも自分の家庭や仕事を持っており、店を引き継ぐ意向はないようです。

先祖からの店ですし、私の死後は、店を継続してもらうため、店舗の所有権を含む全権利を弟又は弟の子に継がせたいと考えています。これを確実に実現する方法はあるのでしょうか。

実務の最適解

現在、相談者のＡは唯一の株主、すなわち「会社の所有者」です。定款に特別な記載がないことを前提とすると、役員選解任等をはじめ

■図表 8-2　家族関係図

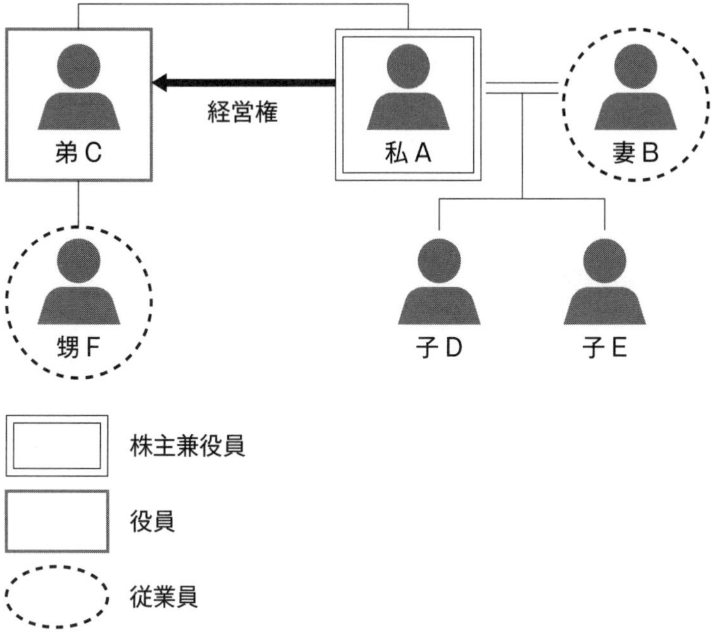

とした、経営決定権は、すべてAにあることになり、事業を引き継がせるためには、Aから弟（又は弟の子）に株式を移行させる必要があります。

生前に移行させるためには、贈与や増資などの方法が考えられますが、Aは自分の死後、相続を機に事業を承継させたいと考えています。

しかしながら、本相談事例の場合では、相続によると経営権及び事業用の店舗は、法定相続人である妻B又は相談者の子D・Eが取得することになります。

故人に子や孫など直系卑属が存在する場合は、相続放棄がある場合などを除いて、兄弟姉妹は相続権を持たないためです。

このままでは、Aの希望する事業承継はかないませんし、BやD・Eも期待しない会社の株式の取得を余儀なくされるため、遺産分割協議が難航することにもなりかねません。

いったん、法定相続人に引き継がせた株式を贈与や相続人等に対する売渡請求などによって相続人から回収する道も残されてはいますが、定款の規定など諸条件を確認する必要があり、手続は複雑になりがちです。

このような場合は、Aが健在で判断能力も十分である時期に遺言を作成して、C又はFに株式を遺贈することが望ましいといえます。

❶ 遺言の内容

表現の仕方はさまざまですが、「遺言者の所有する株式会社甲商店の株式は、すべて遺言者の弟であるCに遺贈する」といったような表現が一般的です。

「遺言者の所有する株式会社甲商店の株式は、遺言者の弟であるCに60%、同人の長男Fに40%の割合でそれぞれ遺贈する」というように、事業を任せたい2人を対象に遺贈することも可能です（図表8-3）。

また、店舗所有権など事業用資産の扱いも同様となります。

Aが事業に際して債務を負っていた場合などは、それらの債務もC又はFに引き継がせる内容にすることが一般的ですが、債務の負担については、あくまでも内部的取決めとなり、最終的には相続開始後に債権者の同意を得ることが必要となります。

なお、遺言作成は公正証書で行うことが推奨され、さらに、遺言執行者を選任しておくと、遺言内容の実現がより円滑に行われます。

■図表 8-3　株式の承継策

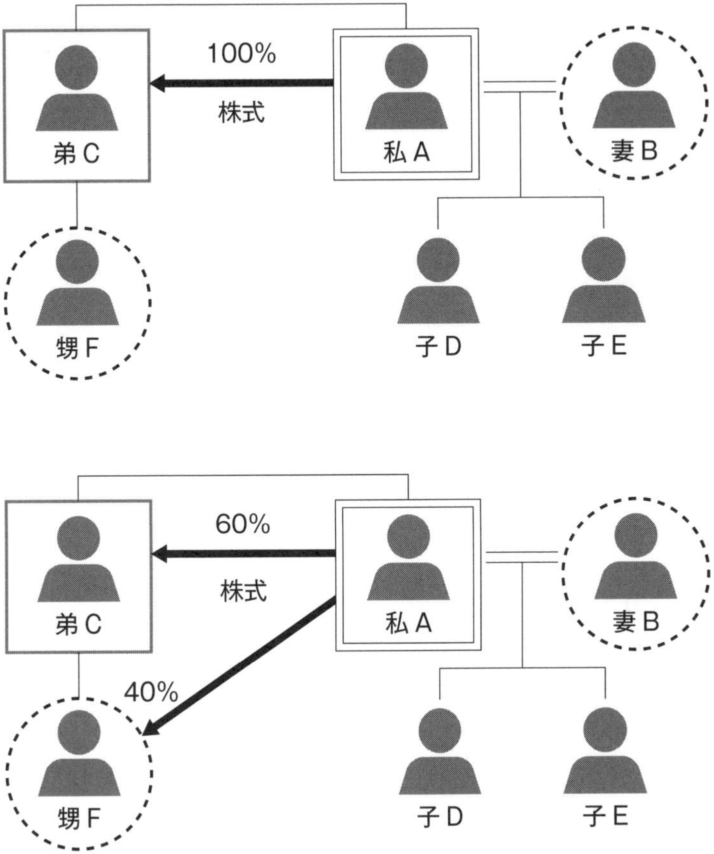

❷　その他の問題

(1)　役員の地位の承継

本相談事例の会社は、株式会社ですので、取締役・監査役などの役員の地位が相続や遺贈によって引き継がれることはありません。役員の選解任は別途株主総会決議などによってなされることになります。

この場合も、遺贈により株式がＣ又はＦに承継されていれば、手続は円滑に行われると考えられます。

ただし、合同会社などの持分会社の場合は、定款の規定により異なる結論になることもあるので注意が必要です。

⑵　相続税申告の当事者

Ａの遺産総額が相続税基礎控除額を超える場合、相続人だけではなく、遺贈を承認したＣ又はＦも申告義務者となります。

さらに、事業に関する債務をＣ又はＦに承継させようとする場合は、それらの承継者についても遺言で決めておくことが望ましいです。

遺言者の財産状況が相続人以外に知られてしまうという不利益はあるものの、これらの負担を受遺者に負わせる場合は、生前に同人たちに遺言の存在と内容を伝えておいた方が、万が一の場合のトラブル回避のためにはよいでしょう。

⑶　遺留分の問題

前述のような内容の遺言を残す場合、特に法定相続人以外の人に遺贈をするような場合は、遺留分にも注意しなければなりません。民法1042条は、次のように定めています。

> **（遺留分の帰属及びその割合）**
> **第1042条**　兄弟姉妹以外の相続人は、遺留分として、次条第１項に規定する遺留分を算定するための財産の価額に、次の各号に掲げる区分に応じてそれぞれ当該各号に定める割合を乗じた額を受ける。
> 一　直系尊属のみが相続人である場合　３分の１
> 二　前号に掲げる場合以外の場合　２分の１
> （以下略）

本相談事例においては妻子がいますので、妻Ｂが４分の１、子Ｄ・Ｅがそれぞれ８分の１の財産を確保することができます（**図表8-4**）。

■図表 8-4　法定相続分と遺留分

相続人	法定相続分	遺留分
妻B	1／2	1／4
子D	1／4	1／8
子E	1／4	1／8

Aが事業用の資産以外に、これらの人に分けられる財産を十分残していればよいのですが、事業用資産が資産全体の多くを占める場合は遺留分侵害額請求として、C又はFが金銭の支払いを要求されることもあり得ます。

このような事態を未然に防ぐためには、遺言の中に、付言として、なぜこのような遺言を残したのか、という遺言者の意図を記して、相続人が納得しやすい説明をすることも場合によっては必要です。

ただし、このような付言の文言も、法律上の義務を課すものではなく、法定相続人の遺留分侵害額請求は、本人の権利として行い得ることに注意が必要です。

(4)　遺留分算定の基礎となる財産

遺留分の対象となる財産は、下記のとおりです。

遺留分侵害額請求の対象となる財産は、相続開始時に有していた財産の価額に、生前贈与した財産の価額を加え、そこから債務を差し引いて算定します。なお、相続財産と生前贈与した財産の価額は相続開始時の価額を基準といたします。

①　遺留分算定の基礎となる財産

相続財産 ＋ 生前贈与 － 債　務 ＝ 遺留分算定の基礎となる財産

相続開始時に有していた財産は、相続人については相続開始前10年以内にした贈与と、相続人以外の人については相続開始前の1年以内になされたものに限って算入します。ただし、1年以上前にした贈与の場合であっても、贈与当事者双方が遺留分権利者に損害を加えることを知って贈与したものは、期間にかかわらず遺留分算定の基礎財産に含まれます。

例外的に、お墓等の祭祀財産は、他の相続財産とは別個に承継者が決定されることから、遺留分算定の財産の計算からは除かれます。

② 生前贈与財産

（相続人）	（相続人以外）
生計の資本として10年以内になされた贈与	相続開始1年以内になされた贈与
＋	＋

遺留分権利者に損害を加えることを知って行った贈与

なお、遺留分権利者が遺留分侵害者に請求できる侵害額は、下記のとおり計算します。

（算　式）

遺留分対象の財産 × 遺留分割合 － 特別受益額

相談事例 24

解除条件付遺贈の活用例

私Ａは、自らが所有する店舗兼住宅（土地付き）にて飲食店を経営しています。

子は娘Ｂが１人いるのですが、独立して自分の家庭と仕事を持っており、この飲食店を継ぐ意思はないようです。

飲食店は、私と古くからの友人Ｃで共同出資し、ともに経営してきましたので、その経営基盤をより強固なものにするためにも、私の亡き後は、店舗兼住宅は共同経営者である友人Ｃに引き継がせたいと考えています。

ただ、この友人Ｃも私Ａと年齢が近いため、同人が飲食店を途中でやめた場合には、店舗兼住宅は一人娘のＢに返してやりたいと考えています。

生前にこのように決めておくこともできるのでしょうか。

実務の最適解

このような場合は、「解除条件付遺贈」の活用が考えられます。

ＡにとってＣは法定相続人ではないため、遺言によって財産を与えると遺贈になりますが、その遺贈には条件を付すことができます。

■図表 8-5　承継のイメージ

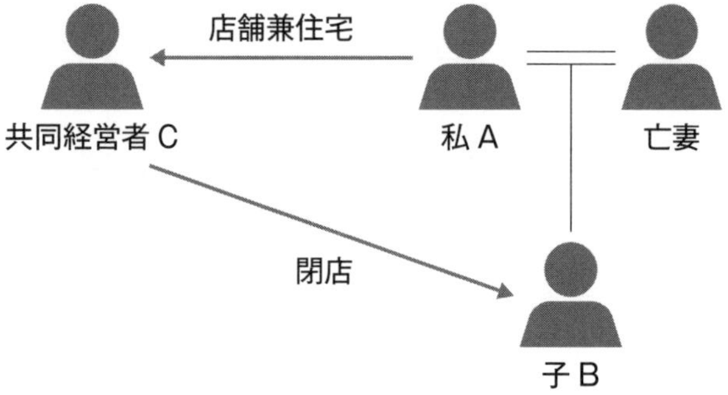

解除条件とは、法律行為の効果の消滅が将来発生する不確実な事実にかかっている場合をいいます。

遺贈に解除条件を付けた場合、遺言者 A の死亡により受遺者 C が解除条件付の権利として不動産を取得します。

その後、条件が成就した場合、すなわち、本相談事例では「C が飲食店をやめた」場合は、遺贈は効力を失い、不動産は相続として B が取得することになります。

❶　遺言の内容

本相談事例の解除条件付遺贈は、遺言書で下記のように表現します。

第 1 条　遺言者は、次の不動産を C（住所、生年月日）に遺贈する。
～不動産の表示（省略）～
2　前項記載の受遺者が、本件不動産において飲食店の経営をやめた際は、前項記載の遺贈は効力を失う。

B にとって、C が飲食店をやめたときに相続で不動産を取得することを確実にしたい場合は、遺贈の登記に権利消滅の定め（「C が飲食店経営をやめた時は所有権移転が失効する」旨の解除条件付である特約）を付します。

❷ Aの相続時にすでに条件が成就している場合

遺言者の死亡前に条件が成就していた場合は、解除条件付遺贈は無効になります。

例えば、Aよりも先にCが死亡している場合やAの相続時にすでに飲食店をやめている場合などです。

このような場合は、原則どおり相続の問題となりますが、この場合、別の者が飲食店を引き継いでいる可能性があるのであれば、その者に不動産を遺贈する旨の予備的遺言を決めておくことも有効であると考えられます。

❸ 解除条件付遺贈の場合の相続税の課税関係

民法上、解除条件付遺贈の効力は、条件が成就するまでは有効なため、受遺者に対して相続税が発生します。

条件が成就したときは、原則として相続人に帰属するため、相続人に相続税が発生し、相続税を納税した受遺者は、更正の請求をすることになると考えられます。

相談事例 25

遺言が有効とならないケース

父親が先日亡くなりましたが、会社の株式と会社の事業用資産を、叔父に相続させるという遺言書を作成していました。

ところが、叔父は父親が亡くなるより前に他界していました。

このような場合は、叔父が相続する予定であった株式と事業用資産は、いとこが相続するのでしょうか。

■図表 8-6　遺言による承継先

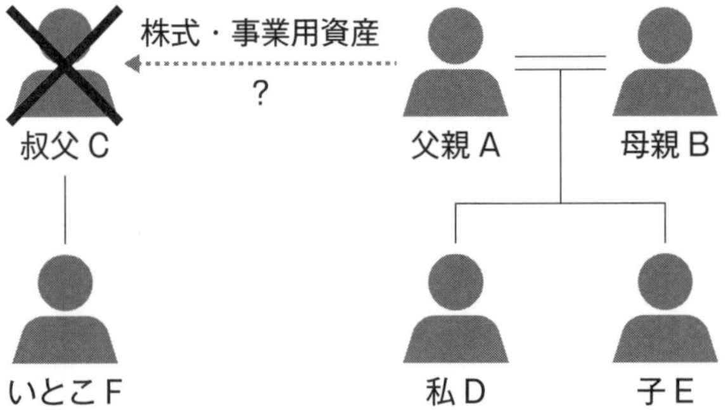

実務の最適解

本相談事例では、父親Aは事業を承継させたい叔父C（又はいとこ

F）に株式や事業用資産を遺贈する遺言を作成しました。
その後、死亡する順番が、A→Cであれば問題はありませんが、Aよりも先にCやFが死亡することも考えられます。
特にCはAの弟であるため、Aよりも先に、又は、事故などにより同時に死亡することも十分に想定され、その場合、Cに遺贈するとしていた部分が無効になります。
遺贈を受けるはずだった人がすでに存在していないため、この部分については、Cの相続人たるFに自動的に引き継がれるということにはなりません。
Cに遺贈できなくなった部分は、相続という原則に立ち返って、Aの法定相続人が権利を得ることになり、最終的には、遺産分割協議によって解決します。

❶ 遺言の変更

この場合、Cが死亡したのちAが遺言内容を変更して、「（従来Cに遺贈するはずだった部分も含めて）Fに遺贈する」旨の遺言を再作成すれば問題はありません。

❷ 予備的遺言の作成

Cが死亡した時点で、Aが認知症などで判断能力を欠いた状況に陥っている場合、遺言の再作成はできないため、相続人であるB、D、Eの遺産分割協議となります。
このままでは、本来遺言を残した目的が十分に達成できません。
「予備的遺言」とは、このような状況を回避する為に、条件を付けた遺言を当初から作成することをいいます。
このような規定を用いることで、想定外の事態に備えた柔軟性のある遺言作成が可能となります。
具体的な遺言内容としては、下記のような文例となります。

第1条　遺言者の所有する株式会社甲商店の株式は、すべて遺言者の弟であるCに遺贈する。
　ただし、Cが遺言者より先に、又は、同時に死亡していた場合は、Cに遺贈するとした株式すべてはその子であるFに遺贈する。

第1条　遺言者の所有する株式会社甲商店の株式は、遺言者の弟であるCに60パーセント、同人の長男Fに40パーセントの割合でそれぞれ遺贈する。
　ただし、Cが遺言者より先に、又は、同時に死亡していた場合は、前記株式の100パーセントをFに遺贈する。

また、遺言の効果を確実に手続に反映させるために、予備的遺言と合わせて遺言執行者や遺言執行者の代理人又は補助者を定めておくとよいでしょう。

第2条　遺言者は、本遺言の遺言執行者として、前記Cを指定する。
　ただし、前条但し書に該当する場合は、遺言執行者として前記Fを指定する。
2　遺言者は、前項の遺言執行者に、本遺言の執行に必要な預貯金口座及び証券口座の解約、名義変更等の手続を行う権限、不動産の管理及び登記手続を行う権限、貸金庫契約があれば貸金庫の開扉、内容物の収受、貸金庫契約の解約等の一切の権限を付与する。
3　遺言執行者は必要があれば代理人又は補助者を選任することができる。

第 9 章

M&A の活用

M&Aとは

●社外承継の選択

親族や社内に後継者がいない場合、外部の後継者を探すことになります。

社外から後継者を探してきて、経営を任せる選択肢がありますが、この場合、「所有と経営の分離」という課題が発生し、将来的に株主と経営者との間でギャップがでてくることが予想されます。

ここでは、社外の第三者へM&Aにより株式譲渡又は事業譲渡の方法で引き継ぐことを検討していきます。

■図表 9-1　M&A の流れ

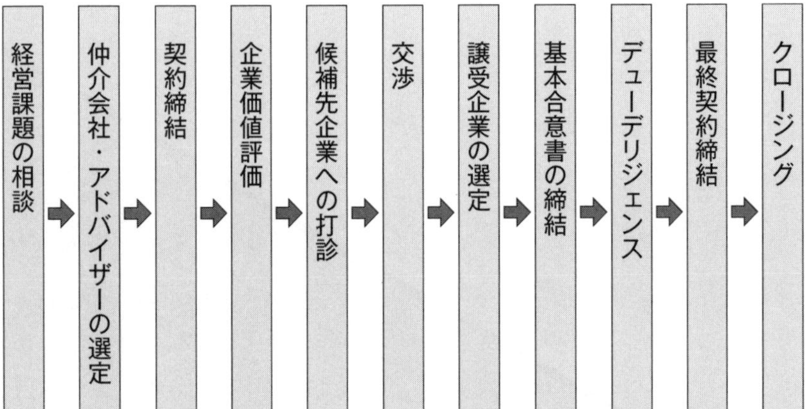

(1)　経営課題の相談

中小規模事業者が、個別の経営課題を解決するための相談相手は、下記のとおり、税理士・公認会計士などの士業への相談が多いことが分かります。

■図表 9-2　日常の相談相手（企業規模別）

	小規模事業者	中規模企業
税理士・公認会計士	61.0%	63.4%
同業種の経営者仲間（取引先除く）	47.7%	48.7%
経営陣、従業員	32.4%	52.1%
金融機関	31.5%	46.1%
異業種の経営者仲間（取引先除く）	31.6%	38.4%
取引先（仕入先・販売先）	30.5%	28.1%
士業（税理士・公認会計士以外）・コンサルタント	20.4%	28.3%
商工会・商工会議所	21.2%	13.4%
公的支援機関（商工会・商工会議所を除く）	8.0%	9.4%
（上記に該当しない）親族・知人	9.6%	5.5%
株主	4.5%	8.5%
その他	1.4%	1.9%

資料：㈱野村総合研究所「中小企業の経営課題と公的支援ニーズに関するアンケート」
（注）1. 各回答数（n）は以下のとおり。小規模事業者：n＝1,681、中規模企業：n＝1,558。
2. 複数回答のため、合計は必ずしも100%にはならない。

⑵　仲介者・アドバイザーの選定

アドバイザリー契約は、M&Aの場面では、譲渡企業又は譲受企業が、仲介会社・ファイナンシャルアドバイザーから売買成立のための助言や提案を受けることを目的とする契約です。

仲介会社は、相手企業を探し、交渉から成約までサポートし、譲渡企業及び譲受企業のそれぞれに対し、「中立」な立場で対応します（**図表9-3**）。

■図表 9-3　仲介会社の立ち位置

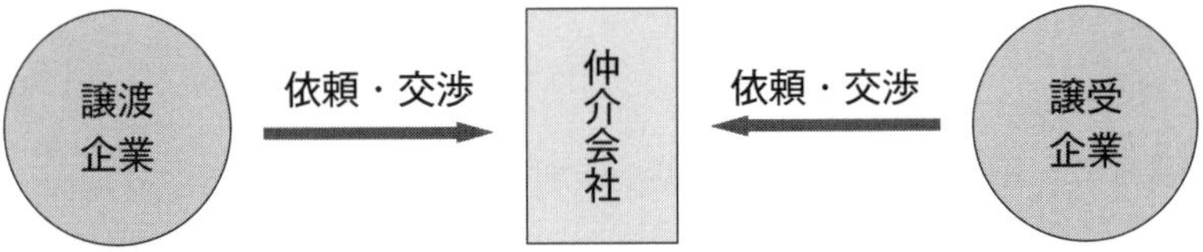

ファイナンシャルアドバイザーは、Ｍ＆Ａを検討している会社に対し、成約までの一連のアドバイスを行い、最大限の依頼主の利益を追求する立場で対応します。

■図表 9-4　ファイナンシャルアドバイザーの立ち位置

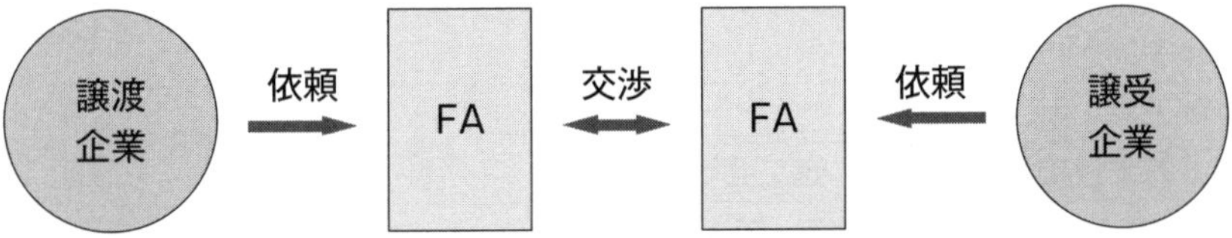

(3)　契約締結

Ｍ＆Ａの実施には、情報管理が重要であり、社内の役員、従業員、取引先などの第三者に開示する時期・内容を十分に検討する必要があります。

また、この情報管理は、仲介者やアドバイザーに対しても同様で、「秘密保持契約」を締結してから会社の情報を開示します。

(4)　企業価値評価

一般的な中小企業の価値算定は、時価純資産に年間の利益に一定年数を乗じたのれん代を加算する方法（年買法）が多く用いられますが、最終的には、譲受企業との交渉により合意した価格です。

＜価格に影響を与える要因＞

○資産・負債の状況
○収益やキャッシュフローの状況
○市場相場の状況
○市場の成長性、競合相手の有無、経営者の代替費用

(5) デューデリジェンス

デューデリジェンスとは、譲受企業が、譲渡企業の価値の調査を行うことをいい、対象企業の事業、財務、税務、法務、人事などを調査し、リスクを把握することを目的としています。

(6) 契約締結

譲渡企業と譲受企業で、譲渡条件や譲渡手法を確定して作成した契約を締結します。

(7) クロージング

クロージングとは、株式譲渡や事業譲渡をする際の資金決済をいい、このクロージングをもって、Ｍ＆Ａが終了します。

＜参考文献＞　中小企業庁「事業承継マニュアル」

相談事例 26

会社を成長させるM&A戦略

当社は、ビジネスホテルのオペレーション事業を展開しています。

創業者は会長兼オーナー、社長は親族外の者が務めていました。事業は順調に推移していましたが、会長の年齢も 70 歳を超え、高齢化していく中で、誰に株式を承継していくべきか、検討することになりました。

どのような承継方法があるのかを教えてください。

実務の最適解

❶ 承継先決定までのプロセス

出口戦略は、大きくは社内の承継か社外の承継に分かれます。今回のケースは、社内に親族外の後継者候補がいました。しかしながら、資金調達と安定経営の観点から、個人オーナーよりも、大手資本の基盤の下で事業展開した方が安定と成長を加速できるとの判断により、Ｍ＆Ａを目指すことにしました。

(1) 親族外承継の場合の懸念事項

社内の親族外承継を検討する中で、２つの懸念事項が生じました。

1点目は、買取りのための資金調達です。創業数十年の中で、堅調に純資産を積み上げてきた会社でしたので、株価を計算すると、数十億円の金額になってしまいました。また、会社でも設備投資を行った際の借入金が相当額あり、この連帯保証をオーナー個人が負っている状況にありました。この買取資金及び連帯保証の引継ぎを個人で借入れ等をして用意するということは、相当リスクを負うことになります。

2点目は、この先の事業展開及び安定経営を考えたときに、個人オーナーでは、10年単位で変動する大きな景気変動に耐えられないのではないか、という懸念事項でした。

(2) M&Aのための準備

この案件では、少数株主の取扱いも問題になりました。業歴が数十年になると、当時の法規制や、相続などにより株主が移動したり、名義株になっていたりと、株主の権利関係が複雑になりがちです。

今回のケースでも、株主が分散していましたので、M＆Aのプロセス前に株式を集約することから始めました。少数株主の皆様の中には、ファンとして持っておきたいという意見や、買取価格の問題なども生じました。少数株主の集約は意外と労力を要することが多いため、株式はできるだけまとめておいた方が問題にならずに済みます。

❷ 業界を取り巻く背景とM&A戦略

(1) ホテル事業の一般的な経営課題

ホテル事業の一般的な経営課題として、資金調達等の財務の問題があります。また、ホテル事業の固有の特徴として、内部造作等の設備投資が大幅にかかること、人材採用・育成に相当の時間を要するという点があります。

初期コスト回収には10年以上がかかりますが、その間には景気の変動もあります。リーマンショックやコロナショックなど、10年に一度

■図表 9-5　良い状態で決断した事例

◆事業安定期での M&A は、自社主導で M&A を進めることが可能
・業種　　　ビジネスホテル
・経営者　　オーナー兼会長
・年齢　　　80 歳超
・譲渡理由　後継者不在
　　　　　　企業が安定成長した時期に売却することにより、10 年単位の大規模景気変動に耐え得る企業体力を得たい

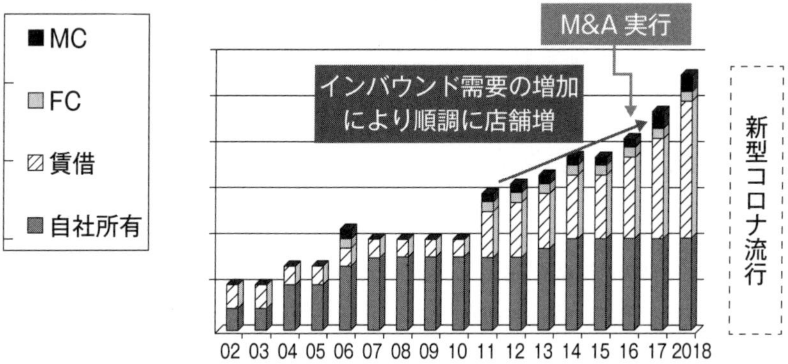

は何かしらの大きな変動が起こります。このような景気変動がある中で、初期投資の際の借入金をその後安定して返済できるかというのは、ホテル経営を進める上で見過ごせない点です。

(2)　M&A 戦略

実際、譲渡後に新型コロナウイルスが猛威を振るう状況となり、あのまま中小資本で経営をしていたとすると、きわめて厳しい状況が訪れていたと推測します。この案件では、店舗を 10 年で 5 倍にする成長戦略を描いていたため、この出店計画を支えてくれる財務基盤がしっかりした候補先を探すことになりました。

最終候補先には、事業会社とプライベートエクイティファンドの 2 社が残りました。事業会社のメリットは、同一資本の下で短期的な損益の変動に惑わされず、安定的に経営ができるという点です。半面、デメリットとしては、最終的にはホテルブランド統合による企業体の消滅という点がありました。

一方のファンドのメリットは独立経営が維持できるという点です。デメリットとしては、いずれバイアウトすることになるので、将来の株主の不安定さがあります。

売手オーナーは悩んだ結果、ファンドに売却することを選択しました。ファンドの財務力を活用し、出店スピードを加速することにより、将来の上場を目指す方針をとりました。

(3) 社長継続

本相談事例では、経営者は譲渡後も引き続き社長として残り、トップとして指揮することになりました。

売手はキャッシュを手にし、負担の重かった連帯保証債務から解放され、社長として会社にも引き続き残って会社経営に尽力することになります。売手の家族からも大変に感謝される案件でした。売手企業にとっても、資金面での制約から解放され、加速度的な出店を実現することに成功しました。

❸ M&Aの最近の傾向と今後必要なこと

最近のＭ＆Ａでは、譲渡して終わりというケースだけではなくなってきています。

本相談事例のように、譲渡後も役員や幹部として経営に関与するというケースが増えつつあります。買手企業も、経営層を用意するというのは、なかなかハードルが高いので、そのまま経営を任せる、又は売手企業の中から経営者として昇格させる、ということがよく行われます。買手候補先が検討の過程で、経営層を送り出せないで検討の途中で断念するというケースもあります。

昨今のＭ＆Ａが頻繁に行われている実情を踏まえていると、そのような機能を果たせる人材を育成しておくということは、今後より求められていくものと思われます。

相談事例 27
多角化実現のための M&A

当社は、葬儀時などに利用される返礼品を扱う商社です。

創業 20 年を超えて、数年前に社長職を父親から子息へ社内承継したところでした。20 年の業歴の中で、一度も赤字を出したことはありません。しかし、近年の葬儀業界の傾向として、小規模・オンライン化が進んでおり、業績も伸び悩んでいました。

業界が縮小していく中で、生き残ることはできたとしても、成長はとても見込めないと判断し、このたびＭ＆Ａを検討することになりました。

そこで、M&A の手順について教えてください。

実務の最適解

❶ M&A のステップ

⑴ 特徴を生かした成長戦略作成

Ｍ＆Ａにより企業成長を図る場合、まずは売手企業の特徴を分析します。特徴とは経営資源のことをいい、特徴を生かして、成長戦略を描くことを考えます。

本相談事例の売手企業は、葬儀場と幅広いチャネルを持っていました。加えて商品企画力が高く、一部プライベート商品を含む幅広い品数を取り扱っており、高い粗利を確保していました。

今回の買手候補先選定では、幅広いチャネルと商品企画力の２点を生かすことを基準に設定。最終的に、葬儀場に商品を提供する企業から声がかかり、無事にクロージングすることができました。

■図表 9-6　逓減期で決断した事例

◆売上逓減期での M&A は、スケジュールもタイトで、譲受先を見つけるための十分な時間が確保できない
◆譲渡後も、損害賠償のリスクが残る
・業種　冠婚葬祭返礼品卸
・経営者　オーナー兼社長
・年齢　70 歳超
・譲渡理由　後継者不在
　生き残っていけたとしても、自力成長は望めない

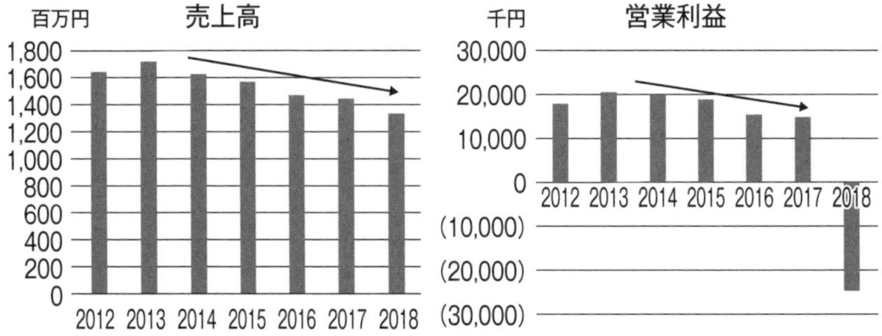

(2)　ウィンウィンの関係をつくる

Ｍ＆Ａの場合、売手（個人）、売手企業、買手企業の３つがウィンウィンの関係にならなければ成立しません。

本相談事例では、売手（個人）が株式売却によりキャッシュを取得することができ、連帯保証からも解放されることになりました。また売手企業は、買手の財務基盤と商品網を獲得することができ、自らの商品も

買手の販売網を活用して販売することも可能になりました。さらに買手も同様に、自社の商品を売手の販売網に乗せて販売することが可能になりました。

Ｍ＆Ａでよく陥りがちなのは、売手目線で買手候補を選んでしまい、買手のメリットが考えられていないことがあります。そうすると、買手候補先に提案した際に「弊社が取得するメリットはどこでしょうか？」と問われかねません。この意味で、売手（個人）、売手企業、買手の３者がハッピーになるプランでないと成約に至らないということがいえます。

(3) 買手候補の種類を見極める

本相談事例では、売手企業の周辺業種企業が買手になったのですが、Ｍ＆Ａの場合、大きく分けると買手は同業、周辺業種、異業種の３つに分類され、それぞれ特徴があります。

同業の場合、買手が事業をよく理解しているため、検討のスピード感がある、取得後の企業経営の安定感があるなどのメリットがありますが、デメリットは、売手の独立性が維持できない、カニバリゼーション(注)を起こしてしまう、機密情報が流出してしまう、価格が出にくいなどがあります。

周辺業界では、カニバリゼーションは起こらず、双方の売上げを伸ばす可能性がある、独立性が維持しやすいなどのメリットがある一方、検討に時間がかかるというデメリットがあります。

さらにまったくの異業種の場合、ポートフォリオ経営に役立つというメリットがある一方で、双方のシナジーが出にくい、検討に時間がかかるなどのデメリットが存在します。

(注) 「カニバリゼーション」とは、自社の商品が自社の他の商品を侵食してしまう「共食い」現象のことをいいます。売手と買手がＭ＆Ａで合流することにより、双方の顧客を取り合うことを意味します。

❷ M&A戦略で大切にすべきポイント

このようなメリット、デメリットを比較検討しながら、候補先の選定を進めていくことになります。

Ｍ＆Ａにおいては、入り口の分析が重要です。ここを疎かにすると、後のデューデリジェンス（買手側の調査業務）において、思わぬ問題が生じたり、そもそも買手候補先にたどり着けないという問題が生じてしまいます。

(1) 売手（個人）の心情に配慮した分析

本相談事例でも、相談を受けた当初、創業者である父親は、同業でもある取引先への売却を考えていました。取引先であれば事業内容を知っているし、すぐに話がつくと考えていたようです。一方で、子息である現社長は、事業承継のような機密情報を簡単に同業でもある取引先に開示してしまってよいか、悩んでいました。

父親が言うとおり、取引先とは普段からお互いの仕事ぶりを理解しているため、安心して任せられる、という点が上げられます。Ｍ＆Ａで売手経営者が重視する点は、大切に育てて生きた事業を安心して任せられるか、雇用を守ってもらえるか、という点です。この点で、日々接している取引先は、経営理念や従業員の働きぶりなどをよく把握しているため、一定程度の信頼がおけるといえます。

(2) 従業員への情報漏洩リスク

一方で取引先に引き継ぐことによるデメリットは、M&Aが成立しなかった場合に、信用リスクが生じるという点です。事業承継を考えているということは、近いうちに経営者が変わるということを意味します。不安定な会社との取引を控えよう、ということになりかねません。また、自社の従業員に知られてしまうリスクも生じます。

M&Aが成立する前に従業員に知られてしまい、運営に支障を来たしてM&A活動をいったん取りやめる、というケースをよく目にします。従業員に知られてしまうケースの1つとして、取引先の現場から伝わってしまう場合もあります。こうしたリスクが想定されるため、本相談事例では、取引先でもある同業者は最後に打診する方針に切り替え、周辺業種からアプローチしていったという経緯がありました。

(3) 継続的な成長を重視

M＆Aを必要とする理由は、必ずしも高齢で後継者がいないためだけではありません。本相談事例は、縮小する市場の中でいかに業態を変えながら生き残り戦略を描くのかが鍵となります。1つの選択肢として業務の多角化が必要な場合、たとえ後継者が30代と若いケースであっても、M＆Aを選択する例は多く存在します。

相談事例 28

欲張りすぎると機を逃す

当社は、飲食店向けに特徴のある商品を販売している商社です。創業 20 年を超える老舗企業であり、創業社長は 65 歳を超えています。経営層も創業メンバーが多く、社長と同世代の者が大半です。社内には後継者がいないため、このほど外部承継を考えることになりました。

そこで、M&A の手順とポイントを教えてください。

実務の最適解

❶ M&A の失敗

M&A に当たっては、「希少性のあるビジネスモデルであることから、この部分を高く評価してもらいたい」というのが社長の強い思いでした。いくつか関心を示した買手候補先企業はあったものの、最終的に価格が折り合わず、断念することになりました。

その後、新型コロナウイルスで飲食店は軒並み不振に陥ることに。この会社もご多分に漏れず売上げが激減してしまい、Ｍ＆Ａを取りやめることになりました。

売手にとって価格は非常に重要な要素です。しかし、買手にとってもまったく同じことがいえるのです。

❷ なぜM&Aは失敗したのか

(1) コストの正確な計算と価値評価ができない

Ｍ＆Ａを計画する場合、買手サイドの計算もあらかじめ理解しておかなければなりません。高い価格での評価に固執すぎると、かえって売却できずに大きな損をしてしまうというケースもあります。売手は高く評価してほしいと考える一方、買手は何年で回収できるか、という投資回収の観点で考えています。

買収資金を融資で調達することも一般的であり、これを買収先の将来獲得キャッシュにより弁済することを考えます。将来獲得キャッシュには、出ていく費用も見込んで計算します。出ていくコストの代表的なものは、経営コストと投資コストです。経営コストとは、経営者の代替コストです。

(2) 経営・投資コストを将来コストに織り込まない

一般的に中小企業の場合、社長の担ってきた役割は多く、１人２役、3役をこなしてきたということはよくあります。社長の役割を棚卸した上で、これを代替するのにどれほどの人件費が必要か、ということを将来キャッシュアウト項目として織り込みます。これが「経営コスト」です。

「投資コスト」は、修繕維持コスト、設備投資などのキャッシュアウト項目です。上場企業であれば、修繕引当金などを毎期計上することが必須になりますが、未上場企業では税務会計が中心になりますので、こういった未実現の費用項目は計上していないケースがほとんどです。

⑶　売手と買手の価格が一致しない

しかし、買手はこういった費用項目もキャッシュアウト項目としてとらえます。本来かかるであろうコストは、債務として純資産から減額して価値評価を行います。「投資回収」という考え方の中には、追加の設備投資も含まれるのです。この修繕維持コスト、設備投資が、売手の価格と買手の価格に差が生じる要因の１つに挙げられます。

人材投資、設備投資、インフラ投資など、企業価値を維持するためにはさまざまな投資を行っていかなければなりません。したがって、Ｍ＆Ａの検討を行う際には、入り口での価値評価をより現実的に認識しておく必要があります。買手はいたずらに価格を下げようとしているわけではなく、取得後の安定的な企業経営を考えて価格を計算しているのです。

■図表 9-7　価値の乖離

◆企業価値評価には、一定の基準が存在する
◆現状の企業価値を把握しておくことは、今後の方針を決定する上で重要
◆客観的な価格と、希望する価格に乖離する場合、売却できない
◆現状維持を続けると、予期せぬ外的事象・内的事象の発生により、価値が棄損していく恐れがある

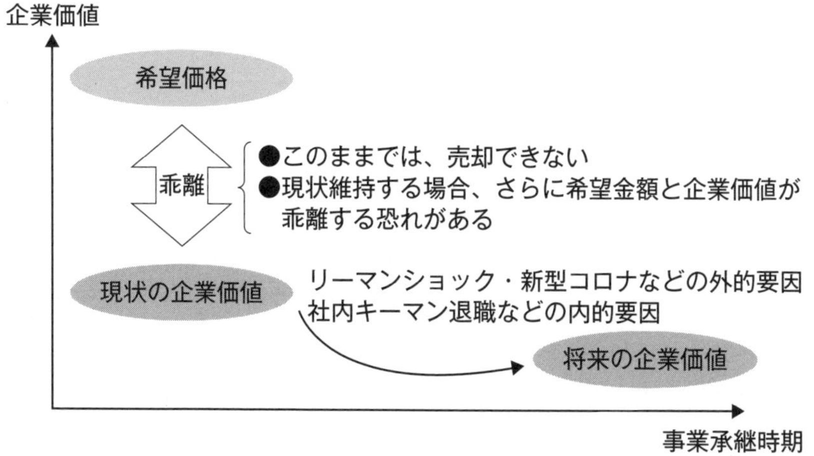

⑷　会社の清算を意識するあまり、投資しない

事業承継案件では、この「本来行うべき投資」が長い期間行われていないケースが散見されます。その要因は、事業承継案件の出口戦略の１つとして「会社の清算」があるからです。

清算が視野に入ると、設備投資をちゅうちょしがちになります。投資をするためには資金が必要になり、仮にこれを借入金で賄おうとすると、返済していかなくてはなりません。借入金があると清算できなくなると考えると、投資したくてもできない、という状況になります。

そうなると、建物はメンテナンスが行き届かず多額の修繕がかかる、かなり前に耐用年数が到来した古い機械をなんとか稼働している、人材は先が見えず社内に閉塞感が漂っており、優秀な人材が転職してしまって良い人材が残らない、という状況に陥ります。

買手からすると、取得後に追加投資をしなければならないことになり、当然に評価から減額することになります。このように、売手と折り合いが付かなくなるということになりがちです。

❸　いつ外部承継を考えるべきか？

周期的に行ってきた設備投資をちゅうちょしてしまう、人材投資ができていない、優秀な人材が退職してしまっている、などの状況が顕在化してきたタイミングは、外部承継を考えるタイミングでもあります。

⑴　出口戦略の検討を迅速に

事業承継案件では、売却時期が遅れれば遅れるほど価値が下がってしまう、売却の可能性が低くなってしまう、ということがいえます。事業承継を実行するタイミングは早いほどよいのです。

現在は、社内に親族内後継者がいたとしても、並行で外部譲渡も検討する経営者が増えています。企業価値を維持向上するためには、日々資金と労力をかける必要がありますが、時間とともに外部環境のスピード

とのギャップがどんどん開いてしまいます。

⑵ 不利な状況を見越して先手を打つ

そのような中で不測の事態が起こると、取り得る選択肢が限られてしまいます。

急な病気や事故で社長が会社に出てこれなくなってしまい、そのためにＭ＆Ａをしたいと相談されるケースが多々あります。そのような事態に直面してから出口戦略を練ろうとすると、従業員、役員、株主、親族、金融機関などから不満の声が上がり、M&Aが頓挫してしまいがちです。

⑶ 選択肢を残して交渉へ

実は本相談事例も、Ｍ＆Ａのプロセスで社長が急病になってしまいました。このように不測の事態はいつ起こるか誰にも分かりません。出口戦略の検討を早く始めることにより、万が一の事態が生じた際にも、多くの選択肢を持ち合わせることができるのです。

第10章

その他

相談事例29

自己株式の取得が有効なケース

私の会社の株主は、社長である父親が70%、後継者候補の私が10%、その他設立当時の発起人たちが20%保有しています。

まだ株式の承継も後継者の決定もしないまま、父親に相続が発生してしまい、遺言もない中、遺産分割をどのようにしたらよいか迷っています。

相続人は母親と私と姉２人の４人です。私はまだ会社に入って日が浅く、経営をしていくには勉強不足であり、今後会社を継いでいく決心もついておりません。ただ将来のことを考えると株式は私がすべて相続するのがよいのでしょうか。その場合は姉２人には相続財産の現金をほぼすべて渡さなければなりません。

何かよい承継方法はありませんでしょうか。

実務の最適解

❶　事業承継及び遺産分割協議における課題

後継者が確定しており、また「後継者の後継者」への道筋が描けるの

■図表10-1　株主構成と相続関係図

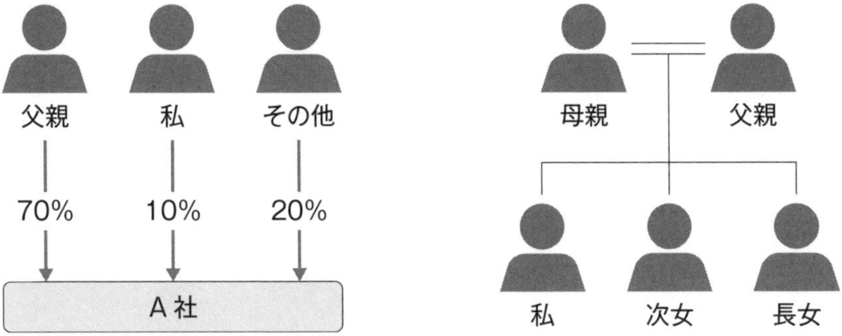

であれば、事業承継税制を活用し、株式を相談者が承継していくことが考えられます。

ただ、相談者はまだ経営を継ぐ意思は固まっていないため、税負担なく後継者に承継可能な事業承継税制を活用したとしても、将来的な納税猶予の取消リスクがあります（詳細は**第2章**を参照）。

事業承継税制を適用せずに、相談者が父親の株式を全部相続しても納税資金の確保ができる十分な財産（現金等）があれば問題ありません。

しかし、上記のように相談者が株式を相続する代わりに、現金のほぼ全額を姉へ相続しなければならない状況になってしまうと、相談者の支払う相続税の原資を確保できないことも考えられます。

❷　納税資金と議決権確保のための自己株式取得

上記のような課題に対応するため、相談者以外の相続人も株式を相続し、その後、発行会社である事業会社が株式を購入する「自己株式の取得」を活用することが考えられます。

(1)　相続した株式を発行会社が買い取る（自己株式取得）のメリット

株式の発行会社が自己株式を買い取る場合、相続人にとっては、次のようなメリットがあります。

・納税資金の確保
・議決権割合の確保
・みなし配当の特例
・相続税額を取得費に加算する特例

(2) 自己株式の取得による課題の具体的な解決

遺産分割協議により、まず、父親が保有していた株式70％を相談者が50％、長女が10％、次女が10％相続します。

■図表10-2　父親の相続後の株主構成

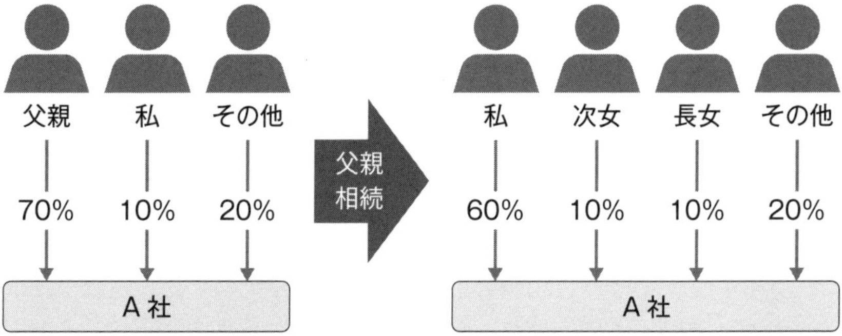

相続財産取得後に長女、次女の株式を発行会社である事業会社へ譲渡します（自己株式取得）。

通常の自己株式取得の場合はみなし配当課税（最高55％）が掛かるところ、相続税の納税の必要な方であれば、相続が発生してから3年10か月以内に発行会社である事業会社に株式を買い取ってもらうことにより、特例で譲渡所得課税とすることができます。

また、譲渡した株式数のみに対応する相続税額を譲渡益から差し引くことができます。この譲渡した手取資金で相続税の納税に充てるための資金とすることができます（図表10-3、4）。

相談者は会社を継続していくのであれば、借入れ等の対応により父親より受けた株式を継続保有することが望ましいですが、納税資金の確保と相続分を確保するため、いったん相続した株式を一部自己株式取得することも選択肢の１つとなります。

また、相続後の議決権は相談者60%、長女10%、次女10%、その他20%となり、長女、次女の株式を事業会社へ譲渡（自己株式取得）することにより、議決権割合は相談者75%、その他25%となります。引き続き同族で３分の２超の議決権を確保できます。この割合も考えながら相続の割合、自己株式取得の割合を決め、計画することが望ましい方法です（**図表10-5**）。

■図表10-3　自己株式の買取りの税金①

相続により取得した財産のうち、非上場株式を相続開始後「3年10か月以内」にその発行会社に譲渡（自己株式取得）した場合、譲渡した株式数のみに対応する相続税額を譲渡益より差し引くことができます。

加えて、株式の発行会社に譲渡する場合にあっては、相続株式を発行会社へ譲渡した場合の特例により、みなし配当課税（最高55%）ではなく、譲渡所得課税等（20.315%）となります。

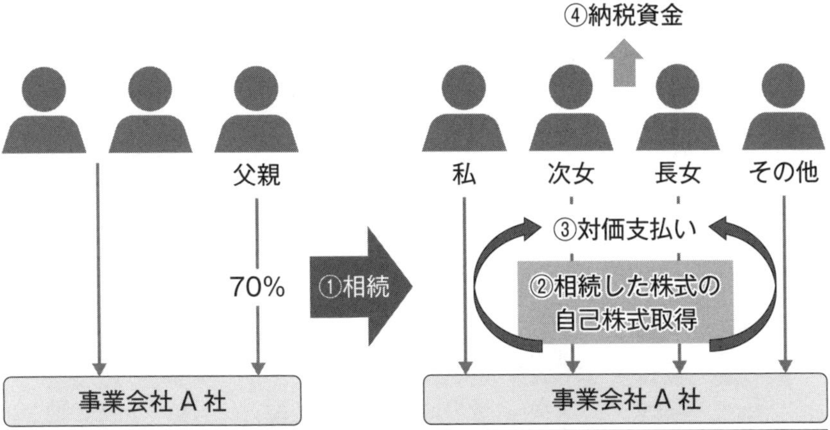

■取得費加算の特例

$$\text{取得費に加算する金額} = \text{相続税額} \times \frac{\text{譲渡した株式の相続税評価額}}{\text{相続財産価額総額}}$$

譲渡所得税＝
（譲渡対価－取得費（取得費加算特例あり））×譲渡所得課税等20.315%

■図表 10-4　自己株式の買取りの税金②

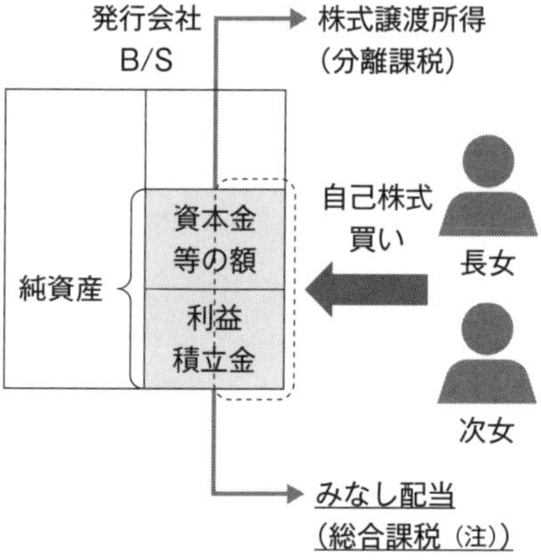

（注）　総合課税は、不動産所得、給与所得、配当所得等の合算させた課税所得をベースに累進税率を乗じて税金を求めます。

個人所得税・住民税の速算表

課税される所得金額	税率	控除額
195 万円以下	15%	0 円
195 万円を超え 330 万円以下	20%	97,500 円
330 万円を超え 695 万円以下	30%	427,500 円
695 万円を超え 900 万円以下	33%	636,000 円
900 万円を超え 1,800 万円以下	43%	1,536,000 円
1,800 万円を超え 4,000 万円以下	50%	2,796,000 円
4,000 万円超	55%	4,796,000 円

【みなし配当の税金】みなし配当課税の特例を適用すれば、総合課税されず 20%の課税で済みます。

①　株主が受け取った金額－（資本金等の額／発行済株式数×会社に売った株式数）
　＝みなし配当（総合課税）

②　総合課税：みなし配当所得×累進税率＝税金
※右上表より

【株式譲渡所得税金】取得費加算の特例を適用し、支払った相続税の一部を取得費に加算することができます。

①　譲渡対価（株主が売った金額－みなし配当）－譲渡原価＝株式の譲渡所得（分離課税）

②　分離課税：株式譲渡所得×20.315%＝税金

※譲渡原価：当初出資した金額
（買い取った株式と追加出資を含む）

■図表 10-5　父の相続後の株主構成

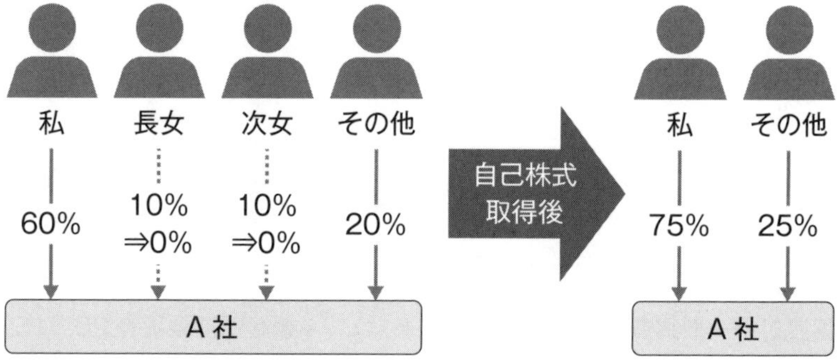

(3) 特定の株主から自己株式取得するための手続

会社が相続人から自己株式を取得する際は、会社法に基づき次の手続が必要となります。

① 取締役会の開催

まず取締役会を開催して、自己株式取得の承認をする株主総会の開催を決定します。

② 株主総会の開催

株主総会を開催して、自己株式の取得及び取得株式数や取得価額、取得期間などの承認を得ます。

この承認には、特別決議が必要です。

③ 売主追加請求の行使の通知

特定の株主と自己株式の取得手続を行う場合、株式を譲渡できない株主との不公平が生じます。

そのため、会社から株主へ売主追加請求の権利があることを通知しなければなりません。

他の株主は売主追加請求を行うことができますが、株主総会で否決された場合は買取りの請求手続を行えません。

④ 株主への通知

会社は、株主に対し、自己株式取得の取得株式数や取得価額等を通知します。

⑤ 株式譲渡の申込み・承諾

会社に対し株式の譲渡を希望する株主が申込みをした場合、申込期日に自己株式の譲受を承諾したものとされます。

(4) みなし配当の特例～譲渡対価の全額を譲渡所得の収入金額とする特例

個人が非上場株式をその発行会社に譲渡した場合、譲渡対価が資本金等の額を超えるときは、その超える部分の金額は配当所得とみなされて総合課税の所得として所得税及び住民税（最高税率55%）が課税されます。

■図表 10-6　通常のみなし配当のイメージ

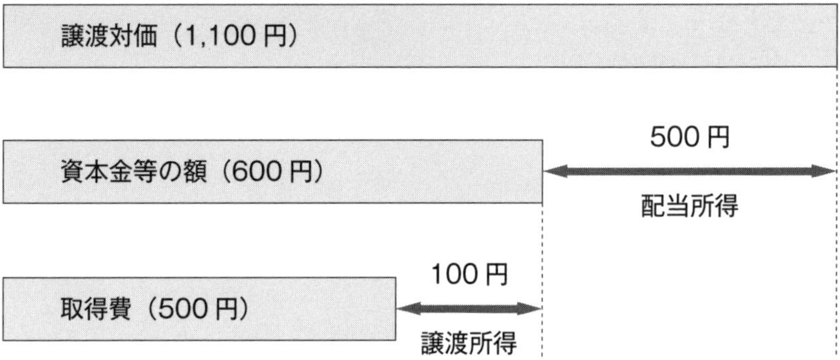

しかし、相続などにより財産を取得して相続税を課税された人が、相続の開始があった日の翌日から相続税の申告書の提出期限の翌日以後3年を経過する日までの間に、相続税の課税の対象となった非上場株式をその発行会社に譲渡した場合には、譲渡対価の全額が株式の譲渡所得になります。

この場合には、発行会社に対する譲渡対価の全額が譲渡所得の収入金額となり、取得費及び譲渡に要した費用を控除して計算した譲渡所得として分離課税の所得として所得税及び住民税（20％）が課税されます（図表 10-7）。

(注) 平成 25 年から令和 19 年までは、所得税の 2.1％の復興特別所得税が発生します。

(5)　相続税額を取得費に加算する特例

相続により取得した非上場株式の譲渡所得を計算するに当たり、その譲渡した非上場株式に課税された相続税を取得費に加算することができます。

なお、この特例も(4)と同様に、相続が発生してから 3 年 10 か月以内に譲渡しなければなりません。

■図表 10-7　みなし配当の特例のイメージ

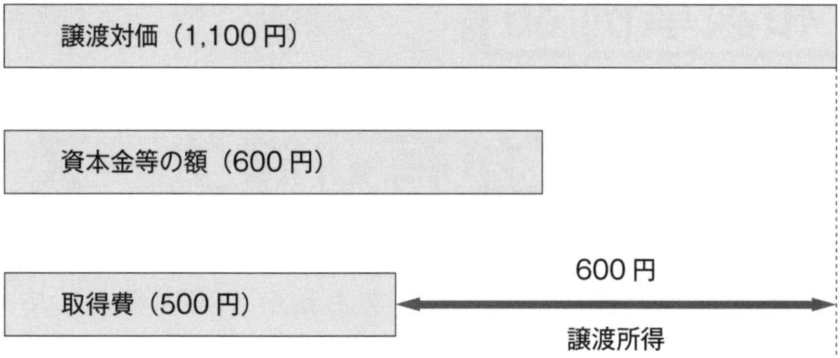

<算　式>

収入金額－（取得費＋譲渡費用）－相続税の取得費加算額（譲渡益が限度）＝譲渡所得

(6)　自己株式取得の留意点

相続した株式の発行会社への譲渡（自己株式取得）には、以下の留意点があります。

- ・配偶者の税額軽減が適用されていると、相続税がかからない、もしくは少額になるケースがあるため、税制の特例は配偶者へは適用できないことが多い。
- ・他相続人がやはり株式を売らない、経営に関与すると言ってくるリスク。
- ・買取価額の交渉をしてくるリスク。
- ・自己株式取得の財源規制（剰余金の分配可能額の範囲内）

遺産分割協議時に上記の点を踏まえ行う必要があります。また、今回のケースは相続発生後のケースですが、相続前に今回のようなケースが想定できるのであれば、生前に遺言を遺すことが有効です。

相談事例 30

種類株式が有効なケース

私の会社の株式は、社長である私が100%保有しています。後継者は長男を予定していますが、まだまだ経営を任せるには至っていません。また、長男の意思も固まっていません。相続人は妻と長男、長女の３人です。

今後、株価上昇懸念もあり、今のうちに株式を承継しておきたいのですが、長男へすべてを渡してしまうと、他相続人への財産の配分が遺留分を侵害するような配分になってしまいます。

うまく株式を承継する方法はないものでしょうか。

■図表 10-8　株主構成と相続関係図

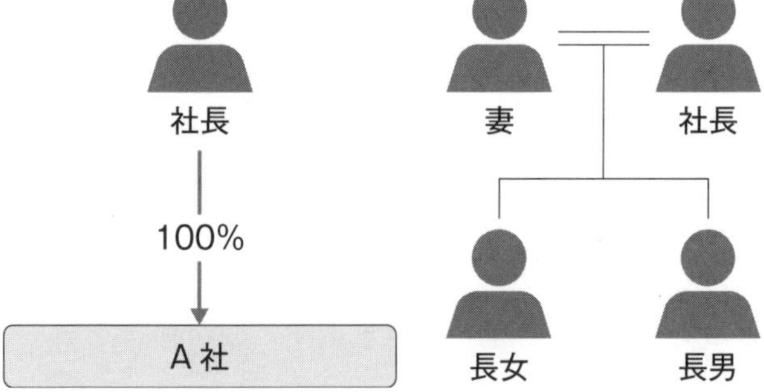

実務の最適解

❶ 議決権の分散が課題

家族内での遺産分割協議の際に、法定相続割合で相続するように平等に株式を渡していくと、将来は株式（議決権）が分散されてしまいます。

また、経営に携わらない親族へも株式が渡ってしまいます。

何代か後に、疎遠の親戚まで株式が分散し、株式を集約したいがどうしたらよいかと悩んでいる経営者が少なくありません。

そうならないために、議決権は誰が持っていればよいかを考え、計画的に株式を譲渡、贈与、相続していくことが望まれます。

❷ 種類株式の活用

上記のような課題に対応するためには、種類株式の活用を検討していきます。

通常、株式会社が発行している株式は普通株式と呼ばれるもので、株主は保有する株式数、内容に応じて、平等に権利を持ちます。

この普通株式に対し、種類株式とは、株式の内容について異なる2種類以上の株式を発行した場合のそれぞれの株式をいいます。

社長から長男へは普通株式50％、妻と長女へは議決権制限の種類株式を活用し、無議決権とした種類株式を妻24％、長女25％を譲渡します。

無議決権を譲渡された妻と長女には、不公平感を解消するため、普通株式より優先的に配当を受けられる配当優先・無議決権株式と種類株式を組み合わせます。

また、社長は長男に対し、まだ経営を任せるまでには至らないという気持ちを持っているようなので、社長に1株だけ残し、その株式に拒否権付種類株式（黄金株）の種類株式を設定します。

拒否権付種類株式（黄金株）は株主総会又は取締役会において決議すべき事項のうち、その株主総会の決議のほかに、種類株主を構成員とする種類株主総会の決議を必要とする旨の定めが設けられている株式です。

■図表 10-9　各人が取得する株式の種類

社　　長	拒否権付種類株式
長　　男	普通株式
妻・長女	無議決権株式 ＋ 配当優先株式

■図表 10-10　種類株活用後の議決権

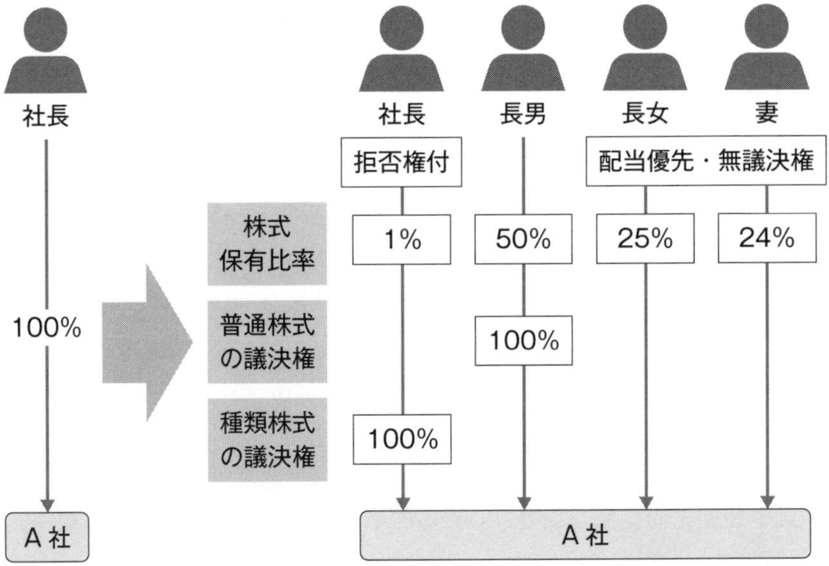

したがって、普通株式の株主総会で承認されても、再度、種類株主総会の決議が必要になるため、長男の判断を社長が拒否できる権利を持つことになります。

図表10-9のように、種類株式を活用することにより、株式譲渡後の議決権は長男に集中しますが、拒否権付種類株式を保有していることで、経営の牽制機能が働きます。

長男に経営を任せられるまでの教育期間として、種類株式を設定することも活用の1つです（**図表10-10**）。

(1) 種類株式のまとめ

種類株式には、9種類あり、それぞれ株式の内容が異なります。

種類株式の内容と活用事例を**図表10-11**に一覧にしました。

(2) 種類株式を発行する具体的な手続

① 配当優先・無議決権株式及び拒否権付株式の発行

種類株式の内容を定款に定めなければならないので、株主総会の特別決議（議決権の3分の2以上）による定款変更が必要です。

株主総会では、種類株式の内容と発行可能種類株式総数を定め、株主総会承認後、その旨の登記を行います。

■図表 10-11　種類株式の種類と内容

	株式の種類	内　　容	活用事例
1	譲渡制限株式	発行会社の株式譲渡による取得について、会社の承認が必要であるように定めることができる。	株主の分散防止
2	取得条項付株式	発行会社に一定の事由が生じたことを条件として強制的に取得することができる株式	従業員株主の退社、株主の死亡による株式の分散防止
3	全部取得条項付株式	発行会社が株主総会の特別決議によりすべての株式を強制的に取得できる株式	種類株式への内容入替え（強制取得＋種類株式発行）
4	議決権制限株式	株主総会において議決権を行使することができる事項を定めた株式	経営権の集中
5	拒否権付種類株式（黄金株）	株主総会、取締役会で決議する事項について、その決議のほかに、拒否権を付けた種類株式の種類株主総会の決議は必要となる株式を定めることができる	後継者が行う会社の意思決定に対して、前経営者の牽制をかける
6	役員選任権付株式	種類株主総会で、取締役又は監査役を選任できる株式	取締役及び監査役の選任権を後継者に一任させる
7	取得請求権付株式	株主が発行会社に一定の条件で、株式の買取りをするよう請求することができる権利を付けられる株式	資金調達の多様化
8	（剰余金の）配当優先株式・劣後株式	剰余金の配当に優劣を付ける株式	権利の劣後する株式を所有させるためのインセンティブ
9	（残余財産）分配優先株式・劣後株式	解散時の残余財産を多く出す株式、少なく出す株式を決めることができる	資金調達の多様化

② 普通株式を一部種類株式へ変更

種類株式へ変更を希望する株主（社長）と会社の合意が必要になります（株主と会社との間で合意書を締結）。

合意書

○年○月○日開催臨時株主総会の定款変更決議に基づき、普通株式を甲種株式に変更することを希望する下記株主と会社は、下記のとおり合意した。

1. 甲種株式への変更を希望する株主

普通株式○株

住所

氏名

2. 上記株主が保有する普通株式を甲種株式に変更することについて合意する。

株主 A＿＿＿＿＿＿＿＿＿＿＿＿㊞

会社＿＿＿＿＿＿＿＿＿＿＿＿＿㊞

3. 変更後の発行済株式の総数並びに種類及び数

発行済株式の総数		株
各種株式の数	普通株式	株
	甲種株式	株

株主＿＿＿＿＿＿＿＿＿＿＿＿＿㊞

普通株式に留まる株主全員から社長保有の株式を一部種類株式に転換することに対する同意を得る必要があります（普通株主全員からの同意書）。

本相談事例は社長１人株主ですが、株主が複数の場合は全株主からの同意が必要になります。

同意書

会社の発行済株式の総数の一部を甲種株式に変更することについて、普通株式にとどまる株主全員は、下記のとおり同意する。

1. 発行済株式総数のうち甲種株式へ変更する株式の数　○株
2. 上記の発行済株式を甲種株式に変更することについて同意する。

⑶　属人的株式の活用

種類株式以外の方法として、属人的株式を活用する方法もあります。

①　属人的株式とは

株式の譲渡制限が付いている「非公開会社」において、下記の3つの権利に関して株主ごとに異なる取扱いができる株式を発行することができ、これを「属人的株式」といいます。

㈠　剰余金の配当を受ける権利
㈺　残余財産の分配を受ける権利
㈩　株主総会における議決権

株主ごとに異なる取扱いができるため、例えば社長が持っている株式については1株10個の議決権を与える、後継者の持っている株式については1株1個の議決権しか与えないということができます。

したがって、社長から後継者へ株式を譲渡した後も属人的株式で社長1株に対し100個の議決権を与え、後継者99株に対しては1株1個の議決権を与えれば、社長の議決権100に対し後継者の議決権99となり、社長は過半数の議決権を持ち続けることになります。

②　属人的株式を発行する具体的な手続

㈠　属人的株式を発行できるようにする

属人的株式を発行できるようにするために、属人的株式を発行する旨を定款に定める必要があります。

属人的株式を定款に定める場合は、株主の権利に重大な影響を及ぼすと考えられますので、株主総会の特殊決議が必要です。

このため、原則として、総株主の半数以上、総株主の議決権の4分の3以上に当たる多数の決議が必要となります。

㈺　登記申請は不要

属人的株式は、登記が不要なため、第三者の目に触れないという特徴があります。

属人的株式は「株主」に、種類株式は「株式」に対して着目した株式です。

また、属人的株式は相続されないのも特徴です。

種類株式と属人的株式には**図表 10-12** のような相違点があります。

■図表 10-12　種類株式と属人的株式の相違点

	種類株式	属人的株式
取扱概要	株主ごとに株式の権利を変えることができる	同じ種類の株式において株主は同様の取扱いを受ける
導入可能会社	公開会社（一部除く）・非公開会社	非公開会社
発行に対する決議	株主総会の特別決議	株主総会の特殊決議
登記	必要	不要
相続	可能	不可

この属人的株式は、例えば、「社長が判断能力を喪失した場合に、後継者の所有する株式１株につき 10 個の議決権を与える」など社長の認知症に備える側面もあります。

相談事例31

投資育成会社を活用した事業承継

私の会社の株主は、父親が80%、私が20%です。

現在、父親（創業者）はゴルフ用品の製造販売を行うX社を経営しています。

父親は近く社長から退く予定で、その後は私が２代目社長に就任する予定です。

X社はコロナ禍にもかかわらず、ゴルフ人気の影響を受け、業績は右肩上がり、自社株の評価も上昇しています。

このままでは、父親の保有する株式を承継するには資金が足らず、相続税の支払いも多額になるのではないかと心配しています。

会社の利益を圧縮すれば自社株の評価額が下がるとは聞いていますが、社員のモチベーションを上げるためにも、会社の利益を圧縮することはしたくありません。

他の事業承継の手法はありませんか。

実務の最適解

相談者の父親が経営している会社は業績が好調で、売上げ、利益も右肩上がりのため、自社株を評価した場合には、類似業種比準方式では、

■図表 10-13　現状の株主構成

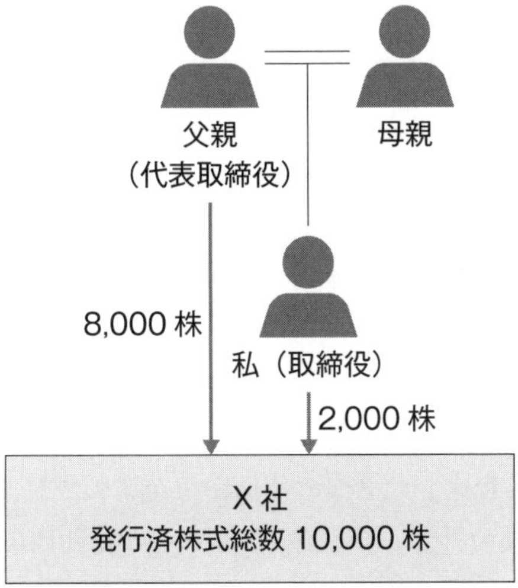

高額な利益金額と純資産価額の積増しが、純資産価額方式では資産の含み益や利益積立金の累積が、株価を高める要因になります。

一時的なゴルフ人気の影響で売上げや利益が上昇し、株価が上がったのであれば、人気が落ち着いて株価が低い時期に株式を後継者に移転することを考えた方がよいでしょう。

しかし、今後も会社の経営が順調に推移していくのであれば、株価の低い時期から暦年課税制度や相続時精算課税制度による贈与の活用、また投資育成会社の増資引受け後に事業承継をすることは、選択肢の１つです。

投資育成会社は会社経営には関与しないため、父親の経営方針に反対する可能性は低く、後継者への事業承継を進めることについても検討してもらえるはずです。

投資育成会社は、第三者割当増資で新株を引き受ける条件として、毎期の安定的な配当、定時株主総会の実施、決算内容の情報開示などが必ず求められます。

一般的には、「物言わぬ安定株主」といわれていますが、外部株主として客観的な目線で会社をチェックする立場であるため、会社の情報開示は適時適切に行うことが肝心です。

❶　投資育成会社を活用した事業承継

投資育成会社とは、中小企業投資育成株式会社法（昭和38年6月10日法律101号）に基づいて設立・活動している政策実施機関であり、他の政府系金融機関とも密接に連携して、中小企業の自己資本充実と健全な成長発展を支援しています。

株式などの引受けにより、経営権の安定や、経営承継に威力を発揮する「投資」と豊富な経験、さらに投資先ネットワークを活かし中立的な立場で支援する「育成」の２つの側面から企業の成長支援を行います。

なお、投資育成会社は、議決権比率50％の範囲内で、株式を引き受けます（**図表10-14**）。

⑴　投資育成会社からの資金調達のメリット・デメリット

投資育成会社は、基本的に会社の経営には関与することなく、毎期の配当を期待して投資を行うため、オーナー社長の意向に沿った長期安定株主として支援してくれる特別な存在になります。

会社は、投資育成会社に対し、毎期の安定的な配当、定期株主総会の実施、決算内容の説明が必要ですが、その条件をクリアすれば、オーナー社長、後継者の会社の支配権維持という目的を達成させることが可能です（**図表10-15**）。

⑵　増資時の引受価格の算定方法及び留意点

投資育成会社が第三者割当増資により投資先企業の株式を引き受ける場合の１株当たりの株式の評価方法は、１株当たりの予想利益を基にした収益還元方式であり、「投資育成会社方式」といわれています。

この方法は、相続税の財産評価基本通達上による配当還元方式に類似する評価方法です。

投資育成会社が実際の株式引受けをする際は、その株式評価額をベー

■図表 10-14　投資育成会社の引受後の株主構成

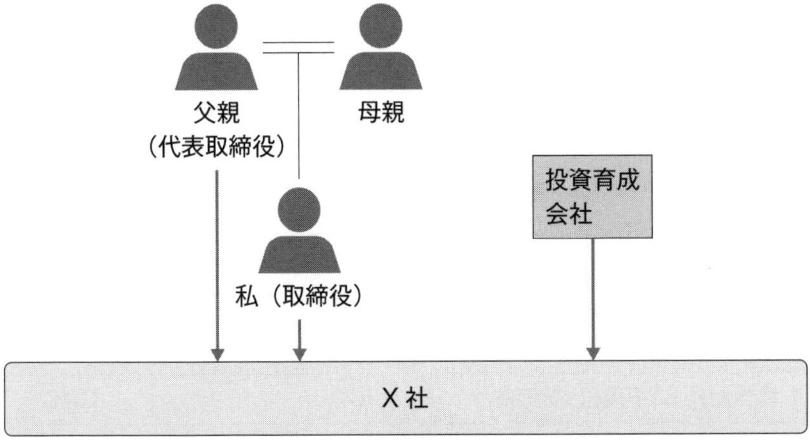

■図表 10-15　投資育成会社からの資金調達のメリット・デメリット

メリット	デメリット
増資による自己資本比率の改善	審査が厳格
長期安定資金としての払込資金の活用	毎期の配当の支払い
安定株主となるため経営の安定化	
円滑な経営承継	

スとし、投資先企業との協議で、算定された価額の上下 10%以内の価額で引き受けることが可能です。

投資育成会社が第三者割当による新株の引受価額及び保有する株式の処分価額は、国税庁が公表している以下の算式で計算します。

＜算　式＞

$$\text{評価額} = \frac{\text{1株当たりの予想純利益} \times \text{配当性向}}{\text{期待利回り}}$$

＜各項目の算出基準＞

①　予想純利益

償却後かつ納税引当前の年間純利益の実績（2〜3期、半年決算のときは３期）及び当期の実績見込みを勘案し、翌期の年間予想純利益を算出します。

② **配当性向**

予想純利益を基準として、配当性向10～20％の範囲内で決定します。

■図表10-16　予想純利益と配当性向の関係

予想純利益	配当性向
1株当たり25円以下の金額	20%
1株当たり26円から50円までの金額	15%
1株当たり51円以上の金額	10%

（参考）1株当たり利益と配当性向の換算表

③ **期待利回り**

当該企業の安定性、成長性などを期待利回り格付け基準をもとに総合的に判断して8％～12％の範囲内で決定します（図表10-17）。

(3) 投資育成会社が増資を引き受けた場合の計算例

下記の前提条件で、増資前と増資後の会社の株価を試算します（図表10-18）。

＜前提条件＞

●増資前
・株主　代表取締役社長……8,000株
　　　　役員である長男……2,000株
・株式の評価額……1株当たり5,000円（純資産価額方式）
●増資後
・「投資育成会社方式」による株価……250円
・投資育成会社の増資引受け……2,500株

■図表 10-17　期待利回り格付け基準

(イ)　格付け項目及び評点

項　目	評　点			
	(A	B	C	D)
①　経営管理層の状況	4	3	2	1
②　設備、技術及び製品の特長と成長性	4	3	2	1
③　資金力、販売能力の状況	4	3	2	1
④　1 株当たりの純資産額（簿価）	4	3	2	1
総合点				

(ロ)　1 株当たりの純資産額から評点への換算

1 株当たりの純資産額（額面 50 円）	点数
100 円以下	1
100 円超 150 円以下	2
150 円超 200 円以下	3
200 円超	4

(ハ)　期待利回りと評価要素の総合点

期待利回り	得点数
8%	15・16
9%	13・14
10%	8～12
11%	6・7
12%	4・5

■図表 10-18　増資前後の株価の変動イメージ

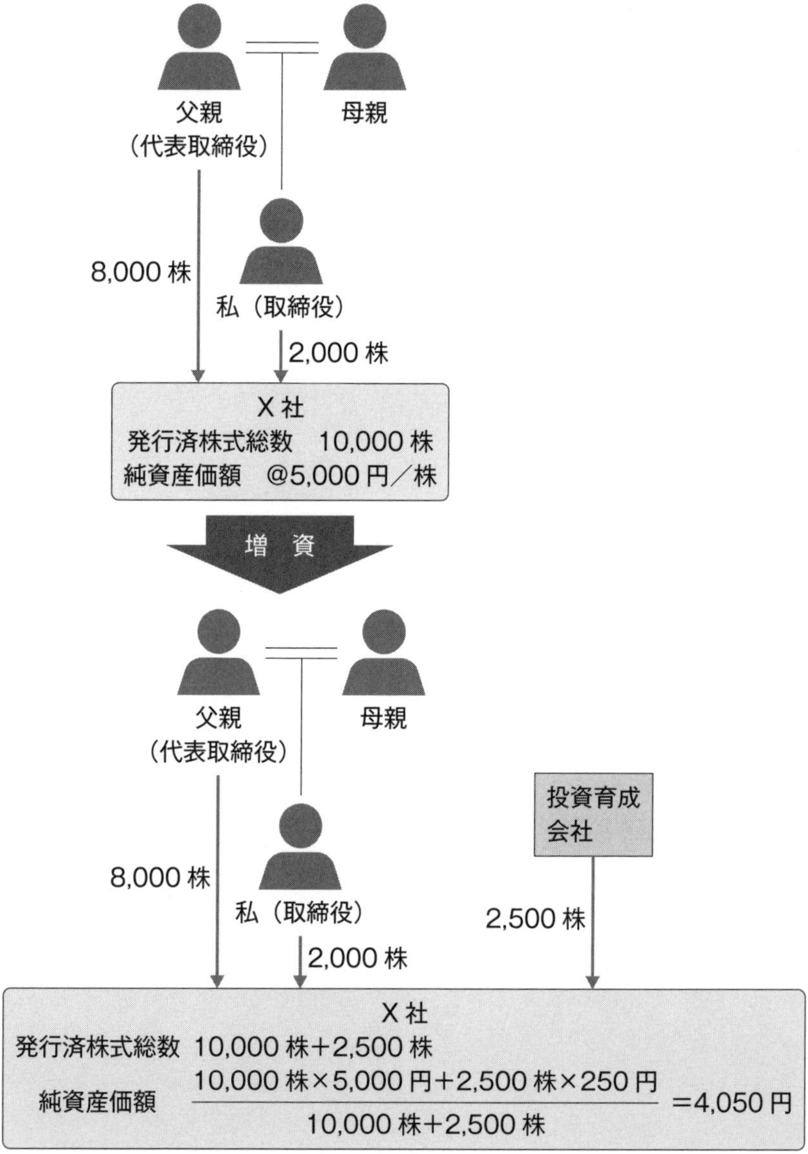

❷　投資育成会社から株式を買い取る場合の留意点

投資育成会社は、長期安定株主として投資先企業を支援することを目的とした会社であるため、基本的には投資育成会社の意思で投資先企業の株式を売却することはありません。

しかし、投資先企業の資本政策等の理由で、将来的に株式を売却するケースがあります。

第三者割当増資を実施して、投資育成会社が株主になった後、仮に、社長の相続が発生した場合、あるいは、会社の業績が悪くなり配当の継続が難しいという状況になった場合の出口戦略を、事前に検討しておくことが大切です。

投資育成会社から引き受けてもらった株式の買取りを行う場合に問題となるのは、買取先を誰にすべきかという点です。

投資育成会社が、保有する株式を売却する場合、投資育成会社が相続税や贈与税の租税回避目的に利用されることを防止するため、投資育成会社が投資先企業の株式を売却する際、以下の要件を置いています。

> ①　投資会社は機関投資家等の持株比率が３分の１以上になるように、その保有株式の処分を行うものとする。
> ②　機関投資家等に処分した後、なお投資会社の保有株式がある場合の処分先は、持株比率に応じた処分を行う等特定の株式（同族又は役員等）に偏ることのないように処分を行うものとする。

この要件があるため、社長本人又は後継者である子供が株式をすべて買い取ることはできず、売却先として親族外の役員、従業員（持株会）、金融機関、取引先などが候補者として挙げられます。

ただし、中小企業のオーナー社長の立場からすれば、会社の支配権維持を大前提として考えると、売却先は社内の親族外の役員や従業員になるケースが多くなるでしょう。

金融機関や取引先の持株割合が高くなれば、会社の経営方針や業績、経営に関与する可能性が高まります。

一方で、社内の役員や従業員であれば、オーナー社長の意向に沿った人材を配置していることが多いため、支配権維持をしたまま親族内・親族外の事業承継を進めることが可能です。

また、状況によっては一部の株式の売却先がオーナー社長やその一族になるケースもあり、結果的に原則的評価方式による評価額よりも低い価額で買い取ることになる場合もあります。

同族株主が、少数株主である法人から自社株を時価より低額で購入した場合、時価と取引価額との差額について一時所得の課税が発生する可能性があるので、注意が必要です。

なお、親族外の役員、従業員（持株会）が購入する場合も同様に、低額で購入した場合については、一時所得の課税が発生する可能性があります。

しかし、時価の算定方法については、同族株主の場合は原則的評価方式による評価額、役員、従業員（持株会）の場合は配当還元方式による評価額が基準となるため、取引の主体によって譲渡する時の取引価額が変わります。

投資育成会社から株式を買い取る場合には、事前に投資育成会社に了承を得て、買取価額については慎重に検討する必要があります。

❸　投資育成会社からの株式の買取事例

社長一家の親族内での事業承継を進めるため、数年前に、投資育成会社から実際に株式を買い戻したケースを紹介します。

当時の買戻し時の代金は62万5,000円（1株当たり250円、株式数は2,500株）です。

仮に、同族株主間の相続や贈与を行った場合における相続税評価額は、1株当たり4,050円、株式数を乗じると1,012万5,000円です。

買い戻すに当たっては、投資育成会社側から3分の1以上が非同族株主となるように売却先を選定することを条件として挙げられたため、買主を社長以外にも揃えなければならず、当時、社内の親族外役員2名

（以下、A 氏・B 氏とします）から名義を借りました。

実際の株式購入代金の支払いは、A 氏、B 氏ではなく、社長がすべて代金を支払いました。

この取引は、いわゆる名義株の問題につながります。

■図表 10-19　買戻後の株主構成

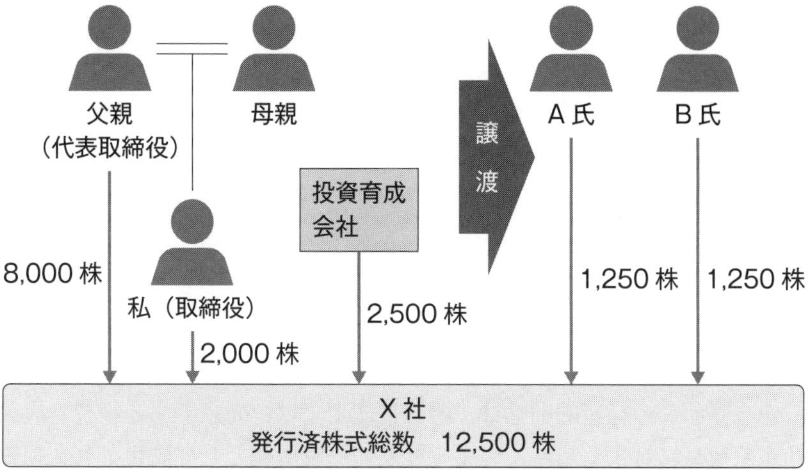

名義株とは他人名義を借用して株式の引受けや払込みがなされた株式をいい、会社としては、株主名簿上の A 氏、B 氏を株主として取り扱えば足ります。

名義株であるか否かの判断基準は、下記の要素から判断します。

- 当初出資したのは誰か
- 株主総会に出席して議決権を行使したか
- 配当金を受け取った事実があるか
- （不要なケースもあるが）確定申告をしたか

過去の裁判例では「他人の承諾を得てその名義を用い株式を引き受けた場合においては、名義人すなわち名義貸与者ではなく、実質上の引受人すなわち名義借用者がその株主となるものと解するのが相当である」として、実質上の引受人が株主であると判断しています。

名義株の問題を解消するためには、まず、名義株主が本当に権利を有する株主（真実の株主か否か）かを確認する必要があります。

A氏、B氏が単なる名義貸しであれば、株主名簿の訂正を行うとともに、名義株であることの確認書等を取得して、真実の権利関係に合致させるべきでしょう。

これに対して、A氏、B氏が真実の株主である場合は、社長又は相談者が株式の贈与を受けるか、相当対価による株式買取りを申し出るなどの対応を行うことになるでしょう。

今回のケースに当てはめてみますと、株式の購入代金を負担したのは社長本人であるため、真実の株主は社長であると考えられます。

その一方で、投資育成会社との契約の当事者としてはA氏、B氏となっています。

仮に、その2名でないと投資育成会社が買戻しに応じなかったとした場合、250円で取得できたのは、その2名の名義を使用したことによる経済的な利益があったと課税当局が認定する可能性があります。

つまり、この経済的利益は、所得税法上では、売主である投資育成会社から社長に対する贈与、つまり社長の一時所得として課税され、相続税法上では、A氏、B氏から社長への贈与、つまり社長に対して贈与税が課税される可能性があります。

では、いつの時点で贈与があったのかという点について検討致します。

社長からしますと、「投資育成会社から買い戻すために2名から名義を借りただけで、そのまま保有してもらう考えはなかった」ということであれば、買い戻した時点で贈与があったものと考えるのが最も合理的と思われます。

仮に、買取時点においてA氏、B氏から贈与を受けたものとの判断となった場合、現在の1株当たり株価4,050円との差額3,800円に対して、贈与とみなされた株式数を乗じた分が贈与税の評価額となります。

そうしますと、評価額は3,800円／株×2,500株＝950万円、贈与税を計算しますと、211万円の本税と、附帯税が加算されることになります。

名義株の問題の解消については、名義株主との交渉、解消方法の検討、名義書換えの手続という段階を踏むため、長期間に及びます。そのためには証拠固めが必要になるため、通常は弁護士と連携して名義株の解消を行います。

参 考

A 氏及び B 氏を名義株主として扱わないケース

A 氏及び B 氏が名義株主として取り扱われた場合、課税関係が発生しますが、別の方法として社長が A 氏及び B 氏に対して、株式の購入代金を貸し付け、A 氏及び B 氏を「真実の株主」とする方法も考えられます。

この場合は、後日、A 氏及び B 氏から株式を買い戻すことが必要になります。

相談事例32

少数株主からの株式買取り（株式の集中）

私は、創業半世紀を迎える老舗会社の２代目社長です。他社で修行していた長男の入社が決まり、これから10年以内に長男へ事業承継を行う予定です。現在の株主構成は、下図のとおりで、会社経営に携わっていない少数株主が７人います。少数株主の１人だった元従業員Ｅは昨年亡くなり、相続人３名（Ｆ・Ｇ・Ｈ）に分散してしまいました。Ｆ・Ｇ・Ｈとは面識が一切ありません。今後、他の少数株主にも相続による株主の分散が広がると思われます。

このため、事業承継の際に問題とならないよう、少数株主からの株式の買取りを進めたいのですが良い方法はないでしょうか。

実務の最適解

❶　少数株主の存在によるリスク

少数株主とは、個々の議決権割合はあまり多くなく、会社経営にも携わっていないような株主をいいます。

■図表 10-20　株主構成

株主名	属性	面識	所有割合
私	現社長（60 代）	—	65%
A	元役員（90 代）	なし	10%
B	元役員（90 代）	あり	10%
C	元従業員（80 代）	あり	5%
D	元取引先の社長（70 代）	あり	6%
F	元従業員 E の妻（80 代）	なし	2%
G	元従業員 E の長男（50 代）	なし	1%
H	元従業員 E の長女（40 代）	なし	1%
計			100%

少数株主が生じる理由はさまざまであり、会社設立時や増資時に名義だけ借りたこと、親族や非親族の従業員・役員に出資を募ったこと、相続対策で株式を分散させてしまったこと、相続が重なり分散が広がったことが考えられます。

少数株主の存在は、主に次のリスクがあります。

(1)　株式買取りや配当支払いを求められるリスク

非上場株式は一般に流通しておらず、上場株式のように容易に換金することができません。このため、少数株主から買取りを持ち掛けられる可能性があります。

また、少数株主が株式を持ち続ける場合、配当以外に得られる収入はないため、配当の継続的な支払いや増配を要求される可能性もあります。

(2)　経営方針を左右されるリスク

会社法では、持株比率に応じて、株主総会に参加して議決に関わる議決権を決めています。会社経営者グループの持株比率が少ない場合、少数株主の持株比率が経営方針を左右する可能性があります。

(3) 事業運営におけるリスク

会社法では、少数株主に対しても、株主としての法的権利を認めています。このため、少数株主が株主として、会社法に規定されている権利を行使してくる可能性があります。

例えば、議決権の3%以上を所有する株主の場合、会計帳簿閲覧・謄写請求権が認められています。少数株主であっても、会社に対して決算書類や過去の帳簿の開示を求めることができ、株式の買取交渉や過去の支出の不透明さを追求する材料に用いることができます。詳しくは247頁をご確認ください。

また、会社経営に携わっていない少数株主であっても、株主総会の招集手続などは省略することができません。株主の分散が広がってしまうと、株主総会開催手続などの事務負担も煩雑となります。

(4) 会社経営者及び後継者への心理的負担

少数株主の存在は、上記(1)、(2)、(3)のようなリスクに加え、会社経営者及び後継者に心理的負担を背負わせてしまいます。

事例の場合、会社創業者である現社長の父親と元々の少数株主とは、お互いに面識があり、良好な関係だったと思われます。しかし、世代交代が進み、少数株主自体も経営に携わらない状態になってしまうと、関係性が希薄となってしまうのは当然です。

少数株主から株式の買取りや配当支払いを要求され得るようなリスクを経営者が抱えること、そうしたリスクを解決しないまま後継者に事業承継を行うのは、双方にとって心理的負担となります。

❷ 株式の集約方法

少数株主の存在によるリスクを防ぐためには、早期に株式の集約を進めていく必要があります。集約方法には、任意的な方法と強制的な方法とがあります。任意的な方法は、少数株主との交渉により株式を集約するもので、最初に選択すべき方法です。

(1) 任意的な方法

任意的な方法は、お互いに友好関係にあるときで、株式の買取りや贈与という手法が考えられます。

① 株式の買取り

少数株主から株式を買い取ることで株式を集約する方法です。買取りを選択する場合、次の４つを総合的に検討する必要があります。

(イ) 買取主体の選択（誰が株式を買い取るか？）
(ロ) 買取価格の決定（いくらで株式を買い取るか？）
(ハ) 買取資金の調達方法（買取資金をどう調達するか？）
(ニ) 売手・買手の課税関係（双方の税負担、税務上の時価）

まず、買取主体を選択する必要があります。買取先として考えられるのは、社長家個人、自社、持株会社などの自社以外の会社、従業員持株会などが考えられます。

次に、買取価格を決定する必要があります。少数株主は高値での買取り、経営者側は安値での買取りを求めます。価格面で折り合いが付かず、交渉が成立しない場合もあります。

さらに、買取資金の調達方法も検討する必要があります。個人での資金調達は容易でないため、持株会社が融資による資金調達を行い、その資金で株式を買い取る方法も考えられます。

そして、上記方法の前提として、売手（少数株主）と買手（経営者グループ）の課税関係や税務上の時価を意識する必要があります。

② 株式の贈与

少数株主によっては、株式を社長又は後継者といった社長家個人に贈与してもらう方法も考えられます。この場合、株式を贈与により取得した社長家個人に対して贈与税が課税されます。

(2) 強制的な方法

任意的な方法での集約が難しい場合、少数株主の承諾を得ずに、強制的に買取りを行うスクイーズアウトという方法があります。

会社法上、スクイーズアウトの手法として、特別支配株主の株式売渡請求、株式併合、現金対価の株式交換、全部取得条項付種類株式などがあります。

また、定款で定めがある場合、亡くなった株主の相続人に対して、株式を売り渡すよう請求できる制度もあります。

このうち、株式併合について紹介します。

株式併合とは、少数株主が端株になるように株式の単元数を変更し、発行済株式総数を減少させることで、1株未満の株式しか所有しなくなった少数株主から株式を強制的に買い取る方法をいいます。

事例として、**図表10-21**のような株式併合を実施した場合、どのようになるでしょうか。

■図表10-21　株式併合によるスクイーズアウト

・発行済株式総数1,000株の会社
・排除したい少数株主はA・Bの2名
・株式併合により「500株を1株に併合」する

株主	株式数
社長	700株
A	200株
B	100株
合計	1,000株

①株式併合

株主	株式数
社長	1株+0.4株
A	0株+0.4株
B	0株+0.2株
合計	2株

②端株売却
＋自己株式消却

株主	株式数
社長	1株
A	−
B	−
合計	1株

株式併合により、社長の700株は1.4株に、少数株主Aの200株は0.4株に、少数株主Bの100株は0.2株となります。

端株合計の1株は、裁判所の許可を得て、任意売却し、端株を自己株式として会社が受け入れ、その後消却します。売却代金は、社長・A・Bに配分され、結果として社長のみが株主となります。

ただし、スクイーズアウトを実行する場合は、裁判所での手続が必要となりますし、反対株主との関係性も悪くなってしまいます。また、反対株主がスクイーズアウトでの買取価格について納得しない場合、裁判所が価格決定を行うため、実際の買取コストは、任意での買取りよりも高額になってしまう場合もあります。

このため、スクイーズアウトは最終手段として選択すべきです。

❸ 株式買取りの進め方

事例の場合における対応方法を検討してみます。

(1) 事前準備

まずは、面識のある少数株主（B・C・D）に話を持ち掛けてみました。

BとCからは「持っていても仕方がないので株式を売りたい」との返事を、Dからは「値上がりする可能性があるので持ち続ける」との返事をもらいました。

次に、社長は専門家に株式の評価を依頼し、株式の税務上の時価と買取主体、買取資金の調達についてアドバイスをもらいました。

その結果、現在の会社の規模と業績により、社長個人で買い取る場合の相続税評価額は抑えられている点が分かりました。

また、社長個人ですでに70%を所有しており、他社（持株会社など）で集約する必要性は薄い点も分かりました。

さらに、社長個人はある程度の資金を所有しており、金融機関からも買取資金の不足額の融資の目途がつく点も分かりました。以上から、「社長個人が相続税評価額で買い取る」という方針を決定しました。

(2) 買取交渉・買取りの実行

上記方針の下、全株主に株式買取りの交渉を行った結果、B・C・F・G・Hの5名とは交渉が成立しました。Aについては、家族から連絡があり、Aは認知症で意思判断能力がなく、株式の処分ができないことが分かりましたが、家族としては株式を処分したい意向であるとのことでした。Dについては、交渉に応じてもらえませんでした。

交渉成立後、専門家の指導の下、株式の譲渡契約、取締役会での譲渡承認手続を適正に行い、社長への株式集約を実行しました。

集約後の株主構成は**図表10-22**のとおりです。

■図表10-22　株主構成

株主名	属　性	集約前	集約後
私	現社長（60代）	65%	84%
A	元役員（90代）	10%	10%
B	元役員（90代）	10%	—
C	元従業員（80代）	5%	—
D	元取引先の社長（70代）	6%	6%
F	元従業員Eの妻（80代）	2%	—
G	元従業員Eの長男（50代）	1%	—
H	元従業員Eの長女（40代）	1%	—
計		100%	100%

(3)　集約できなかった少数株主への対応

買取りができなかったAとDについて、専門家から次のアドバイスをもらい、次のように対応することとしました。

まず、Aについては、A本人から買い取ることはできないが、Aの家族が処分の意向を示しているため、Aが亡くなった後に相続人から買取りを行う方針としました。

Dについては、引き続き交渉を実施するが、株式併合などによるスクイーズアウトも視野に入れる方針としました。

よって、AとDについては、現時点では集約を行わず、長男への事業承継の準備期間中は状況の変化を見守ることとしました。

❹ 譲渡制限株式の譲渡手続

会社法では、会社として望ましくない者が株主とならないよう、定款で株式に譲渡制限を設けることができます。

この譲渡を制限された株式を譲渡制限株式といいます。

譲渡制限株式を譲渡する場合、会社の承認を得る必要があり、会社の承認を経ずに譲渡した場合、当事者間での譲渡契約は有効ですが、会社との関係では効力を生じません。

株式を譲渡する株主又は譲受人は、会社に対して株式譲渡承認請求を行う必要があります。

株式譲渡承認請求書

令和　年　月　日

株式会社○○
代表取締役　○○○○殿

株主住所
株主氏名　　　　㊞

私の所有する貴社の株式を下記のとおり譲渡したいので御承認下さい。

もし承認されず、貴社自身が買い取らない場合においては、他に譲渡の相手方を指定されたく、会社法第138条1号ハに基づき請求いたします。

記

譲渡する相手方並びにその株式の種類及び株数

1. 譲渡の相手方
   住所
   氏名
2. 譲渡する株式の種類及び株数
   普通株式　　　　株

以上

譲渡承認請求を受けた会社においては、定款で別段の定めがある場合を除き、取締役会設置会社の場合は取締役会、取締役会非設置会社の場合は株主総会の承認を得る必要があります。

もし、会社が譲渡承認をしない場合は、株主は、会社又は指定買取人による買取りを請求できます。

会社又は指定買取人との間で売買価格について合意が得られない場合は、申立てにより裁判所が価格決定を行います。

これらの手続には、所定の期限が設けられているため、株主も会社もスケジュールには留意する必要があります。

少数株主から譲渡制限株式を買い取る場合は、後々、手続の瑕疵が問題とならないよう、会社法の定める要件を満たすよう注意して手続を進める必要があります。

少数株主が存在する会社においては、ある日突然、少数株主から敵対株主（ライバル会社や少数株式の買取業者）への譲渡承認請求がなされるリスクがあります。このため、少数株主対策を進めていくのはもちろんのこと、譲渡承認請求がなされた際の対応についても整備しておく必要があります。

参考

譲渡制限株式の買取請求における注意点

譲渡承認請求を会社が不承認とする場合、譲渡承認請求者は、会社又は会社が指定する指定買取人に対して、買取請求を求めることができます。

譲渡承認請求に買取請求が含まれているときは、会社が譲渡承認を不承認とする場合、会社自身が買い取るか、指定買取人が買い取るかを指定しなければなりません。

この場合、会社は、請求日から２週間以内に不承認の通知をしなければ、譲渡承認したものとみなされてしまいます。

会社自身が買い取る場合は、譲渡承認をしない旨の通知日から40日以内に、指定買取人が買い取る場合は、譲渡承認をしない旨の通知日から10日以内に買取りの通知をする必要があります。

いずれの場合も、会社は、「1株当たりの純資産額×対象株式数の数」の金額を供託し、供託を証明する書面を交付する必要があります。

その後、譲渡承認請求者と会社又は指定買取人との間で売買価格について協議を行います。

協議が整わない場合、各当事者は、買取りの通知日から20日以内に、裁判所に売買価格の決定の申立てをすることができます。

申立てが行われた場合、裁判所は、「譲渡承認請求時における会社の資産状態その他一切の事情」を考慮して売買価格を決定するため、税務上の評価額とは異なり、会社の想定よりも高額な支出となる可能性もあります。

なお、期間内に申立てが行われない場合、供託金額が売買価格となります。

譲渡承認請求や買取請求がなされた場合、会社法の定めるスケジュールどおりに手続を行う必要があり、対応を誤ると、自社の株式が第三者の手に渡ってしまうリスクがあることに注意が必要です。

相談事例33

名義株主からの株式の回収

私は、父親が社長を務める会社で後継者として働いています。

最近まで会社の株主は父親だけと思い込んでいましたが、株主名簿を見ると、私・母親・妹が株主となっていました。さらに、叔父・叔母・1年前に亡くなった取引先の前社長も株主となっていました。

私は株主になった覚えはなく、母親と妹も自分が株主とは知らなかったそうです。父親に話を聞いたところ、会社を創設した際に、株主が7人必要だったので名義を借りたということが分かりました。

事業承継の際にすべての株式は私に集約したいのですが、どうすればよいでしょうか。

実務の最適解

❶　名義株とは

「株主本人が、株主になった覚えがない」とのことなので、「名義株」の存在を検討した方がよいと思います。

■図表 10-23　現状の株主構成

株主名	株式数（株）	割合（%）
父親（社長）	3,000	30
母親（経営に関与なし）	1,500	15
私（取締役）	1,000	10
妹（経営に関与なし）	1,000	10
叔父（経営に関与なし）	1,500	15
叔母（経営に関与なし）	1,500	15
取引先の前社長（死亡）	500	5
計	10,000	100

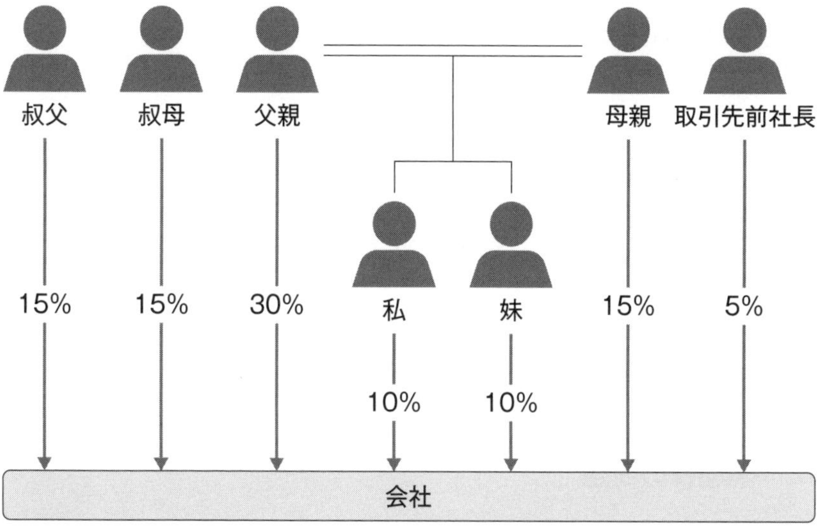

名義株とは、他人の名義を借りて、株式の引受けや払込みがなされた株式をいいます。

名義株が存在する場合、株主名簿や法人税申告書別表二に記載された株主と本来の株主とが一致しない状態となります。

名義株が生ずる理由はいくつかあります。

平成２年の商法改正前は、株式会社の設立に発起人が７人必要であったため、創業者が金銭を拠出しているが、頭数を揃えるために親族や知人の名義を借りて会社を設立する行為が横行していました。

平成２年よりも前に設立された会社で、株主が複数名いる場合、名義株の存在する可能性の検討が必要です。

その他にも、株式を分散させることで相続税対策を行う目的で名義を借りたということも考えられます。

(1) 名義株の判断方法

名義株を判断する方法は、法律上規定されていませんが、東京地裁昭和57年３月３日判決は、以下の点を踏まえて総合的に判断すると示しています。

① 株式取得資金の拠出者 ② 名義貸与者と名義借用者との関係及びその間の合意の内容 ③ 株式取得・名義変更の目的 ④ 取得後の利益配当金や新株等の帰属状況 ⑤ 名義貸与者及び名義借用者と会社との関係 ⑥ 名義借りの理由の合理性 ⑦ 株主総会における議決権の取扱い及び行使の状況

もし、名義株主が配当を受け取ったり、株主総会に参加して議決権を行使した事実がある場合、実際の株主と判断される可能性が高くなります。

(2) 名義株の問題

① 事業承継の観点における問題

実際の株主と名義株主との間で、名義の貸し借りについて同意がなされており、名義株主が何もしない場合は、会社経営への直接的な影響はありません。

しかし、ある日突然、名義株主から決算書の開示や配当支払いを要求されたり、法的手段を行使される可能性があります。

また、名義株主が会社経営に直接関与してくるというリスクがあります。

事業承継税制を用いる場合、先代経営者と後継者の議決権数が判定要素となりますが、名義株が存在することで要件を満たさなくなるリスクもあります。

本相談事例の場合を検討してみると、社長（父親）の認識では、叔父・叔母・取引先の前社長からは名義を借りたにすぎず、実際は自分所有の株式だったはずです。

次期社長である長男に株式を譲りたいと思っても、叔父・叔母・取引先の前社長名義の株式をそのままの状態で贈与することはできません。

実際の株主又は名義株主に相続が発生した場合、問題はより複雑となります。

当事者が亡くなってしまうと、名義株の発生の経緯、名義を貸し借りした認識や合意があったかをもはや聞くことはできません。

名義株と判断できるような書類も保管されていない場合は、名義株主を実際の株主として取り扱わざるを得なくなる可能性があります。

名義株主が亡くなり、相続人が名義株を遺産と認識している場合は、株式の買取りを求められるリスクもあります。

②　相続税申告における問題

名義株は相続税申告においても問題となります。

本来の株主が亡くなった場合、相続税の申告においては、名義株も相続財産に含める必要があります。

被相続人が会社経営者の場合、相続税の税務調査において特に申告漏れが指摘される事項です。

本相談事例の場合、父親が他の株主よりも先に亡くなったとしましょう。父親以外の株主の全員が名義株主である場合、申告する株式数は、3,000株ではなく1万株となります。

❷　名義株の解消方法

名義株と判断された場合、できるだけ早期に名義株主から株式を回収し、名義を実際の株主に戻す必要があります。

以下では、名義株の判断の経緯と解消方法を説明します。

(1) 名義株の判断

事例では、創業者である社長が存命であったため、設立時の出資状況を詳細にヒアリングしました。

その結果、会社設立時に発起人が複数名必要だったため、設立手続を依頼した司法書士の指示で自分以外の名義を借りたとの証言を得ました。

また、これまで配当支払いの実績がない点、名義株主が議決権を行使したことがない点、家族も株主との認識がなかった点などの事実関係もありました。

以上を踏まえ、社長以外の株主はすべて名義株主と判断しました。

(2) 名義株主の同意による名義書換え

名義株と判断した後は、名義株主に対して事情を説明し、名義を実際の株主に戻すことへの了承を取り付けます。

無償で名義を戻すことへの了承が得られた場合、名義株主から下記のような同意書へ署名押印をもらい、名義変更を行います。実印での押印を依頼し、名義株主の印鑑証明書も受領の上、公証人役場において確定日付の証明も受領した方がよいでしょう。

名義株及び名義変更の同意書

令和　年　月　日

株式会社○○
代表取締役　○○○○殿

住所
氏名　㊞

私は貴社株式について下記事項を確認し、速やかに株式の名義変更手続を行うことに同意いたします。

記

1. 株主名簿上は私の名義となっているが、会社設立時に発起人として私

の名義を貸したことによるものであり、会社設立に伴う金銭の拠出は一切行っていないこと
2. 実際の金銭の拠出者は、創業者の△△氏であり、真実の株主は△△氏であること
3. 私は、△△氏から株式の贈与や譲渡を受けた事実はないこと
4. 配当金を受領したり、議決権を行使した事実はないこと
5. △△氏への名義変更に当たり、金銭交付は一切不要であること

以上

本相談事例の場合、相談者はもちろんのこと、母親、妹、叔父、叔母の4名からは名義を戻すことへの承諾を得られました。同意書を受領後、直ちに株主名簿と法人税申告書別表二の株主を社長名義に訂正しました。

(3) 有償による買取り

(2)の承諾が得られない場合、将来の紛争を未然に防ぎ、事業承継を円滑に行うため、株式を有償で買い取ることを検討します。

事例の場合、取引先の前社長は約1年前に亡くなっていましたので、相続人の承諾を得る必要があります。

相続人に事情を説明しましたが、相続人からは名義株ではなく遺産との主張がなされ、名義を父親に戻すことへの承諾が得られませんでした。

このため、相続人との交渉の結果、相続税評価額により社長が買取りを行うこととなり、資金負担は生じましたが、無事名義を戻すことができました。

(4) 強制買取り（スクイーズアウト）

(3)の株式買取りは、名義株主が同意しない場合には成立しませんし、買取価格について合意が得られず、交渉が成立しないことも考えられます。

そうした場合には、株式を強制的に買い取る方法（スクイーズアウ

ト）を検討する必要があります。詳細は、**相談事例32「少数株主からの株式の買取り（株式の集中）」**を参照してください。

また、名義株主あるいは名義株主の相続人の所在が不明であり、上記⑴、⑵、⑶の方法を選択できない場合も考えられます。

名義株主あるいは名義株主の相続人所在不明の場合は、**相談事例34「所在が不明な株主からの株式買取り」**を参照してください。

<留意点>

実際は名義株でないにもかかわらず、無償による名義書換を行うと、贈与税が課税されるリスクがありますので、名義株の判断が重要なポイントとなります。

相談事例 34

所在が不明な株主からの株式の買取り

現在、私は２代目社長として会社（創業 50 年）を経営しています。

長男を後継者として事業承継計画を策定し進めていく予定ですが、現在の株主に所在が不明な株主がいます。

私の代で株式の買取りを行い、解消したいと考えていますが、どのように進めればよいのでしょうか。

実務の最適解

創業から何十年も経過すると、「株主の住所が変わった」、「株主に相続が発生した」などの理由により、連絡が取れないケースが出てきます。

❶　所在不明株主の株式売却制度

所在不明株主の株式売却制度とは、会社法の定めにより、次の所在不明株主の要件を満たしたときに一定の手続（異議申述の公告及び催告）の後、発行会社が売却し、その対価を当該株主に交付することができる制度です。

＜所在不明株主の要件＞

・株主名簿に記録された住所又は通知先に対して５年以上継続して通

知又は催告が到達していないとき
・その株主が5年以上継続して剰余金の配当を受領していないとき

所在不明株主の要件を満たす場合、取締役会で所在不明株主の株式の処理方法（競売・売却・発行法人による買受け等）を決議します。その後、発行法人は、株主名簿に記載又は記録のある株主など利害関係者に対し、処理に異議があれば一定の期間内（3か月以上）に異議申述をすべき旨の公告及び所在不明株主等に個別催告を行います。

異議申述期間経過後、発行法人は、当該株式を競売し、又は、裁判所の許可を得て任意に売却することができます。買取人がいないときは、自己株式として分配可能額の範囲内で取得することも可能です。

株式の売却代金は、所在不明株主に帰属するため、売却代金を供託するか売却代金を交付する日、又は、消滅時効により当該代金が発行会社に帰属する日まで負債計上する必要があります。

❷ 所在不明株主の疎明手続

所在不明株主の２つの要件は、いずれも「5年以上継続して」という定めがあり、この要件を満たすため会社法を意識して、会社からの通知等を行うことが大切です。

(1) 所在不明株主に対する通知・催告の宛先

会社から株主に対する通知・催告は、株主名簿に記載もしくは記録されている株主の住所又は株主が通知した場所もしくは連絡先に宛てて発すれば足り、その通知、催告は、通常到達すべきであった時に株主に到達したものとみなされます。

そのため、株主総会の招集通知等の法定の通知・催告であっても、会社が株主名簿の記載又は株主の通知に従って発送している限り、実際には株主のもとには届かず、宛先不明で会社に返送されたとしても、有効に通知・催告が行われたものとして扱われます。

これは、会社があらかじめ宛先不明で返送されると分かっていながら株主名簿記載の住所に宛てて通知・発送した場合も同様となります。

したがって、今後の所在不明株主に対する通知・催告は、株主名簿に記載されている住所宛に発送すれば足り、これにより、法定通知・催告も有効に行うことができます。

なお、ここでいう通知・催告は、法定のものに限定されず、任意の株主通信や株主優待物等も含まれます。

＜通知の例＞

・法定の通知
　招集通知、株式無償割当てに伴う割当株式数の通知等
・任意の通知
　株主通信、株主優待物、決議通知、中間配当金決議通知、議決権行使促進ハガキ等

⑵　所在不明株主に対する通知・催告の方法

株主名簿上の住所宛の郵送、宅配便等による書面等の送付のほか、メールアドレス等発行会社に通知した宛先への電子メール等の電磁的方法によるものも含まれます。

⑶　所在不明株主に対する通知・催告の省略

所在不明の株主への郵送について、宛先不明で返送されることが明らかにもかかわらず、いつまでも通知・催告を送り続けるのは不経済ですので、会社が株主に対してする通知・催告が５年以上継続して到達しない場合、会社は、その株主に対する通知・催告を省略することができます。

逆に、不到達期間が５年未満の場合は、宛先不明で返送されると分かっていても通知・催告を省略できません。

所在不明株主に対する法定の通知・催告に瑕疵を生じさせないためには、返送されると分かっていても、株主名簿の記載又は株主の通知に従って通知・催告を発送する必要があります。

(4) 裁判所への株式売却許可申立て（提出を要する疎明書類）

裁判所に対する所在不明株主の株式売却許可の申立てには、下記の書類が必要となります。

・登記簿謄本（履歴事項全部証明書）

・定款

・株主名簿

・5年間分の株主総会招集通知書及び返戻封筒

・5年間分の剰余金配当送金通知書及び返戻封筒

・取締役会議事録（取締役会設置会社で発行会社が買い取る場合）

・買受書（発行会社以外の者が買い取る場合）

・官報公告

・催告書及び発送が確認できる資料

・株価鑑定書

・全取締役の同意書（取締役が2名以上いる場合）

（注）「5年間継続して到達しなかった」事実の疎明は重要であり、（代表）取締役の陳述書等の代替書面による疎明は認められませんので、必ず5年間継続分の返戻封筒の提出が疎明資料として必要となります。

❸ 所在不明株主からの買取りの流れ

所在不明株主からの買取りの流れは、**図表10-24**のとおりです。

■図表 10-24　所在不明株主からの買取りの流れ

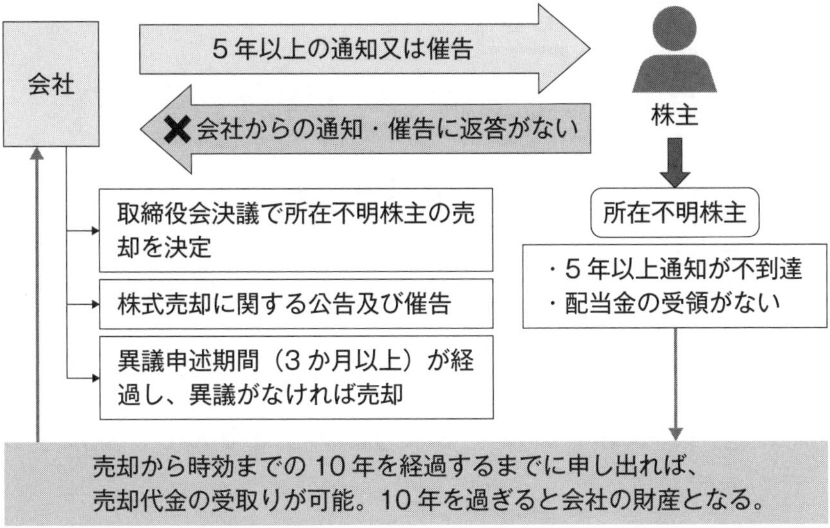

❹　所在不明株主に関する会社法の特例（経営承継円滑化法）

所在不明株主からの買取りは、原則として「5 年」以上継続して会社からの通知又は催告が到達せず、配当も受領していないことが要件となっています。

しかし、中小企業（非上場）の代表者の年齢、健康状態その他の事情により、継続的かつ安定的な経営が困難であり、その企業の事業活動の継続に支障が生じている場合であって、所在不明株主の存在により事業承継が困難となっているときは、都道府県知事の認定を受けることと、一定の手続保障（特例措置によることを明示した異議申述手続）を前提に、会社法の通知不到達・配当不受領の期間「5 年」を「1 年」に短縮することが可能となります。

相談事例 35

会社に対する貸付金の整理方法

私の父親は、運営する法人に対して２億円の貸付金があります。

会社には、通常の営業活動を行う資金は足りていますが、直ちに父親に返済する余力はありませんし、返済予定も未定です。

父親は現在 80 歳で、まだまだ元気ですが、このまま死亡してしまうと会社に対する貸付金２億円に対して相続税が課税されると聞きました。

何か対応策はあるものでしょうか。

実務の最適解

❶　父親が会社へ貸し付けている状況を、生前に解消する方法

父親の相続が開始した場合、会社に貸し付けている２億円が相続財産となり、相続税の課税対象となります。

貸付金債権の評価は、原則として額面によることとされていますので、本相談事例のケースでは、将来的にたとえ回収不能となったとしても、相続財産はあくまでも相続開始時の債権の額面金額（2 億円）での評価となります。

このため、回収可能性が低ければ低いほど、元気なうちに、父親から会社に貸し付けている状況を解消することが必要です。
同時に父親の会社の株価、株主構成等に照らし合わせ、解決策を選定する必要があります。
1つの解決策として、会社としては、父親からの借入金を出資金に振り替えて、父親から借りているのではなく、出資している状況に転換する「DES（デット・エクイティ・スワップ）」という方法があります。

❷ DES（債務の株式化）の進め方

DESとは借入金を出資金に振り替える（貸付金債権の債権者が貸付金を現物出資して株式を取得する）方法です。
図表10-25のとおり、結果として会社の貸借対照表上、2億円の社長借入金は資本金等に変わります。
一方、社長個人の財産としては、貸付金2億円から株価は0円（社長借入金を資本金に振り替える前も株価は0円）になります。

(1) DESの場合の課税関係

社長借入金を現物出資により資本金に振り替えた場合、増加する資本金等の額は、社長借入金の額面価額ではなく、時価（給付を受けた金銭以外の資産の価額）によるものとされます。
時価が額面価額である帳簿価額を下回った場合は、時価と帳簿価額との差額を債務消滅益と認識し、法人は益金に算入することになりますので注意が必要です。
法人の仕訳は、以下のとおりです。

(借)社長借入金	2億円	(貸)資 本 金 等	(債権の時価)
		債務消滅益	(2億円－債権の時価)

■図表 10-25　DES のイメージ

①　現　　状

会社
B/S　（単位：万円）

資産	15,000	社長借入金	20,000
		負債	20,000
		資本金	10,000

DES

②　DES 後

会社
B/S　（単位：万円）

資産	15,000	社長借入金	0
		負債	20,000
		資本金	30,000

（注）　現状どおりの額面にて新株発行の場合

参　考

税理士損害賠償請求に発展するケースも

近年、DES に係る債務消滅益課税の説明を事前に行わなかった税理士に対し、納税者から税理士損害賠償請求がされた事案もあります。

⑵ 疑似 DES の場合の課税関係

DES と同様の効果を得る方法として、「疑似 DES」と呼ばれる方法があります（**図表 10-26**）。

法人の仕訳は、以下のとおりとなります。

①（借）現　預　金　2億円　（貸）資 本 金 等　2億円

②（借）社長借入金　2億円　（貸）現　預　金　2億円

こちらの方法においても上述「DES」と同様に、債務消滅益の課税が生じるのではないかという疑念が生じます。

しかし、払込みによる資本金等の額は、「株式の発行は払い込まれた金銭の額」のため、払込金額の2億円が資本金等の額となり、債務消滅益は生じません。

❸ 疑似 DES に伴う留意事項

⑴ 株主間贈与の可能性

本相談事例においては、疑似 DES の前後ともに、債務超過のため株価は0円と計算され、贈与の問題は起こりません。ただし、疑似 DES を行うと、債務が解消されるため、会社の株価が値上がりするケースが多く見受けられます。

仮に株価が値上がりをした場合で、他に複数の株主が存在するケースでは、疑似 DES を行った社長から他の株主に対して値上がり益相当額の贈与があったものみなされて贈与税が課税されます（**図表 10-27**）。

■図表 10-26　類似 DES のイメージ

① 現　　状

社長　70%（700 株）

私　30%（300 株）

会社
B/S　（単位：万円）

資産	15,000	社長借入金	20,000
		負債	20,000
		資本金	10,000

↓ 増資

② 増 資 時

社長　90%（2,700 株）

私　10%（300 株）

会社
B/S　（単位：万円）

資産	15,000	社長借入金	20,000
現預金	20,000	負債	20,000
		資本金	30,000

（注）現状どおりの額面にて新株発行の場合

↓ 返済

② 返 済 時

社長　90%（2,700 株）

私　10%（300 株）

会社
B/S　（単位：万円）

資産	15,000	社長借入金	0
現預金	0	負債	20,000
		資本金	30,000

■図表 10-27　株主間贈与が発生するケース

① 現　　状

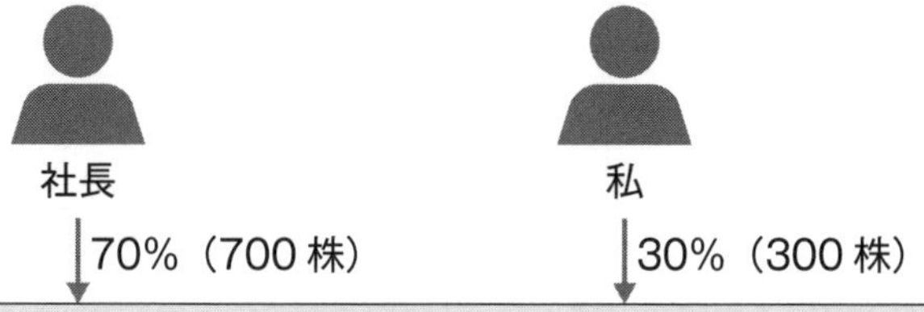

会社
B/S　（単位：万円）

資産	16,000	社長借入金	20,000
		負債	10,000
		資本金（1,000 株）	10,000

（注）　株価 16,000－30,000<0　よって 0 円／株

② 増 資 時

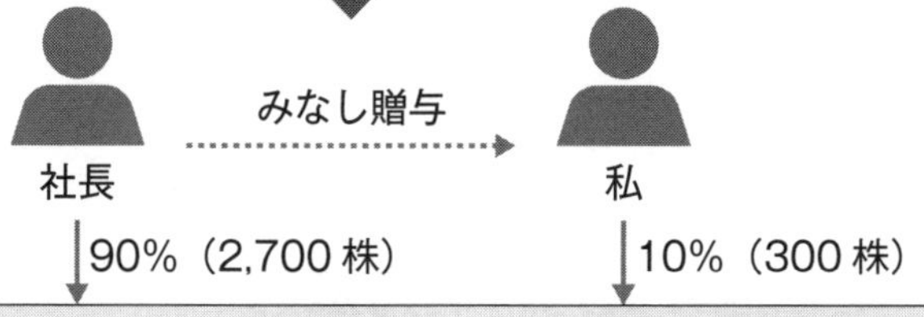

会社
B/S　（単位：万円）

資産	16,000	社長借入金	20,000
現預金	20,000	負債	10,000
		資本金（3,000 株）	30,000

（注）　株価（36,000－30,000）÷3,000 株＝2 万円
みなし贈与 2 万円 ×300 株＝600 万円

⑵　事前の株式集約

なお、対象会社が大会社（類似業種比準価額）のときは、純資産価額に比較し、評価額に対する影響が少なくなります。

同族会社の場合は株主が分散している会社も多くありますので、株主間贈与を避けるためにも、いったんは疑似DESをされる前に疑似DESを行う社長に株式集約をして株主を１人とした上で、実行することを推奨します。この場合、会社の株価の値上がり益は自ら行った行為により生じるものであるため、株主間贈与の心配はなくなります。

⑶　疑似DESに伴うコスト等

資本金等の増加に伴う登録免許税が増加額の0.7％課税されます。

また、資本金等の額が増加することにより、中小企業の優遇税制を受けられなくなったり、法人住民税の均等割の額が高くなったりと、毎年の営業活動の中で受ける影響も少なくありません。

❹　その他の貸付解消方法

「DES」や「疑似DES」以外に、会社に対する貸付金を整理する方法として、「債権放棄」や「貸付金の贈与」が考えられます。

⑴　貸付金を父親が債権放棄する方法

会社に青色繰越欠損金等があれば、その範囲内で債権放棄をする方法も有効です。

会社は、債務免除益に対しては法人税が課税されるため、法人税が課税されない範囲内で、債務免除をする方法が得策と考えます。

なお、社長が会社に対して債権放棄をした場合、債権放棄前と債権放棄後で比較して株価が値上がりするときは、社長から社長以外の株主に対して値上がり益相当額の贈与があったものとみなされます。

⑵　貸付金を相続人等に暦年贈与する方法

会社に対する債権を相続人等に生前贈与し、会社の借入先を親族等に振り替えて相続財産から除外する方法です。

ただし、暦年贈与も110万円超は贈与税が課税されますし、今回のケースの２億円の貸付金を全額生前贈与という方法は、期間も要しますし現実的ではありません。

この方法は、会社のキャッシュフローに毎年一定の余力がある場合、もしくは近い将来会社に多額の入金が見込まれる場合に有効です。

会社から返済可能である債権金額を複数の相続人に生前贈与することにより、社長である父親の財産も減少し、相続人への財産移転が実現します。

＜まとめ＞

会社の代表者に対する貸付金は日々の法人の営業活動において返済を督促されるわけでもなく、返済は一番後回しになりがちです。

ただし、いったん会社の代表者に相続が発生した場合、額面額に対して相続税が課税されることになり、相続人に重税感が重くのしかかりますので、生前の対策が必須となります。社会情勢、会社の株価や、株主構成により選定する方法も異なることになります。課税される税目も多岐にわたりますので、慎重に事前準備を進めることが重要であるものと考えます。

著者略歴

（五十音順）

飯島　正博〔いいじま・まさひろ〕

川口市立県陽高等学校（現川口市立川口高等学校）卒、埼玉県出身、行政書士、宅地建物取引士。

2010年OAG税理士法人入所。現在はOAG行政書士法人にて、相続専門の相談アドバイスを行うとともに、遺言作成、民事信託など様々な角度からの生前対策をサポートしている。

板垣　寛久〔いたがき・ひろひさ〕

中央学院大学卒、茨城県出身。

2014年OAG税理士法人（旧太田・細川会計事務所）入所。

タックスアドバイザリーにおいて、現在まで個人のクライアント、中小企業・上場企業の国内税務を担当。

稲岡　　巧〔いなおか・たくみ〕

専修大学商学部会計学科卒、滋賀県出身、税理士。

2009年OAG税理士法人入所。

メガバンクに出向した経験を活かして資産承継に関する税務アドバイスや相続税申告を行っている。

著書：『Q&A相続実務全書』（共著／ぎょうせい）、『法人税の最新実務Q&Aシリーズ　のれん・ソフトウェア・研究開発費』（共著／中央経済社）など

岡村　　学〔おかむら・まなぶ〕

LEC東京リーガルマインド大学院大学　高度専門職研究科修了、新潟県出身、税理士。

2021年OAG税理士法人入所。

事業承継コンサルタントとして事業承継業務、相続業務を中心に担当している。

著書：『国際相続・贈与がざっくりわかる！ 海を越える次世代資産』（共著／ラーニングス）など

奥田　周年〔おくだ・ちかとし〕
東京都立大学経済学部卒、茨城県出身、税理士。
1994 年 OAG 税理士法人（旧太田・細川会計事務所）入所。
「相続」を中心とした税務アドバイスを行うとともに、相続・贈与等の無料情報配信サイト「アセットキャンパス OAG」を運営。
著書：『Q&A 相続実務全書』（共著／ぎょうせい）、『法人税の最新実務 Q&A シリーズ　借地権』（共著／中央経済社）、『図解と事例でよくわかる都市型農家の生産緑地対応と相続対策』（ビジネス教育出版社）、『家族に頼らないおひとりさまの終活～あなたの尊厳を託しませんか』（共著／ビジネス教育出版社）など

加地　一樹〔かじ・かずき〕
兵庫県立大学大学院経済学研究科修了、兵庫県出身、税理士。
2020 年 OAG 税理士法人入所。
個人・法人の各種税務申告業務のほか、中小企業・富裕層個人を対象とした相続・事業承継コンサルティングや大手金融機関への出向を経験。現在、少数株主対策のプロジェクトにも取り組んでいる。

木村　美砂〔きむら・みさ〕
千葉大学工学部卒　東京都出身、税理士。
2016 年 OAG 税理士法人東京ウエスト入所。
都市近郊農家、不動産オーナーの税務コンサルティング、税務申告を行っている。セミナー講師の依頼も多く、分かりやすいと好評をいただく。

郡司　正博〔ぐんじ・まさひろ〕
東海大学法学部卒、東京都出身、税理士。
2015 年 OAG 税理士法人（旧太田・細川会計事務所）入所。
OAG 税理士法人　法人税部に入所後、金融機関の出向を経て、現在は、法人を中心とした事業承継の業務に従事。

清水かおり〔しみず・かおり〕
1987 年税理士登録。2000 年 OAG 税理士法人（旧太田・細川会計事務所）入所。コンサルティング会社・監査法人・会計事務所等及び現法人にて税務リ

スクマネジメント、不正調査、内部監査、会計監査補助、内部管理体制整備、M&A等財務税務デューデリジェンス、事業承継対策、資本政策、上場支援に従事。
著書：『新しい税務戦略を実行していますか』（共著／中経出版）、『税務コンプライアンスと企業経営』（共著／ぎょうせい）、『法人税の最新実務Q&Aシリーズ　のれん・ソフトウェア・研究開発費』（共著／中央経済社）

新庄　百恵〔しんじょう・ももえ〕

名古屋市立大学経済学部卒、富山県出身、税理士。
2012年OAG税理士法人 東京ウエスト（旧OAG税理士法人 調布）入所。
OAG税理士法人東京ウエストで相続部門のリーダーとして相続税申告、相続対策、贈与、不動産譲渡等を数多く手がける。特に、都市農家の相続を得意とし、相続対策・事業承継・資産活用などをテーマとしたセミナー、相談会も数多くこなしている。
著書：『よりよい相続のために!!　改訂版　相続 手続・申告シンプルガイド』（共著／大蔵財務協会）

田中　晋平〔たなか・しんぺい〕

龍谷大学文学部卒、滋賀県出身。
2008年株式会社OAGアウトソーシング（旧株式会社経理秘書）相続支援事業部入社、2012年OAG税理士法人大阪入所。
これまで500件以上の不動産相続案件、遺産整理案件に携わる。常に公平な立場で相続のプロとして、資産承継の提案と実行を実践している。近年、不動産会社、葬儀社等に対する資産承継、遺産整理を切り口にしたコンサルティング営業のサポートも実施。

飛田　英之〔とびた・ひでゆき〕

中央大学商学部卒業、茨城県出身、税理士。
1997年OAG税理士法人（旧太田・細川会計事務所）入所。相続税申告を中心とした資産税業務に従事後、株式会社OAGコンサルティングにて事業承継に関する提案・実行業務に従事。
著書：『Q&A相続実務全書』（共著／ぎょうせい）、『Q&A株式評価の実務全書』（共著／ぎょうせい）など

中村　沙織〔なかむら・さおり〕

日本女子大学人間社会学部卒、東京都出身、FP2級、証券外務員。

金融機関で運用のアドバイス業務従事後、2019年株式会社OAGコンサルティング入社。

「事業承継」コンサルティング、特に、相続・贈与の税務アドバイスを行っている。

長谷川　健〔はせがわ・たけし〕

日本大学商学部卒、千葉県出身。

大手金融機関を経て2000年株式会社OAGコンサルティング入社。

金融機関での経験を活かし、中小企業オーナーの事業承継対策、組織再編を用いた資本政策を中心に、提案型コンサルティング業務に従事する。

林　由美〔はやし・ゆみ〕

慶應義塾大学商学部卒、東京都出身、税理士。

航空会社、都内会計事務所を経て、1999年OAG税理士法人（旧太田・細川会計事務所）入所。2003年からは「相続」を中心とした税務申告、相談業務をメインに担当。

著書：『Q&A相続実務全書』（共著／ぎょうせい）、『Q&A株式評価の実務全書』（共著／ぎょうせい）など

平田　実〔ひらた・みのる〕

東京経済大学経営学部卒、千葉県出身、税理士。

2007年OAG税理士法人入所。

中小企業から上場企業まで、幅広い分野の税務を担当する。特に、連結納税（令和4年度以降はグループ通算制度）については、連結納税導入支援プロジェクトに、チームリーダーとして参画。多数のグループ企業に対して、税務・会計面での導入コンサルティングを行う。

著書：『法人税の最新実務Q&Aシリーズ　のれん・ソフトウェア・研究開発費』（共著／中央経済社）

細島　雄樹〔ほそじま・ゆうき〕

専修大学商学部卒、茨城県出身。
2010年OAG税理士法人（旧太田・細川会計事務所）入所。
2012年株式会社OAGコンサルティング転籍。
中小企業のＭ＆Ａコンサルティング業務に従事。多数のＭ＆Ａアドバイザリーとしての経験を有する。
著書：『赤字経営でも驚異の高値で売れる 中小企業の再生型M&A』（幻冬舎）

山﨑　智子〔やまざき・ともこ〕

産業能率大学経営情報学部卒、神奈川県出身、税理士。
事業会社、会計事務所、中規模税理士法人等を経て、2016年にOAG税理士法人に入所。
タックスアドバイザリー部（旧法人税部）所属。上場企業や中小企業を中心とした法人税申告業務や各種税務コンサルティング業務を行っている。

山下　　勝〔やました・まさる〕

法政大学経営学部卒、神奈川県出身。
2020年　株式会社OAGコンサルティング入社。
富裕層、地主に対する「相続対策」、中小企業オーナーに対する「事業承継対策」を中心としたコンサルティング業務に従事している。

渡邉　正則〔わたなべ・まさのり〕

学習院大学経済学部卒、福島県出身、税理士、中小企業診断士、CFP。
東京国税局等で資産税関係事務に従事後、1997年退職。その後、相続や事業承継のセミナー講師も多く努める。OAG税理士法人顧問。
著書：『不動産・非上場株式の税務上の時価の考え方と実務への応用』（大蔵財務協会）など

会社概要

OAG　OAGグループ

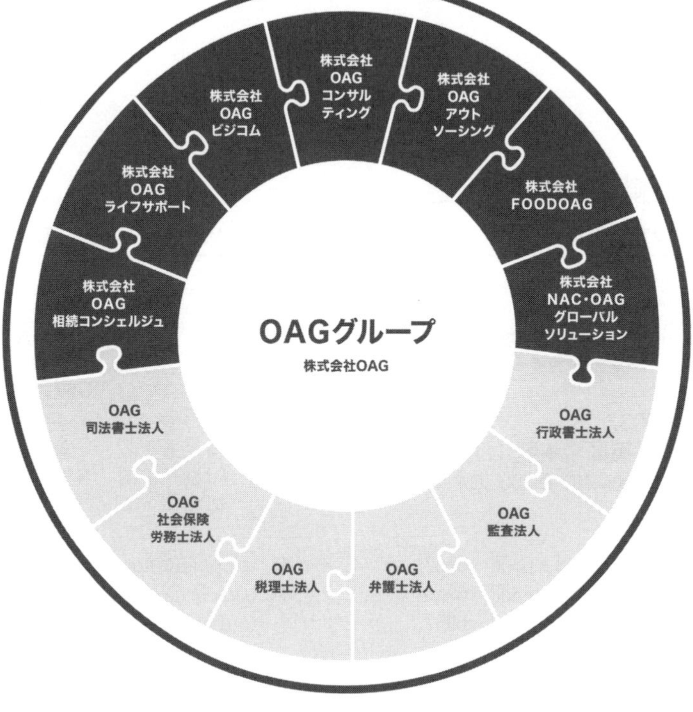

400人規模

OAGグループの従業員をはじめとして、OAGのお客様の成長に寄与するプロフェッショナル集団です。

専門資格150+

公認会計士・税理士・弁護士・社労士・行政書士をはじめとした専門資格保有数です。

30年+

平成30年に創業以来30年を迎えました。これからもお客様の成長をご支援し続けます。

14法人

各法人のスペシャリストとしての"とがり"とグループ全体の"つなぎ"が強みです。

7拠点

7拠点を起点として、サービスをご提供します。

事業承継の相談事例と
実務の最適解

令和3年11月30日　初版発行

検印省略

日本法令®

〒101－0032
東京都千代田区岩本町1丁目2番19号
https://www.horei.co.jp/

著　者　OAG税理士法人
　　　　株式会社OAGコンサルティング
　　　　OAG行政書士法人
発行者　青　木　健　次
編集者　岩　倉　春　光
印刷所　日本ハイコム
製本所　国　宝　社

（営　業）　TEL　03－6858－6967　　Eメール　syuppan@horei.co.jp
（通　販）　TEL　03－6858－6966　　Eメール　book.order@horei.co.jp
（編　集）　FAX　03－6858－6957　　Eメール　tankoubon@horei.co.jp

（バーチャルショップ）　https://www.horei.co.jp/iec/
（お 詫 び と 訂 正）　https://www.horei.co.jp/book/owabi.shtml
（書 籍 の 追 加 情 報）　https://www.horei.co.jp/book/osirasebook.shtml

※万一、本書の内容に誤記等が判明した場合には、上記「お詫びと訂正」に最新情報を掲載しております。ホームページに掲載されていない内容につきましては、FAXまたはEメールで編集までお問合せください。

・乱丁、落丁本は直接弊社出版部へお送りくだされば お取替えいたします。

ISBN 978-4-539-72864-2